Axel Brüggemann

Landfrust

Ein Blick in die deutsche Provinz

Kindler

1. Auflage März 2011

Satz DTL Documenta PostScript (InDesign)
bei Pinkuin Satz und Datentechnik, Berlin
Druck und Bindung GGP Media GmbH, Pößneck
Printed in Germany
ISBN 978 3 463 40592 6

INHALT

Für Claudia und Marie,
die das Abenteuer Dorf beleben.

Vorbemerkung

Ursprünglich sollte dieses Buch davon handeln, wie unglaublich schön mein Leben geworden ist, seit ich aus der Großstadt Berlin in ein Dorf bei Bremen zog – von der Kulturhauptstadt in die Natur. Von einer Wohnung in Schöneberg in das Haus meines Großvaters. Und davon, wie erholsam das alles ist: die Ruhe, die Muße, die Gemeinschaft. Ich wäre nicht der Erste gewesen, der davon berichtet. Es ist Mode geworden, das Landleben als letzte Herausforderung eines Großstädters zu bezeichnen – und sich für den dafür erforderlichen Mut feiern zu lassen.

Aber nach einem halben Jahr habe ich gemerkt, wie verlockend es ist, sich selbst zu betrügen. Wie schnell man beginnt, sich seine Umgebung schönzureden – nur um eventuelle Zweifel an der eigenen Lebensplanung gar nicht erst aufkommen zu lassen.

Um ehrlich zu sein: In meinem Dorf ist heute nichts mehr so, wie es zu Zeiten meiner Kindheit gewesen ist. Damals, als mein Großvater der Herr dieses Hauses war, lebten hier noch drei Generationen unter einem Dach. Die Nachbarschaft war eine Solidargemeinschaft, der Tante-Emma-Laden ein täglicher Anlaufpunkt, die Marmelade meiner Oma eine Wucht und unser Sportverein das gesellschaftliche Zentrum des Dorfes.

Inzwischen ist dieses Dorf zu einem Vorort Bremens mutiert. Tagsüber ist hier kaum noch jemand anzutreffen, für Marmelade und Klönschnack bleibt keine Zeit mehr. Und genau genommen ist die eigentliche Herausforderung nicht die Restaurierung des alten Hauses gewesen, sondern die Frage, wie das Leben auf dem Land sich überhaupt lebendig gestalten lässt. Jenes Lebensgefühl, von dem die Großstädter in Zeitschriften wie LandLust so gerne lesen, das in unzähligen Romanen oder auf dem Fernsehschirm in «Bauer sucht Frau» täglich idealisiert wird – ist das überhaupt zu verwirklichen? Oder ist das Land mittlerweile zur neuen Krisenregion Deutschlands verkommen – ein Nährboden für Verdummung, Verrohung und Vereinsamung?

Die Wahrheit ist: Die deutsche Provinz stirbt einen langsamen, schmerzvollen Tod. Und anstatt zu fragen, ob es überhaupt noch einen Sinn macht, in unsere Provinzen zu investieren, verklären wir die dörflichen Ghettos zu Inseln der Glückseligkeit.

Wie ist es tatsächlich um die deutschen Dörfer bestellt? Sind sie noch zu retten oder längst von allen guten Geistern verlassen? Was bieten die Dörfer, was die Städte nicht haben – außer größerer Armut, mehr Frust und Einfältigkeit? Diese Fragen erscheinen auf den ersten Blick sicherlich sehr subjektiv und provozierend und verlangen nach genauerer Betrachtung und stichhaltiger Analyse.

Wie soll man das Leben auf dem Land deutlich erfassen? Ich habe mich für drei Varianten entschieden, die zusammen ein schärferes Bild ergeben sollen: für den Roman, den Essay und die Reportage.

So ist die Idee entstanden, die 13 Kapitel dieses Buches über das Leben auf dem Land mit einer fortlaufenden fiktiven Geschichte, mit einzelnen Recherchen sowie mit Reisebeschreibungen durch die deutschen Provinzen auszustatten.

Dieses Buch erhebt keinen Anspruch auf Wahrheit. Es sollte eher als eine Melange aus Gefühlen, Gedanken und Beobachtungen betrachtet werden. Ich bin mir sicher, dass Verklärungen, Mythen und Selbstbetrug uns nicht weiterbringen, wenn wir dem Landleben – und uns selbst – noch eine Chance geben wollen.

Dieses Buch verlangt nach keiner Regel, wie es gelesen werden soll. Lust und Laune mögen Ihnen die Richtung weisen. Vielleicht kann es so zu einer Entdeckungsreise werden, die Ihnen einen Blick auf eine ganz andere Wirklichkeit gestattet.

Ich liebe übrigens mein Leben in der Provinz. Aber ich weiß auch, dass eine Idealisierung des Landlebens seinen sicheren Tod bedeutet. Davor sollten wir unsere Augen nicht verschließen.

Ich habe auf meinen Reisen festgestellt, dass es oft nur einzelne Menschen sind, die ihre Dörfer lebendig gestalten, dass aber jeder Landbewohner mitverantwortlich ist: verantwortlich dafür, dass die Dörfer nicht zum Krisenherd Deutschlands werden, sondern zu verwirklichten Lebensträumen, an deren Gelingen wir täglich arbeiten müssen.

I. Die Gemeinschaft

Roman:
Überaller Wirklichkeit

«Die Menschen, die hier leben, sie tun ihr Bestes.
Unter sehr, sehr harten Bedingungen.»
Grace in Lars von Triers «Dogville»

Erstes Kapitel, das uns das Dorf Überall und seine Bewohner vorstellt.

Hier beginnt die merkwürdige Geschichte des kleinen Dorfes Überall. Es liegt irgendwo in Deutschland, weiträumig eingekreist von zwei Autobahnen, auf denen der Verkehr von Norden nach Süden und von Osten nach Westen fließt. Für Fremde mag diese Lage etwas unwirtlich erscheinen, doch die Bewohner von Überall sind stolz auf ihr Dorf. Von der Autobahn aus kann man sogar den goldenen Wetterhahn der Kirche erkennen. Man muss nur an jener Stelle über die im Tal versinkenden Baumwipfel des Überaller Waldes spähen, wo die neuen Schallschutzmauern für einige hundert Meter unterbrochen sind. Allerdings passieren die meisten Autofahrer Überall, ohne es zu wissen.

Die Kirche steht auf einer Anhöhe am Anfang der Hauptstraße. Sie ist die einzige Straße in Überall. Selbst jene Häuser, die an den kleinen Seitenwegen stehen, gehören zur

Hauptstraße. Auch die alte Mühle, die seit vielen Jahren unbewohnt und ungenutzt ist, der kleine Kaufmannsladen, der inzwischen die gelbe Leuchtreklame einer Großmarktkette trägt, und der Gasthof Zum Hirschen, der so heißt, obwohl sich keiner in Überall daran erinnern kann, je einen Hirsch gesehen zu haben.

Am Ende der Hauptstraße wohnt Frank, der junge Mann mit blauer Latzhose und Dreitagebart, der gerade seine Kühe melkt und leise darüber flucht, dass er all das nur seinem Großvater zu verdanken hat.

Frank bestellt den kleinsten der drei Milchhöfe von Überall. Sein Großvater war ein eigenbrötlerischer Bauer, den eigentlich niemand mochte. Nachdem Franks Eltern bei einem Autounfall kurz hinter der Ortsausfahrt von Überall ums Leben kamen, nahm sich der Großvater des Jungen an und erzog ihn zu seinem Erben. Dabei ging er nicht zimperlich vor. Als Frank 16 Jahre alt wurde und in die Großstadt ausbüchsen wollte, kettete ihn der Opa zur Strafe eine Woche lang in einem Koben des Stalls an – so lange, bis er beim Andenken an seine verstorbenen Eltern schwor, den Hof zu übernehmen.

Nachdem sein Großvater gestorben war, fand Frank sich damit ab, den Hof zu bewirtschaften, und gab alle Großstadtpläne auf. Vielen Einwohnern kommt Frank ebenso merkwürdig vor wie sein Großvater. Ganz besonders regt es die Überaller auf, dass er behauptet, sein Hof läge nicht am Ende der Hauptstraße, sondern an deren Anfang. Dabei ist Franks Erklärung durchaus einleuchtend: Sein Hof ist das älteste Gebäude in Überall, älter sogar als die Kirche. Aber diese Sicht der Dinge teilt kein anderer Überaller mit ihm. Nicht einmal Hans, der direkt gegenüber wohnt und sich sehr für die Geschichte des Dorfes interessiert.

Hans ist ein gemütlicher Mann, der gerade auf der Eckbank

am Küchentisch sitzt, Chopins Präludien im Radio lauscht und die Aufzeichnungen sortiert, die er von seinen Gesprächen mit den Bürgern von Überall angefertigt hat. Hans schreibt an der ersten Überaller Chronik, worüber nicht alle Dorfbewohner erfreut sind. Denn es gibt einige Dinge, die mancher im Dorf lieber für sich behalten würde. Hans' Vater war Arzt, so wie Hans auch. Beide kümmerten sich sowohl um die Tiere von Überall als auch um seine Menschen. Inge – das ist Hans' Frau, die gerade in die Küche kommt, um neuen Kaffee aufzusetzen – glaubt nicht daran, dass ihr Mann seine Chronik je beenden wird. Während sie das Kaffeepulver in den Filter schüttet, fragt sie ihn, ob er nichts anderes zu tun hat, als ewig in der Vergangenheit zu wühlen. Ob sie nicht lieber ihren Urlaub planen wollen, den er ihr versprochen hat, als er seine Praxis schloss. Aber Hans schweigt, als hätte er Inges Frage gar nicht gehört.

Hans und Inges größter Wunsch, dass ihr jüngster Sohn irgendwann studieren und die Praxis des Vaters übernehmen würde, hat sich nicht erfüllt. Tim entwickelte sich zum Sorgenkind und zum Rumtreiber, der nun gelegentlich etwas Geld damit verdient, dass er Frank auf dessen Hof hilft. Einige Überaller sagen, dass Tim geistig ein wenig zurückgeblieben sei. Umso erstaunter waren sie, als er neulich im Hirschen erzählte, dass er sich bei «Landwirt sucht Dame» beworben hätte, der beliebten Fernsehsendung zum Verkuppeln heiratswilliger Bauern. Ausgelacht haben sie Tim, bis er wutschnaubend das Lokal verließ.

Tims Schwester, Dorothea, ist bereits vor neun Jahren verschwunden. Sie hatte einmal eine kurze Affäre mit Frank. Doch nachdem dessen Großvater die beiden an ihrer Lieblingsstelle im Überaller Wald erwischt und seinen Enkel vor Dorotheas Augen windelweich geschlagen hatte, machte Frank einen großen Bogen um sie. Niemand in Überall weiß, wohin Dorothea gegangen ist und was sie heute treibt. Wenn Inge manchmal über ihre Tochter spricht, schweigt Hans.

Einige Häuser weiter, neben der alten Mühle, wohnen Fritz und Waltraud. Sie betreiben den kleinen Kaufmannsladen, mit dem es bergab geht, seit das Industriegebiet an der Autobahn eröffnet hat. Obwohl es über 20 Kilometer von Überall entfernt liegt, bevorzugen viele Überaller den dortigen Supermarkt selbst für die kleinen Dinge des täglichen Lebens. Fritz und Waltraud sind die beiden, die gerade im Garten mit ihrer Enkeltochter Jaqueline Ball spielen. Dass Michaela ausgerechnet von Ulrich, dem Betreiber des Autohofes im Industriegebiet, schwanger geworden ist, konnten die beiden anfangs nicht verstehen – aber wenigstens hat er sie schließlich ohne großen Widerspruch geheiratet. Ihr Sohn Stefan betreibt mit den Eltern gemeinsam den Kaufmannsladen. Er wohnt mit seiner Frau Susanne und ihren beiden Kindern, Paula und Max, gegenüber seiner Schwester, allerdings in einem viel kleineren Haus.

Es würde ausufern, alle einhundertvierundzwanzig Einwohner von Überall vorzustellen, allesamt rechtschaffene Menschen, die ihr Tagwerk noch auf den Feldern von Überall verrichten oder früh am Morgen in die nahegelegenen Städte fahren, um am Abend nach getaner Arbeit ins ländliche Idyll zurückzukehren.

Außerdem ereignet sich im Hirschen gerade eine nicht alltägliche Szene, die weitaus spannender ist.

Pfarrer Witte ist einer der ersten Gäste. Er steht an der Theke und bestellt ein Kirschwasser. Günter, der Wirt, stellt es ihm schweigend auf den Tresen und poliert dann weiter seine Gläser. Günter weiß, dass es besser ist zu schweigen – das ist in Überall seit langem Brauch. Die frühen Nachmittagsstunden an Günters Tresen sind die seltenen Momente, in denen Pfarrer Witte es mit seinem Beichtgeheimnis, das ihm meist überaus heilig ist, nicht ganz so genau nimmt. Aber heute schweigt auch er. In letzter Zeit hat Pfarrer Witte Günter immer wieder darüber berichtet, dass die Diözese plane, seine Kirche zu schließen, da selbst die Schäfchen aus den Nachbardörfern, deren Kirchen bereits geschlossen wurden, nicht mehr ausreichen, um die Kirche zu den Gottesdiensten zu füllen.

Als sich die Tür öffnet und eine Frau den Hirschen betritt, heben die Männer die Köpfe. Die Fremde hat lange rote Haare und trägt ein gelbes Sommerkleid. Ihre ebenfalls gelben Schuhe und ihre strumpflosen Beine sind von Staub bedeckt. Sie trägt einen für Überall ungewohnt aufreizenden Lippenstift.

«Das ist die Sünde», flüstert der Pfarrer, und Günter kichert leise.

Die Fremde stellt sich an die Theke. «Bitte ein Bier, Günter», sagt sie mit erstaunlich gelassener Stimme. Ihre Bestellung klingt etwas weniger rau als die Bestellungen, die Günter üblicherweise erhält.

«Sie kennen mich?», fragt der Wirt.

«Ich kenne euch alle. Und jetzt das Bier, Günter – bitte. Es war ein langer Weg, und es ist heiß bei euch, wie in der Hölle.»

Günter zapft das Bier und schweigt. Der Pfarrer starrt die Fremde an.

Als Günter das Bier auf den Tresen stellt, fragt er: «Du bist also zurückgekehrt?»

«Nun, das habe ich mir vorgenommen – ein Leben lang. Seit ich Überall verlassen habe», antwortet die Fremde.

«Warst du schon bei deinen Eltern?»

«Nein – und deshalb bin ich auch nicht gekommen.»

«Zum Wohl, Dorothea. Schön, dass du da bist.»

«Noch ein Kirsch, Günter», sagt Pfarrer Witte. Als der Wirt es dem Seelsorger vor die gefalteten Hände schiebt, hebt Dorothea ihr Glas und prostet ihm zu: «Zum Wohl, Herr Pfarrer.» Dabei schauen sich die beiden einen Moment lang tief in die Augen.

ZUR LAGE:
Vom Mythos der deutschen Dörfer

Deutschlands Provinz wird zur nationalen Gefahr.

Meist passiert es auf Vernissagen, in Theaterpausen oder während einer Besprechung in den Schickimicki-Restaurants der Metropolen – im Grill Royal in Berlin oder beim Käfer in München. Irgendwann, das ist so sicher wie das Läuten der Dorfkirche, beginnt irgendjemand von der Idylle der Provinz zu schwärmen. Er erzählt von einer besonders hübschen Antiquität, die er auf einem Bauernhof gefunden hat, vom letzten Urlaub, den er beim Klettern in den Alpen verbracht hat, oder von der Landpartie im neuen Cabrio. Architekten, Galeristen oder Chefredakteure stellen ihre Lofts mit Vintage-Möbeln voll, fahren mit Hermès-Decken zum Picknick oder mit Gucci-Stiefeln auf die Datsche. Sätze wie «Deutschland ist schöner, als man denkt» gehören zum Small Talk der Großstädter. Die Provinz war, ist und bleibt salonfähig.

Die Liebe der Städter zum Land ist kulturell angelernt. Seit jeher zeichnen Unterhaltungsromane ein verklärtes Bild der Provinz, Kino- und Fernsehfilme inszenieren die alltägliche heile Welt auf dem Lande. Im Dorf unserer Phantasie geht es hart, aber herzlich, ruppig, aber ehrlich, hinterwäldlerisch, aber bauernschlau zu. Hier befindet sich die psychologische Keimzelle unserer Gesellschaft. Hier versammeln sich die urdeutschen Tugenden: Fleiß, Redlichkeit, Stolz und Natürlichkeit. Aber hier schlummert auch die dunkle Seele unserer Nation: das Spießertum, die Ausgrenzung von Minderheiten und die naiv-patriotische Heimatliebe. Entweder ist das Land eine schöne heile Welt, die für ein paar Groschen als Roman zu haben ist, oder es wird zum Albtraum, der seinen Einwohnern – oder denen, die es werden wollen – teuer zu stehen kommt. Entweder leben die Dorfbewohner unterm wolkenlosen Sonnenhimmel, oder sie kämpfen sich durch Nebelschwaden, Berggewitter und Meeresstürme. Sowohl die Stimmungen auf dem Land als auch das Personal scheinen fest definiert. Es gibt «Dorfdeppen», die das Erbe von «Alexis Zorbas'» Idioten bis zum Behinderten aus dem «Weißen Band» antreten. Es gibt den Dorfarzt, der in die Fußstapfen von Professor Brinkmann aus der «Schwarzwald-Klinik» tritt, den Dorfpfarrer, der meist an «Pater Brown» erinnert, die Erben des «Dorflehrers Lämpel» und die Dorfbürgermeister, die für den Aufstieg ihrer Gemeinden in der Regel über Leichen gehen. Und natürlich dürfen die Dorfbauern nicht fehlen, die «Tonis» und «Jan-Hinnerks», die in Krimis gern unschuldige, menschliche Urgewalten mit harter Schale und weichem Kern abgeben. Doch mit der modernen Wirklichkeit auf dem Land hat all das nichts zu tun.

Pater Brown, Lehrer Lämpel und Professor Brinkmann haben die Provinz längst verlassen. Viele Bauern mussten ihre Gehöfte aufgrund der EU-Agrarpolitik aufgeben, oder ihre Betriebe wurden von Großagrariern aufgekauft. Der Bürgermeister ist oft nicht mehr für ein einzelnes Dorf zuständig, sondern für mehrere Ortschaften, und der demokratische Willensprozess der Gemeinden wird durch die kommunale Finanznot fast unmöglich. Der massive Mangel an Landärzten wird zwar überall als nationaler Notstand debattiert, aber noch immer kommt ein Großteil der Landpraxen kaum über die Runden, weil sie zu wenig Patienten und einen zu hohen Zeit- und Kostenaufwand bei den Hausbesuchen haben. Auch der Dorfpfarrer gehört schon lange nicht mehr zu den Instanzen auf dem Land. Der katholische Rheinische Merkur berichtet von kircheninternen Szenarien, nach denen jedes dritte der 24 000 deutschen Gotteshäuser mittelfristig in Frage steht. Im Osten der Republik ist der Kreuzzug bereits verloren, und auch im Westen verliert die Kirche auf dem Land zunehmend an Einfluss – allein im Bistum Essen wurden bereits 100 Kirchen geschlossen. Immer weniger Menschen sehen auf dem Dorf eine Zukunft für ihre Kinder und Familien. Viele Schulen wurden aufgegeben oder kurzerhand in die Kreisstädte oder in die Speckgürtel der Großstädte verlegt – mit ihnen verschwinden die Lehrer. Vom guten alten Romanpersonal der deutschen Provinz bleiben also nur noch die Alten und die Dorfdeppen zurück. Heile Dorfwelten gibt es fast nur noch im Fernsehen.

Die Fernuniversität Hagen hat herausgefunden, dass 25,3 Prozent der Haushalte auf dem Land mit einem Einkommen von unter 1300 Euro im Monat leben. In Großstädten liegt der Anteil der Geringverdiener bei nur 17,7 Prozent. Auch die Bildung ist auf dem Land wesentlich schlechter als in der Stadt. Während 30,4 Prozent der Landbevölkerung einen niedrigen Bildungsstand haben, sind es in der Stadt nur 26,4 Prozent. Noch deutlicher wird die Schere im Vergleich der klugen Menschen. Fast 30 Prozent der Städter haben einen hohen Bildungshintergrund, auf dem Dorf sind es nur 20 Prozent.

Dennoch ist der magische Mythos des Dorfes ungebrochen. Je komplizierter die Welt in den Städten wird, je weiter sich der Handel globalisiert und je unpersönlicher unsere Metropolen sind, desto mehr scheint das ideale Dorf als Modell einer heilen Welt herhalten zu müssen. Es erscheint wie eine letzte Trutzburg gegen die unaufhaltsame Globalisierung oder wie die Renaissance eines urromantischen deutschen Traumes. Aber das Dorf ist auch zu einer der größten modernen Legenden geworden.

So wie wir es uns vorstellen, hat jedes Dorf einen Tante-Emma-Laden, die Verkäuferin (natürlich mit weißer Schürze) kennt ihre Kunden persönlich und deren ganz spezielle Wünsche: fünf Scheiben Landschinken, ein Krustenbrot und 200 Gramm frischen Käse von Bauer Mayer – dann darf's auch gern ein bisschen mehr sein. Im Zentrum steht die Dorfkneipe (natürlich rustikal vertäfelt und mit Stammtisch). Sie ist das allabendliche Ziel der Dorfgemeinschaft. Hier werden Freuden und Sorgen geteilt und am Ende des Tages der Ärger mit einem Korn heruntergespült. Außerdem hat das ideale Dorf eine funktionierende Nachbarschaft. Die junge Familie (natürlich mit zwei oder mehr Kindern) bringt der alleinstehenden Oma von nebenan eine Wasserkiste aus dem Supermarkt mit, und der Handwerker repariert kurzfristig die Heizungsrohre seines Nachbarn, wenn's im Winter mal klemmt. Das ideale Dorf ist ein Fleckchen Erde, an dem jeder Tag zum Groschenroman wird. Ein Stückchen heile Welt, die viel zu schön ist, um wahr zu sein. Das ideale Dorf ist der Ort unserer Träume – und es existiert tatsächlich. Tante-Emma-Läden, Dorfkneipen und nette Nachbarn gibt es mitten in Deutschland. Allerdings kaum noch auf dem Land. Das ideale Dorf unserer Gegenwart heißt: Schöneberg. Einer der lebhaftesten Stadtteile Berlins.

Zugegeben, die Schöneberger Tante-Emma-Läden sind eigentlich 24-Stunden-Türken oder Feinkostläden mit exquisitem Käse- und Wurstsortiment. Die Dorfkneipe ist in Wirklichkeit eine Bar unter vielen, in der das Leben erst um Mitternacht beginnt. Und die Nachbarschaft findet nicht von Hof zu Hof, sondern von einer Altbau-Etage zur nächsten statt. Und trotzdem: Während der Geist des Guten in der deutschen Provinz nur noch spukt, feiert er ausgerechnet in den Metropolen seine Auferstehung. Die Großstädter bauen sich ihre eigenen intimen City-Villages, und so sind die Metropolen zu den vielleicht letzten Orten geworden, an denen das deutsche Landleben noch intakt ist.

Die Städter errichten ihre Dorfstrukturen sogar in der virtuellen Welt. Bei Facebook, Twitter und Co. finden die Cyberdorfbewohner Klatsch und Tratsch, jeder kennt hier jeden, solange er von den anderen Village-People «geaddet» wird. Das Dorf der Zukunft heißt Großstadt oder Community. Derweil kommt den echten Dörfern auf dem Land das Idyll abhanden. Ihnen gelingt es nicht, neue, reale Freunde zu «adden». Sie sind die Loser der Moderne. Wir haben es mit einer gigantischen Landflucht zu tun: Die klugen jungen Frauen sind bereits in die Städte gezogen, die klugen jungen Männer folgen ihnen. Die deutschen Dörfer sind hoffnungslos überaltert, zunehmend kriminell und in manchen Teilen des Landes kaum noch intakt.

Weite Teile Ostdeutschlands sind bereits entvölkert. Nach Berechnungen des Berlin-Instituts werden im Jahre 2020 schon 20 Prozent weniger Kinder im Vorschulalter in den neuen Bundesländern leben als 1991. Und auch in Westdeutschland stirbt das Land einen schnellen Tod. Teile von Hessen werden bereits «Deutsch-Sibirien» genannt, und nach einer Studie der NBank haben 40 von 49 Gemeinden in Südniedersachsen in den letzten Jahren massiv an Bevölkerung verloren. Leicht steigend sind nur die Einwohnerzahlen in der Nähe von Göttingen.

Auch kleineren Städten in der Provinz geht es inzwischen an den Kragen. Orte wie Hoyerswerda wollten nach der Wende eigentlich wachsen, haben ihre Plattenbauten saniert und stellen nun erschrocken fest, dass sie wieder schrumpfen müssen. Statt für 70 000 Menschen wie einst plant man inzwischen für 39 000 Bewohner und reißt einen Großteil der teuer sanierten Gebäude wieder ab. Ähnliche Trends sind in Halle, Magdeburg, Cottbus oder Neubrandenburg zu beobachten. Gelsenkirchen verzeichnet bereits eine Arbeitslosenquote von über 15 Prozent und rechnet damit, dass es bis 2020 11 Prozent seiner Einwohner verlieren wird – dann wird die Stadt an der Ruhr nur noch halb so groß sein wie 1959.

«Deutschland leert sich in seiner Mitte und an den Rändern», beobachtet das Berlin-Institut, und Susanne Dahm vom Karlsruher Uni-Institut für Städtebau prognostiziert: «Mittelfristig wird die Bevölkerung aller Bundesländer sinken, und es wird zumindest im europäischen Umfeld kein ausreichendes Zuwanderungspotenzial zur Verfügung stehen, um diese Entwicklung auch nur annähernd auszugleichen.» Deutschlands düstere demographische Zukunft ist auf den Dörfern bereits zum Alltag geworden.

Das Problem ist die Heterogenität der Provinz. Sie unterteilt sich heute in die klassischen Dörfer, die bereits tot sind oder im Sterben liegen, in die Kleinstädte, die mit massiven Finanzengpässen zu kämpfen haben, und in die neuen Pendlerdörfer und Speckgürtel, die zwar Wachstum verzeichnen, in denen das dörfliche Leben aber längst unter städtischen Vorzeichen abläuft. Sozialwissenschaftler behaupten, dass die Provinz in Deutschland gar nicht mehr existiert, dass jedes Dorf inzwischen Teil einer Metropolregion sei. Und tatsächlich orientieren sich Dörfer längst an den nächstgrößeren Orten und die größeren Orte an den Metropolen. Die Süddeutsche Zeitung warnt, dass die Provinz in die Randgebiete von München, Stuttgart, Hannover, Hamburg oder Leipzig wandere und sich hinter den Stadttoren schon jetzt ein «Ozean von Armut und Demenz» öffne. Es wird eine der wichtigsten Fragen der kommenden Jahre sein, ob wir die Provinz in Deutschland noch reanimieren oder ob wir sie vollkommen aufgeben wollen.

Derzeit tendiert die deutsche Politik zum Landsterben. In Niedersachsen bekommen Landgemeinden pro Bürger einen Euro aus Steuergeldern zugewiesen, während den Städten 1,80 Euro verrechnet werden. Statt dem finanziellen Ruin der Dörfer und der Abwanderung der Bevölkerung entgegenzuwirken, wird das Land ausgehungert und die Dorfflucht begünstigt. Durch die Gemeindereformen werden die kleinen Gemeinden gezwungen, sich an den Kreisstädten zu orientieren, und die Schieflage der Haushaltsstruktur zwischen Bund, Ländern und Gemeinden sorgt dafür, dass die kommunalen Haushalte kaum noch Spielraum für eigene politische Perspektiven lassen. Bürgermeistern und Gemeinden fehlt das Geld, um ihre Heimat durch Investitionen attraktiver und zukunftsfähig zu machen. Die politisch gewollte Entprovinzialisierung des ländlichen Raumes ist ein Teufelskreis, der in Wirklichkeit zu einer weiteren Provinzialisierung führt und das Land zum neuen Krisenherd der Nation werden lässt: Das deutsche Dorf wird ärmer und dümmer und damit zum Brennpunkt der Zukunft.

Dabei war die Provinz stets das Herz der Nation. Noch immer wohnt fast die Hälfte aller Deutschen in ländlichen Regionen. 93 Prozent der Gemeinden und 80 Prozent der Fläche des Landes werden als ländlich eingestuft. Jenseits der Großstädte haben sich mehr als die Hälfte der 3,5 Millionen deutschen Betriebe angesiedelt. Doch die Landflucht ist unaufhaltsam. Und eins ist klar: Wenn die Provinz stirbt, gerät die ganze Bundesrepublik aus dem Gleichgewicht. Die Städte werden die wachsende Armut des Landes in Zukunft kaum noch aufnehmen können.

Doch all das hindert die Großstädter nicht daran, vom Bergdorf in den Alpen, vom Fischerdorf an der Nordsee oder vom Bauerndorf in Brandenburg zu träumen. Für sie bedeuten die aufpolierten Naturerholungsgebiete Potsdam, Tegernsee oder Sylt Idylle pur; hier wollen sie für einige Tage entspannen. Mit der Tristesse in Nordhessen oder weiten Teilen Mecklenburgs kommen sie selten in Berührung. Die Metropolen-Yuppies erheben selbst die Blumenzucht auf ihrem Balkon zum Wohlstandshobby und schreiben Bücher über die heile Welt auf dem Land: Ironische Reflexionen über die eigene Kindheit in der Provinz, Aussteigerbücher oder Erfahrungsberichte von professionellen Medienmachern, die sich als leidenschaftliche Freizeitbauern verwirklichen. Viele Städter setzen sich die rosarote Rosamunde-Pilcher-Brille auf, wenn sie an Land und Dorfgemeinschaft denken. Doch in Wirklichkeit lässt sich das Landleben in Deutschland nur noch als Gruselroman beschreiben – nur leider nicht so spannend.

Das real existierende Drama unserer Tage ist, dass die wachen Geister der Provinz, die uns in der Literatur, im Kino oder im Fernsehen begegnen, die Dorfgemeinschaft längst verlassen haben. In den Großstädten träumt man derweil weiter vom ländlichen Mythos. Deutschland hat seine Provinz im Stich gelassen. Die Demarkationslinie zwischen Arm und Reich, zwischen zukunftsfähigen Regionen und Landstrichen ohne Perspektive liegt heute nicht mehr zwischen Ost und West – sie verläuft zwischen Stadt und Land. Hier entwickelt sich die Lebenswirklichkeit der Deutschen auseinander. Und mittelfristig droht uns ein neuer Kulturkampf zwischen den immer mächtiger werdenden Städten und den zunehmend entrechteten Provinzen. Schon heute sind nicht die Ghettos der Großstädte die gefährlichen Krisenherde der Nation, sondern die Dörfer im deutschen Niemandsland. Wer über Integrationsprobleme von Migranten in Neukölln stöhnt, sollte sich einmal die Verdummung der Deutschen auf dem Land anschauen.

VOR ORT:

Spaziergang durch die Dorfkulisse

In Wollbach sieht alles nach heiler Welt aus – nur die Menschen sind weg.

Wenn man allein die Kulisse eines Dorfes betrachtet, kann man bereits viel über seine Einwohner erfahren. Welche Wege sie gehen, in welchen Gebäuden sie sich versammeln – die Dorfkulisse zeugt von der Lebensart seiner Bewohner. Deshalb suche ich auf meiner ersten Reise durch die deutsche Provinz keine Gesprächspartner, sondern bin als eine Art Gegenwartsarchäologe unterwegs, der das Landleben anhand der Architektur und der offensichtlichen Spuren seiner Bevölkerung rekonstruieren will. Mein Plan sieht vor, mir irgendein Dorf anzusehen, in einer Region, die nicht von Krisen geschüttelt ist. Ich will dorthin, wo das Landleben noch nicht erkennbar am Ende ist wie in Nordhessen, in Südniedersachsen oder in Mecklenburg-Vorpommern. Meine Reise führt mich ins Markgräflerland, ins Dreiländereck an die Grenze zur Schweiz und zu Frankreich. Bei Efringen-Kirchen biege ich willkürlich von der A 5 ab, passiere Schallbach und Rümmingen, aber keine dieser Gemeinden entspricht dem, wonach ich suche. In keinem dieser Orte finde ich typische Dorfstrukturen oder eine traditionell ländliche Architektur. Neubaugebiete und die Filialen von Billigmärkten haben das Idyll längst verdrängt. Und so ist meine erste Erkenntnis, dass es gar nicht leicht ist, ziellos durch Deutschland zu fahren, um heile Dörfer zu finden.

An einer Kreuzung nach Schallbach halte ich an, weil ich ein Holzkreuz am Straßenrand entdecke, vor dem ein Meer von Blumen und ein Dutzend Lebenslichter stehen. Als ich mir die Trauerstätte anschaue, sehe ich das Bild eines jungen Mädchens: schwarze Locken, große silberne Ohrringe, neugierige Augen. «LISA» ist in großen Lettern in das Holz gebrannt, vor dem Namen das Geburtsdatum: 03.10.1990. Hinter dem Namen das Todesdatum: 10.03.2010. Mich irritiert die mystische Anordnung dieser Zahlen und auch dass ich ausgerechnet am zweiten Oktober, also einen Tag vor Lisas 20. Geburtstag, auf diese Stelle stoße. Jemand hat zwei liegende Porzellanengel auf dem Querbalken des Kreuzes drapiert. Unter Lisas Bild vergilben in einem nicht wetterfesten Glasrahmen zwei Zitate aus «Herr der Ringe»: «Manche Dinge kann auch die Zeit nicht heilen, manchen Schmerz, der so tief sitzt und einen fest umklammert.»

Auf meiner Suche nach dem Landleben begegne ich also als Erstes dem Tod. Ein selbstgebasteltes Mahnmal, das von Lisas Familie und ihren Freunden vermutlich täglich besucht wird. Ein Ort, der Zusammenhalt symbolisiert, kollektive Trauer, Unverständnis über den Lauf der Welt. Ein Kreuz am Wegrand, das mich nicht ruhen lässt. Später habe ich in den Archiven der Zeitungen die Geschichte zu diesem Mahnmal herausgefunden: Lisa hat um halb acht am Morgen Schallbach in ihrem quietschgelben Renault verlassen.

Auf der Landstraße überholte gerade ein silberner Ford einen Getränkelastwagen. Lisa übersah die Vorfahrt, der Ford raste in ihre Tür, sie starb noch am Unfallort. Ein typischer Verkehrsunfall auf dem Land: eine junge Pendlerin in ihrem Auto auf dem Weg in die Stadt. Eine Tragödie, die seit einem Jahr zur Kulisse des Lebens in Schallbach gehört.

Ich fahre weiter auf der L134, der sogenannten Kandertalstrecke, in Richtung Wollbach. Am Straßenrand sind Heuballen aufgestapelt und mit einer Plastikplane abgedeckt. Die Bauern haben aus den runden Seiten der Ballen mit gelben Plastikpunkten und roten Plastikstreifen lachende Gesichter gemacht. Als ich die Kirchturmspitze von Wollbach zur Rechten und den Bahnhof zur Linken sehe, beschließe ich, dass dieses Dorf der Anfang meiner Spurensuche sein soll.

Das Zentrum von Wollbach liegt auf der Westseite der Kandertalstrecke, die Häuser stehen an steilen, unübersichtlichen und schmalen Straßen, die auf einen Hügel hinaufführen, auf dessen Höhe sich nach zwei Kilometern das nächste Dorf befindet: Egerten. Die meisten Häuser in Wollbach sind alte Fachwerkhäuser und waren früher sicherlich in der Hand stolzer Bauern. Inzwischen sind die meisten der Gebäude reine Wohnhäuser. Weinbau und Ackerbau spielen in Wollbach kaum noch eine Rolle. Sie sind eher zum Hobby der Einwohner geworden, die ihre Erzeugnisse nicht zum Kauf in der Stadt, sondern vor der Tür ihres Hauses anbieten. Jeder kann sich Kürbisse oder anderes Gemüse nehmen und ein wenig Geld in die bereitgestellten Schachteln legen. Ich frage mich, wer dieses Angebot nutzt, schließlich steht vor fast jedem Haus ein solcher Stand.

Der Strukturwandel vom Landwirtschafts- zum Dienstleistungsdorf ist überall zu erkennen. Ein Holzhaus in der Dorfmitte trägt die Aufschrift «Herzlich willkommen im

Pfaffenkeller». Daneben prangen ein doppeltes Wappen und die Jahreszahl 1618. Der landwirtschaftliche Betrieb von damals ist heute ein Restaurant, an dessen Fassade das grüne Bioland-Logo prangt. Die Speisekarte des «etwas anderen Restaurants» bietet eine Mischung aus lokalen Produkten wie Rinderfilet und moderner, mediterraner Küche, wie zum Beispiel gebratene Garnelen. Außerdem wird die «alte, fast vergessene, Markgräfler Küche» gepflegt: «Badische Ochsenbacken mit Knöpfli und Gemüse». Der Pfaffenkeller wirkt wie ein Etablissement, das gezielt Touristen ansprechen soll. Auf meinem Rundgang entdecke ich weitere ähnliche Restaurants.

Schon am Ortseingang von Wollbach weist ein Schild den Weg zum Max-Böhlen-Museum nach Egerten. Ich beschließe hinaufzuwandern, und schon nach einer halben Stunde stehe ich vor dem Haus des Landschaftsmalers. Sein Sohn und sein Enkel haben es zu einem Familienmuseum gemacht und hier, am Ende der Welt, das Gourmet-Restaurant Jägerhäuschen eröffnet, das Kochen und Kunst miteinander verbindet. Auf der Karte stehen «Gebratene Jakobsmuscheln auf einem Gemüsebeet mit Estragon-Noilly-Prat-Sauce und dazu Butterreis». Wichtig ist den jungen Köchen, dass sie den Schnickschnack der städtischen Schickimicki-Küche nicht mitmachen: Unter der Rubrik «Das gibt's hier nicht» sind Froschschenkel, echter Kaviar, Schildkröten- und Walprodukte, Stopfleber und Hummer aufgelistet. Auf dem Weg zurück nach Wollbach passiere ich einen heruntergekommenen Hof, der einige Bierbänke aufgestellt hat und versucht, mit hausgemachtem Essen und Trinken Wanderer anzulocken, die den Naturpark Südschwarzwald durchqueren. Gegenüber steht ein weiteres Gehöft, der Kreiterhof, der mit einem handgemalten Schild darauf aufmerksam macht, dass er seit 1966 mit «frischen Weihnachtsbäumen» handelt.

Die Wiese vor dem Hof erinnert an einen Schrottplatz: Eisenfässer stehen herum, ausrangierte Maschinen, ein altes Mühlrad und Gitterboxen, in denen Metall und unterschiedliches Brennholz gelagert werden. An der Fassade hängt ein verrosteter Basketballkorb, mit dem die Kinder des Kreiterhofs wahrscheinlich vor vielen Jahren zum letzten Mal gespielt haben.

Die gastronomischen Betriebe von Wollbach, der Pfaffenkeller, das Jägerhäuschen und der improvisierte Landhof, scheinen nicht für die Einheimischen zu kochen, sondern auf Touristen zu warten.

Beim Rundgang fällt auf, dass die Straßen und Häuser menschenleer sind. Es ist Freitagnachmittag, und die Wollbacher scheinen noch in Lörrach oder Basel zu sein und zu arbeiten. Wollbach ist ein Schlafdorf, das kaum Geschäfte hat: keine Post, keine Bank, keinen Geldautomaten. Im Zentrum, wo sich die Straßen kreuzen, steht eine alte Bäckerei, die sich Bachhysli nennt. Die Jalousien sind geschlossen, und über die vier Fenster ist der Spruch «Weil's frisch besser schmeckt» mit Klebelettern angebracht. Darunter der Hinweis «Jeden Sonntag frische Brötchen von 8.00 bis 10.30 Uhr». Die Öffnungszeiten an der Tür («Dienstag bis Samstag 5.30 Uhr bis 12:30 Uhr») verraten viel über den Rhythmus des Dorfes – die Wollbacher sind Frühaufsteher! Das Bachhysli scheint das heimliche Zentrum des Dorfes zu sein. In den Schaufenstern werden auf zwei Zetteln der tigerfarbene Kater Felix und ein schwarz-weißer Kater, «der auf den Namen ‹Kleiner› hört», gesucht. «Wir sind umgezogen» steht unter dem Bild, «er ist noch etwas verwirrt. Bitte rufen Sie uns an, wenn Sie ihn irgendwo sehen, er fehlt uns sehr.» Das Bachhysli ist das Schwarze Brett und die Nachrichtenbörse von Wollbach. Hier spielt also am Morgen das Leben.

Neben der Bäckerei wirbt ein Poster für das «Feuerwerk

der Volksmusik», ein Konzert, das im nahen Kurhaus von Badenweiler stattfinden soll. Chris Roberts wird kommen, die Wildecker Herzbuben und Anton aus Tirol. Außerdem plakatiert hier der Kunsthandwerksmarkt in Holzen, der Weberei, Tiffany, Patchwork, Floristik, Holzarbeiten und Malerei anbieten wird, und der Musikverein Wollbach, der zum Herbstfest in die Kandertalhalle lädt, zum Festgottesdienst, zu Chorkonzerten und zum Frühschoppenkonzert. Die Kandertalhalle ist ein nüchterner Zweckbau mit integrierter Dorfkneipe, dem Kandertalstüble. Hier wird hinter vergilbten Gardinen Stuttgarter Hofbräu ausgeschenkt.

Die Kirche thront groß, mächtig und evangelisch in der Ortsmitte. Im Pfarrgarten ist Friedrich Raupp gemeinsam mit seiner Frau Agnes begraben – der ehemalige Pfarrer von Wollbach starb 1899. Auf einem großen himmelblauen Zifferblatt der alten Kirchturmuhr wird für das Museum im Turm geworben – aber es ist geschlossen. Die Kirche scheint, neben dem Bachhysli, das gesellschaftliche Zentrum zu sein: Konfirmandengruppen, Kirchenchor, Krabbelgruppe, Jungschar und Kirchengemeinderat geben hier ihre Veranstaltungen bekannt. Im Schaukasten der Gemeinde wirbt ein Poster für eine Aufführung von Rossinis «Stabat Mater» in der Baseler Martinskirche. Und unter dem Bild eines bunten Gemüsetellers stimmt ein Gedicht die Gläubigen auf das Erntedankfest ein: «Ein Stück Brot in meiner Hand, mir gegeben, dass ich lebe, dass ich liebe, dass ich Speise bin für die anderen.» Die Konfirmanden werden zum Erntedankfest sammeln, nicht für Wollbach, sondern für die Kindertagesstätte Guter Hirte e.V. in Lörrach. Wollbach hat zwar eine große Grundschule, aber keinen eigenen Kindergarten und keine weiterführende Schule.

An der Hauptstraße verkehren zwei Buslinien der Südwestdeutschen Verkehrsaktiengesellschaft. Sie kommen aus

Lörrach und Basel und fahren weiter nach Kandern. Auf der anderen Seite der Landstraße liegt der Bahnhof, ein kleines weißes Haus mit Satellitenschüssel und Geranienbalkon. Sechsmal am Tag hält die historische Dampflok der Kandertalbahn. Hinter den Gleisen wird Wollbach modern. Hier stehen der Sportverein mit Gaststätte und Fußballfeld und ein Neubau der Straßenmeisterei. Von hier aus werden 265 Kilometer Bundes-, Land- und Kreisstraßen betreut. Nur die alte Mühle, deren Mühlrad sich müde im Wasser dreht und die vor sich hin rottet, erinnert auf dieser Seite von Wollbach noch an die gute alte Zeit.

Auf meinem Weg zum Auto komme ich an einem merkwürdigen Haus vorbei, das aus einem Hügel hervorlugt. Der Giebel und die oberen Etagen sehen aus wie ein originales Schwarzwaldhaus, die Stockwerke darunter sind mit Solarpaneelen verkleidet, und unter alldem werden gerade neue Garagen gebaut. Eine Ingenieurgruppe für Solartechnik hat hier ihr Büro aufgeschlagen – eines der wenigen Unternehmen, die Wollbach als Standort gewählt haben.

Das Dorf ist vom Bauerndorf zum Pendlerdorf geworden, Bäcker und Kirche, Sportverein, Schule und Kandertalhalle sind die einzigen gesellschaftlichen Fixpunkte für eine Bevölkerung, die wahrscheinlich mehr Zeit in den Städten um Wollbach verbringt als in ihrem eigenen Dorf. Es gehört zur Absurdität der modernen Provinz, dass die eigenen Bewohner zur Arbeit und zum Shopping in die Städte ziehen und gleichzeitig darauf hoffen, dass die Touristen aus den Städten in ihre Dörfer kommen.

Ich beschließe, mir die nächstgrößere Stadt anzuschauen, um zu sehen, wo die Wollbacher einkaufen und arbeiten. Offiziell ist Wollbach seit der Gemeindereform von 1974 nicht mehr eigenständig, sondern ein Ortsteil Kanderns. Diese Stadt liegt sechs Kilometer nördlich, hier haben moderne Bauten die Fachwerkidylle verdrängt, die Fußgängerzone ist weitgehend trostlos, und der verbliebene Einzelhandel buhlt händeringend um Kundschaft. Das Fotostudio Foto2Duo hat einen Schaukasten mit roter Seide ausgeschmückt und wirbt für «Portraits, Pass-, Repro-, Akt- und Hochzeitsbilder». Als Arbeitsnachweis hängt ein weiblicher Schwarzweißakt mit Strapsen im Kasten. Die Stadtbibliothek versucht die Hochkultur zu pflegen und hat die neuen Romane von Autoren wie Bolaño, Suter, Rinke und Hahn ins Schaufenster gestellt. Auch das Kino von Kandern lockt mit einer Reihe gegen den Mainstream. Unter dem Titel «Der besondere Film» werden «Ein russischer Sommer», «Die Affäre», «Spiel mir das Lied vom Tod» und ein Überraschungsfilm gezeigt – es gibt allerdings nur zwei Vorführungen im Monat.

Durch ein Tor in der Innenstadt, das mit Graffiti besprüht ist («Stopp Castor!», «Fuck down»), führt ein Fußweg zum Rathaus. Ein unpersönlicher Backsteinbau, von dem aus nicht nur Kandern, sondern auch Wollbach regiert wird. Ich hoffe, dass die Angestellten, die hier arbeiten, den Kampf der Tradition gegen die Moderne, den sie hier in Kandern bereits verloren haben, nicht auch noch in Wollbach verlieren. Dort ist die Bühne des Dorflebens zwar noch auf heile Welt poliert, aber der ungute Wandel des Dorfes hat längst begonnen.

Das eigentliche Leben von Wollbach und Kandern wird nicht mehr vor Ort aufgeführt, sondern spielt in Lörrach oder Basel. Die Metropolisierung könnte zu einem der größten Dramen der deutschen Provinz werden – selbst im glückseligen Markgräflerland.

II. Die Natur

Roman: Überaller Gestrüpp

«Augen und Mund weit offen, er meinte, er müsse den Sturm in sich ziehen, alles in sich fassen, er dehnte sich aus und lag über der Erde, er wühlte sich ins All hinein, es war eine Lust, die ihm wehe tat.»
Georg Büchner, «Lenz»

Zweites Kapitel, das Dorotheas Weg zum Lindenweiher und nach Überall beschreibt.

Fast den ganzen Morgen war Dorothea durch die Felder und den Wald gegangen. Sie wollte den Weg zu Fuß zurücklegen, ließ ihren Wagen am Rasthof an der Autobahn stehen und wählte den kleinen Pfad, der in die Felder hinabführte, die von den Überaller Bauern bestellt werden. Den Wetterhahn, der in der Sonne strahlte, behielt sie auf ihrem Weg im Auge.

Der Boden war hart und zerborsten wie gesprengtes Granit, die Absätze ihrer gelben Schuhe waren nicht für die ländlichen Pfade bestimmt. Doch Dorothea war entschlossen, sie nicht auszuziehen. Schließlich gehörte der Fußmarsch bereits zum Ziel, und die Schmerzen würden von allein wieder verschwinden. Sie hatte sich vorgenommen, jene Orte zu passieren, die unauslöschlich mit ihrem früheren Leben in Überall verbunden waren.

Die trockene Erde staubte mit jedem Schritt, und die Sonne brannte vom wolkenlosen Himmel, dass die Äcker in der Ferne zu verschwimmen begannen. Es war so heiß, dass es Dorothea vorkam, als würde dem Himmel die Luft ausgehen. Das Atmen fiel ihr schwer. Mit weiten Flügelschlägen kreiste ein Kranich über ihrem Kopf, wahrscheinlich auf der Ausschau nach einer nichtsahnenden Maus, die er im Staub mit seinem Schnabel erdolchen und dann verschlingen würde.

Früher haben sie auf diesen Feldern gespielt, einige waren im Winter geflutet, sodass man auf ihnen Schlittschuh laufen konnte, wenn das Eis die gebrochene Oberfläche des Sommers geglättet und der Schnee die Landschaft in ein gefrorenes Idyll verwandelt und sogar das Rauschen der Autobahn wie in Watte gepackt hatte.

Dorothea hörte ihr Blut rauschen, das ungewöhnlich schnell durch ihren Körper pulsierte, obwohl sie ihre Schritte behutsam setzte und sich nicht beeilte. Sie nahm sich Zeit – zu lange war sie fort gewesen, um nun in Hast zu verfallen. Sie hatte die Felder von Überall anders in Erinnerung, größer und mächtiger, verwunschener und geheimnisvoller. Wie früher pflügte sie eine Schneise durch das Maisfeld. Damals spielten sie hier Verstecken: Frank, ihre beste Freundin Michaela, der ältere Ulrich und der kleine Stefan. Natürlich war auch Tim dabei. Einmal hat Stefan ihm aus Spaß einen Maiskolben so tief in den Mund geschoben, dass er fast daran erstickt wäre, wenn Dorothea ihm nicht geholfen hätte. Ganz blutige Lippen hatte Tim damals. Den Eltern erzählten die beiden später, dass er auf dem trockenen Acker gestürzt sei.

Früher kamen ihr die Maisgewächse unglaublich hoch vor. Erst jetzt, als die getrockneten Kolben an ihre Schultern prallten, wurde Dorothea bewusst, dass sie gewachsen war.

Es fiel ihr schwer, dem Gefühl von damals nahezukommen, die Unbefangenheit, die Selbstverständlichkeit, mit der sie die Wiesen und Felder zum Spielplatz gemacht hatten, noch einmal zu spüren. Ja, es war eine schöne Kindheit gewesen, hier draußen in der Natur.

Nach einer guten Stunde hatte Dorothea das Ende der Felder erreicht und sprang über einen kleinen Bach. Er markierte die Grenze zwischen den Äckern und dem Tannenwald. Sofort wurde ihr Körper von einer kühlen, nach Moos riechenden Luft umgeben. Sie weitete ihre Lungen, um den feuchten Harzduft tief einzuatmen, schritt vorsichtig über das Unterholz, blieb aber an einem Himbeerstrauch hängen und trat aus Unaufmerksamkeit in einen Brennnesselbusch. Das Brennen, das sich langsam über ihrem Knöchel ausbreitete, war das erste Gefühl auf ihrem Weg, das sie in den Zustand von früher versetzte: Wie oft war sie damals in Brennnesseln getreten, und wie fürchterlich hatte sie den Schmerz empfunden, den sie auf der Haut auslösten. Die Jungen haben sie ausgelacht, wenn ihr die Tränen in den Augen standen. Es war eine der beliebtesten Mutproben unter den Überaller Kindern, sich so lange wie möglich in einen Brennnesselbusch zu stellen. Als Tim dieses Spiel nicht mitmachen wollte, haben sich die anderen Jungen einen Spaß daraus gemacht, ihm die Hose herunterzuziehen und seinen Penis mit Brennnesselblättern zu malträtieren – wieder musste Dorothea eingreifen, um ihren Bruder zu retten. Doch abgesehen von diesen kleinen Zwischenfällen hat sie ihre Kindheit auf den Feldern und im Wald von Überall in guter Erinnerung behalten.

Das Jucken an ihrem Knöchel begleitete sie auf ihrem Weg zum Lindenweiher, an dem sie die gelben Schuhe auszog, die Füße in das kühle Wasser stellte und spürte, wie der Schmerz langsam nachließ.

Damals wurde ein Foto von diesem Ort im Apothekerkalender abgedruckt. Dorotheas Vater hatte ihn zugeschickt bekommen. Das Bild zeigte den Weiher und die Linde, deren jahrhundertealter Stamm sich über das Wasser neigte. Die grüne Baumkrone spiegelte sich im Teich, und der Fotograf hatte sogar die Sonnenreflexionen des Wetterhahns, der hinter dem Baum die Szene überragte, als Lichtquelle zu inszenieren gewusst. Die Leute in Überall waren stolz, dass ihr Weiher, ihre Linde und ihr Wetterhahn in dem Kalender zu sehen waren und den Monat Mai bebilderten. Dorotheas Vater hatte den Kalender damals in die Küche gleich über die Eckbank gehängt und ihn auch nach Ablauf des Monats nicht mehr umgeblättert.

Dorothea ließ sich vor der Linde nieder. Es war windstill, kein Blatt bewegte sich, als sie ihren Blick in die Baumkrone richtete. Der Baum schien sie umarmen zu wollen. Die Äste, die aus dem knöchrigen Stamm wuchsen, wollten sie umschlingen. Durch das Grün stachen die Sonnenstrahlen, grell blitzend wie Messerklingen. Der Baum blühte noch, und Dorothea zählte die gelben Kelchblätter der Lindenblüten – es waren fünf. Dann schlief sie ein, umhüllt von den Geräuschen des Weihers. Hin und wieder quakte ein Frosch, auf den Feldern zirpten die Grillen.

Vielleicht passt es zu Überall, dass seine Linde nicht neben der Kirche oder in der Mitte des Dorfes steht, so wie in anderen Gemeinden, in denen Linden das Zentrum einer Dorfgemeinschaft markieren: Unter diesen Bäumen wird getratscht, früher wurde unter ihnen auch Brautschau oder Gericht gehalten. Nach dem Deutsch-Französischen Krieg hat man allerorten Friedenslinden gepflanzt. In einigen Dörfern werden große Feste um die Tanzlinde organisiert. Aber der Überaller Linde kam keine dieser Aufgaben zu. Sie wurde nicht gepflanzt, sie hat freiwillig Wurzeln geschlagen, hier am Weiher, dem schönsten Ort in Überall. Jahrhundertelang hat sie dem Treiben am Wasser Schatten gespendet, den schreienden Kindern und ihren lachenden Eltern.

Dorothea rastete lange unter dem Baum. Erst die drei Schläge der Kirchglocke weckten sie aus ihrem Schlummer und aus einem seltsamen Traum, in dem der Stamm der Linde sie umschlungen und die narbige Borke sich, ähnlich wie in den Märchenbüchern, zu einem Gesicht verwandelt hatte, aus dessen Augen eine Träne rann. Und auch Dorothea spürte nun Tränen unter den Augen. Hatte sie im Schlaf geweint? Sie kniete sich an den Rand des Weihers, wusch ihr Gesicht, schaute noch einmal auf die Linde, deren Krone weiterhin reglos in die Luft ragte. Sie ordnete ihre Kleidung und machte sich auf den Weg nach Überall.

Dorothea erreichte das Dorf am unteren Ende der Hauptstraße, stieg über den elektrischen Zaun, mit dem Frank das kleine Feld hinter seinem Hof gesichert hatte, schlich sich am Stall vorbei, in dem Frank gerade die Kühe molk und leise fluchte. Dann ging Dorothea auf der menschenleeren Straße weiter. Sie passierte das Haus ihrer Eltern, die – wie jeden Frühling – auch in diesem Jahr ihren weißen Gartenzaun frisch gestrichen hatten. Sie passierte den Kaufmannsladen, durch dessen Fenster sie Stefan erkannte, der an der Kasse saß und sich langweilte. Als sie das Wohnhaus der Kaufmannsleute passierte, hörte sie aus dem Garten ein vergnügliches Kinderlachen.

Inzwischen ist sie am Hirschen angekommen und öffnet die schwere Holztür.

Alles ist wie immer: Die zwei Hirschgeweihe, die Günter wahrscheinlich in einem Großhandel gekauft hat, hängen noch über der Stammtischecke. Auf der blaukarierten Tischdecke steht ein gusseisernes Stammtischschild, die Stühle an den rustikalen Tischen sind leer. Es riecht nach Schweiß und abgestandenem Bier, obwohl die Fenster weit geöffnet sind. Der Pfarrer sitzt an der Theke und blickt Dorothea mit amüsiertem Blick an.

Während sie in der Tür steht, hört sie, wie er flüstert: «Das ist die Sünde.» Günter, der gerade ein Bierglas poliert, starrt sie ebenfalls an und kichert leise. Dorothea lächelt, stellt sich an den Tresen und bestellt ein Bier. Nach einiger Zeit scheint Günter sie zu erkennen, und als der Pfarrer einen weiteren Kirsch verlangt, prostet sie ihm zu – in seinen Augen kann sie die Angst vor der Sünde erkennen.

ZUR LAGE:

Landlust? Landfrust!

Warum die Liebe zur Natur manchmal nicht reicht, um sie zu retten.

Zwischen Arbeit und U-Bahn, Divertissement in Theatern und Kinos, einer sich täglich verändernden Nachrichtenlage und einem schier unendlichen Angebot an Billigprodukten scheinen sich viele Städter nach allem zu sehnen, was rustikal, naturverbunden, ökologisch einwandfrei und unverwüstlich ist. Sie stilisieren ein Leben auf dem Land zum Mythos, zum letzten Beweis, dass es da draußen noch so etwas wie eine heile, unverdorbene Welt gibt: Kinder, die in Waldbächen Kaulquappen fangen, statt Betonwände mit Graffiti zu besprühen, Bauern, die sich um das Wetter von morgen und nicht um die Aktienkurse der nächsten Jahre kümmern. Die Großstädter feiern, was sie am meisten vermissen: die

Natur und die Natürlichkeit. Wir stecken derzeit mitten in einer neoromantischen Bewegung.

So ähnlich war es schon im 18. Jahrhundert, dem wir die größten literarischen Naturbeschreibungen unserer Heimat verdanken. Egal ob Schuberts romantische Liederzyklen, die Gedichte Joseph von Eichendorffs oder die nebelverhangenen Bergwelten eines Caspar David Friedrich – sie waren allesamt Reaktionen auf die fortschreitende Industrialisierung in den Großstädten, in denen die Menschen plötzlich um ihre wirtschaftliche Existenz bangten. Es ist also nicht neu, dass besonders die intellektuelle Elite in Zeiten von Wirtschaftskrisen, rasanter Technisierung und massiver Landflucht die Natur als Sehnsuchtsort wiederentdeckt. Auch heute sind Wald, Wiesen und heile Welt wieder in das Interesse einer städtischen Oberschicht gerückt, während das reale Landleben fast unbemerkt untergeht.

Stadteltern schicken ihre Sprösslinge in Naturkindergärten, während die Schulen auf dem Land geschlossen werden. Modelabels entwickeln den Retro-Bauernstil, während sich auf deutschen Äckern hocheffiziente Maschinen breitmachen. Während das Bauernhofidyll in den Nobelvillen Einzug hält, wandern mit jedem aufgegebenen Bauernhof die bäuerlichen Überbleibsel höchstens noch ins Dorfmuseum. Und während in der Provinz Frust herrscht, nennt sich eine der erfolgreichsten Zeitschriften LandLust. Sie hatte allein zwischen 2009 und 2010 einen Auflagenzuwachs von 80 Prozent! Das hochglänzende Magazin mit Kochrezepten aus Omas Küche, Tipps für die Gartenarchitektur und Restaurationsvorschlägen für Bauernmöbel erlebt trotz allgemeiner Medienkrise Absatzrekorde.

Natürlich reagieren auch die Massenmedien auf den Naturboom. Seit das amerikanische Partyluder Paris Hilton in eine blau-weiß karierte, sehr enge Bluse und in Gummistiefel geschlüpft ist, um im Fernsehen das Melken einer Kuh zu lernen, wird auch im deutschen TV die Natur zum Idyll frustrierter Großstädter stilisiert: Frauen suchen Bauern auf den Almen, und ganze Familien suchen auf einem Einsiedlerhof in der Bergwelt die Herausforderung, so mühsam, aber glücklich zu leben wie im 19. Jahrhundert. Das Land ist zum letzten großen Abenteuer geworden.

Mit der deutschen Wirklichkeit haben die Fernsehdörfer mit Landärzten und Selbstversorgungsbetrieben oder die Idyllen des «Bullen von Tölz» und des «Bayern auf Rügen» herzlich wenig zu tun. Längst kämpfen die meisten Dörfer um ihre Lindenbäume, vor denen Schubert seine Verliebten schwelgen ließ. Längst ist Hänsels und Gretels Märchenwald durch Kronenfraß gefährdet, und die Felder und die Auen, durch die Carl Maria von Weber seine Jäger mit krachendem «Trallalala!» streifen ließ, werden erbarmungslos zersiedelt und brachgelegt. Deutschland, das noch immer mit Wald und Wiesen, Bergen und Meeren wirbt, das Land der röhrenden Hirsche, der stoischen Krabbenpuler und der romantischen Enzianpflücker, feiert seine Natur heute hauptsächlich im Fernsehen. Wirklich heile Bauernwelten gibt es allerdings höchstens noch im Internetspiel Farmville bei Facebook. Die dunkeldeutsche Wahrheit ist, dass unsere ökologisch angebauten Flächen rasant sterben – und mit ihnen nicht nur ein Großteil der urdeutschen Natur, sondern auch unserer Sozialkultur.

Sigmar Groeneveld ist emeritierter Professor für Agrarkulturen in Kassel und weist darauf hin, dass Deutschland längst nicht mehr in seinen natürlichen Landflächen begriffen wird, also in den agrarischen Strukturen, sondern in sogenannten «Entwicklungsregionen». Die Landwirtschaft ist besonders für die finanziell gebeutelten Kommunen und Dörfer zu einem unlukrativen Geschäft geworden: Ein hoch subventionierter Betriebszweig, der kaum Steuergelder abwirft. Erst recht nicht im Vergleich mit modernen Shoppingcentern oder autobahnnahen Industriegebieten. Alte Höfe, die dem wirtschaftlichen Druck nicht standhalten, werden samt Feldern und Wiesen zerstückelt. Neue Straßen werden gebaut, Industriebrachen herausgeschnitten, es entstehen Großschläge für die agrarindustrielle Produktion, und die sogenannten Ausgleichsflächen werden notdürftig mit Sträuchern und Bäumen bepflanzt. Am Ende entsteht hektarweise Öd- und Unland. Ein denkbar ungünstiger Drehort für «Bauer sucht Frau».

Durch die Flurreformen wurden die traditionellen Agrarflächen zerschnitten, Großagrarier nutzen chemische Produkte, die zu einem drastischen Artensterben führen, das durch frühe Mahd, die Entwässerung von Feuchtwiesen und den Umbruch von Grünland gefördert wird. Genmais und Energiepflanzen wie Chinaschilf verdrängen die deutschen Kulturpflanzen. Insektizide und Fungizide bedrohen die Flora, und fast die Hälfte der gefährdeten Farne und Blütenpflanzen leiden unter den Nitraten und Phosphaten, die in der modernen Landwirtschaft eingesetzt werden. Auch der Bims- und Lavagesteinabbau in der Vulkaneifel und der Gipsabbau im Harz vernichten wertvolle ökologische Flächen. Eine wirklich produktive Förderung der Natur und des Landlebens durch den Schutz der Natur findet in Deutschland kaum statt: nur 1,9 Prozent der bundesdeutschen Gesamtfläche ist als Naturschutzgebiet ausgewiesen.

Seit dem 18. Jahrhundert – also noch vor der industriellen Revolution –, als die Artenvielfalt in Deutschland am größten war, sterben Tier- und Pflanzenarten unwiderruflich aus. Jagd und Fischfang, besonders aber der Import fremder Blumen und Tiere bedrohen die einheimische Flora und Fauna. Insgesamt sind von den deutschen Tierarten 16 000 auf ihre

Gefährdung bewertet worden. Drei Prozent sind bereits ausgestorben, sieben Prozent sind vom Aussterben bedroht, elf Prozent stark und 15 Prozent immerhin noch gefährdet. Nach ungefähren Schätzungen sterben weltweit pro Tag bis zu 165 Pflanzen- und Tierarten, also jedes Jahr ca. 60 000 Arten. «Bis zu 30 Prozent aller einheimischen Arten könnten für immer aus Deutschland verschwinden», prognostiziert die Präsidentin des Bundesamtes für Naturschutz (BfN) Beate Jessel. «Besonders betroffen von der Erderwärmung sind Arten, die in Gewässern, Mooren, im Hochgebirge oder an den Küsten leben.» Auch der deutsche Wald, dem bereits in den achtziger Jahren das Sterben vorhergesagt wurde, erholt sich nur langsam. Noch immer sind über 30 Prozent der Fichtenkronen verlichtet.

Absurderweise wird gerade in den Provinzen die natürliche Flora zurückgedrängt, während künstliche Naturparadiese gebaut werden: Sommerskihallen oder überdachte Tropenlandschaften für badewütige Großstädter ersetzen gelbe Rapsfelder und den dunklen deutschen Wald. Die künstliche Natur siegt über die echte.

Als sich Garmisch-Partenkirchen für die Olympischen Winterspiele anmeldete, warb es mit seiner Natur und plante eine ökologisch verträgliche Erneuerung der Skistrecken. Doch die Anforderungen des Internationalen Skiverbandes FIS haben schon zur Ski-WM weitere Einschnitte gefordert. Die FIS-Schneise wurde von 16 auf 39 Meter erweitert, für eine zweite neue Piste mit fast 1400 Meter Länge wurden umfangreiche Baumbestände gerodet, und weil das Wasser der Trinkwasserquellen und des Hammersbaches nicht für eine künstliche Beschneiung reichten, wurde auf 1350 Meter Höhe ein zweiter großer Speichersee gegraben. Insgesamt wurden 16 Hektar ausgewiesener Schutzwald gerodet. Aber für Skiabfahrer Felix Neureuther besiegt der Fun die Flora zu Recht. In einem Interview mit der Welt schwärmte er: «Es war beeindruckend zu sehen, wie aus einem Berg voller Bäume auf einmal so eine krasse Strecke entsteht.»

Es ist eine Ironie der Natur, dass das Einweihungsrennen der neuen Strecke wegen Nebels abgesagt werden musste. Und bereits jetzt ist unsicher, ob sich Garmisch aufgrund der Proteste von Umweltschützern überhaupt für Olympia bewerben wird und, wenn ja, ob es durch die Klimaveränderungen überhaupt genügend Schnee geben wird.

Nicht immer rächt sich die Natur so harmlos wie in Garmisch. Wir haben uns längst an Katastrophenmeldungen gewöhnt, an Lawinenunglücke in den Alpen und an Erdrutsche mit Todesfolgen, die selbst im deutschen Flachland vorkommen. In Nachterstedt stürzte ein Doppelhaus in einen Krater, weil der Braunkohleabbau das Gebiet unterhöhlt hatte; drei Bewohner wurden verschüttet. Das Elbhochwasser von 2002 forderte 17 Todesopfer, ganz zu schweigen von Sturm- und Unwetterkatastrophen durch die globale Erwärmung.

Seit Beginn des Strukturwandels in den sechziger Jahren wurden in Deutschland zwei Drittel der bäuerlichen Betriebe aufgegeben. Früher war die Landwirtschaft darauf ausgerichtet, die Regionen zu versorgen und das ökologische Gleichgewicht intakt zu halten. Heute bedient sie einen globalisierten Markt. Die Produktion von Lebensmitteln wird durch europäische Subventionen gestützt, und wir haben es mit zuweilen absurden Milchmädchenrechnungen zu tun: Zwar läuft der europäische Milchsee noch immer über, und Milchexporte in die sogenannte Dritte Welt sorgen dort für ein Sterben der eigenen Landwirtschaft. Doch auch hier zerstört die Agrarsubvention sowohl den Bauern als auch die Natur. Derzeit bekommen Milchbauern für einen Liter nur etwas mehr als 20 Cent. Nötig wären 40 Cent, um kleine Betriebe am Leben zu halten. Über 35 000 Milchbauern haben bereits aufgegeben, ersetzt wurden sie durch Großbetriebe, die Masse statt Klasse produzieren.

Das Motto vieler Bauernhöfe, die früher in Eintracht nebeneinander existierten, heißt heute «Wachsen oder weichen». Besonders in Norddeutschland und in den Neuen Bundesländern haben Großagrarier alte Höfe aufgekauft. Diese neuen Landwirtschaftsfabriken machen derzeit zwar nur sieben Prozent aller deutschen Bauernhofbetriebe aus, bewirtschaften aber bereits die Hälfte der deutschen Agrarfläche. Großbetriebe gefährden nicht nur das natürliche, sondern auch das soziale Gleichgewicht.

Niedersachsen hat bereits die Kampagne «Haus sucht Bauer» ausgerufen, um die abgewickelten Höfe neu zu beleben, da mit den kleineren Betrieben auch die Bedeutung eines Gehöfts in der Region verschwindet: Bauer, Melker, Sommerarbeitskräfte, Knechte und Mägde werden durch einen hoch industrialisierten Betrieb ersetzt. Inzwischen bestellt ein einziges Agrarunternehmen über 1000 Hektar, also die Fläche ganzer Dorfgemarkungen, mit zwei Angestellten. Seit der Wende wurden allein in Ostdeutschland 900 000 Arbeiter in den landwirtschaftlichen Betrieben entlassen. Das Landleben, das in den Hochglanzmagazinen der Großstädte und in vielen Fernsehsendungen als deutsche Wirklichkeit gezeigt wird, existiert kaum noch: Sowohl die Natur als auch die Menschen verschwinden aus dem Land.

Die Kluft zwischen der zivilisierten Stadt und dem unterprivilegierten Land wächst durch den Wandel der Landwirtschaft weiter. Statt mit staatlichen Subventionen kleine Betriebe und damit die natürliche Ökologie und das Gemeinwesen zu stabilisieren, wird das Großbauerntum vorangetrieben und die Landbevölkerung in die Städte getrieben.

Deutschland spaltet sich in metropolitane Räume, in denen das Bildungs- und Kulturangebot kontinuierlich steigt, und in ländliche Räume, die verwaisen oder nur noch von Menschen bewohnt werden, denen jegliche Perspektive und die Hoffnung auf ein funktionierendes soziales Umfeld fehlen. Der Raubbau an der Natur ist also auch ein Abbau der bundesdeutschen Sozialstruktur.

Agrarkundler Groeneveld warnt seit langem: «Wenn die landwirtschaftlich genutzten Flächen aus den Händen der Dorfbewohner entschwinden und sogenannte Tieflader-Bauern die Dorfgemarkungen übernehmen, verschwinden auch die letzten Beziehungen der Menschen zu ihrem Land.» Diese Entwicklung hat längst eingesetzt. Und es verwundert kaum, dass gerade auf dem Land inzwischen das traditionelle Bewusstsein für ein ökologisch nachhaltiges Wirtschaften fehlt.

Ein Landbewohner verbraucht wesentlich mehr Energie als ein Stadtbewohner. Oft sind es nur Kleinigkeiten: das Beheizen großer, schlecht isolierter Räume, privat geschlagene Grundwasserbrunnen für die Bewässerung des Vorgartens oder die vielen Autokilometer, die auf dem Land zurückgelegt werden. 75 Prozent der Pendler fahren täglich aus dünnbesiedelten Räumen in die Großstädte. All diese Faktoren zusammen zerstören den Mythos vom ökologischen Leben auf dem Land. Ein Verkäufer von Solaranlagen aus Braunschweig hat das am eigenen Leib erfahren. Als er sich mit seiner Frau und den Kindern auf dem Land den Traum vom ökologischen Leben verwirklichen wollte, musste er schnell einsehen, dass die Naturverbundenheit auf dem Land schwerer ist als in der Metropole. «Auf dem Land wohnen, um die Schönheit der Natur zu genießen, und dann zwei Autos haben – das ist einfach verrückt», sagt er. Seine Familie hat sich im Widerspruch aufgerieben, ökologisch leben zu wollen und den unökologischen Zwängen des Landlebens ausgeliefert zu sein – inzwischen wohnt sie wieder in einer Etagenwohnung in Braunschweig.

Tatsächlich ziehen die Bewohner aus der sterbenden Natur längst in die Städte, und viele Tiere haben die Landflucht bereits hinter sich. Auf dem Alexanderplatz in Berlin wurde kürzlich ein Fuchs gesichtet, der eine Ratte im Maul trug, auf der Hamburger Alster tummeln sich Graugänse, und selbst Adler sind in Großstädten keine Seltenheit mehr. Viele Bewohner von Luxusvierteln am Rande großer Städte kämpfen täglich mit den Verwüstungen von Wildschweinen. Hier werden die Tiere nicht gejagt und finden, was sie in der freien Natur zunehmend vermissen: Biotope und Brachflächen. Heidrun Betz vom Deutschen Tierschutzbund stellt fest: «Auf dem Land sind die Lebensräume nicht mehr so differenziert. Man findet zum Beispiel kaum mehr Hecken oder Moortümpel. Da sehen wir oft monotone Agrarsteppen.»

Die Tiere sind nur die Vorboten der menschlichen Landflucht, die gerade erst begonnen hat. So wie die Tiere gezwungen werden, sich neue Naturräume zu suchen, werden auch die Menschen den Angeboten von Kultur, Bildung und Arbeit folgen. Sie werden in die Städte kommen und den Fernseher einschalten, um ein Stückchen heile Natur zu sehen. Das Zurückdrängen von Flora und Fauna wird unweigerlich zu einem gesellschaftlichen Problem und verändert das soziale Gefälle in Deutschland, das nicht mehr zwischen Ost und West, sondern zwischen Stadt und Land verläuft.

Vor Ort:

Waldspaziergang im Elsass

Eine Wanderung auf den Spuren von Georg Büchners «Lenz».

Im Elsass ist es dunkel, der Stau auf der Autobahn hat mich aufgehalten. Ich habe mir eine schlichte Bleibe ausgesucht, hoch oben, irgendwo hinter Waldersbach. Nachdem ich das grelle Straßburger Industriegebiet hinter mir gelassen und einer Landstraße mit sparsamer Beleuchtung gefolgt bin, führt mich mein Weg eine ungepflasterte Straße den Berg hinauf. Obwohl es Frühjahr ist, beginnt es zu schneien, und innerhalb weniger Minuten bestrahlen die Scheinwerfer meines Wagens eine weiße Flockenwand. Unter mir schlagen kleine Steinchen an die Karosserie, und wenig später bleibe ich mit einem gewaltigen Rums in einem Schlagloch stecken.

Ich steige aus, um mir einen Überblick zu verschaffen. Das Vorderrad hat sich festgefahren. Mit einiger Mühe erkenne ich, wie sich die schwarzen Wipfel in der dunkelgrauen Nacht über mir schließen. Ich hätte nicht gedacht, dass es mitten in Europa noch Orte gibt, an denen uns die Natur mit einer merkwürdigen Furcht erfüllt. Keine existenzielle Angst, aber ein Unbehagen, wie aufgeschmissen man plötzlich ist, irgendwo auf einem Waldweg im Nirgendwo.

Wahrscheinlich hat dieses Gefühl auch etwas mit der CD zu tun, die ich auf meinem Weg gehört habe: Georg Büchners Erzählung «Lenz». Eine der gewaltigsten Naturbeschreibungen deutscher Sprache: «Nur manchmal, wenn der Sturm das Gewölk in die Täler warf [...] und am tiefen Blau ein leises Rot heraufklomm, und kleine Wölkchen auf silbernen Flügeln durchzogen und alle Berggipfel scharf und fest, weit über das Land hin glänzten und blitzten, riss es ihm in der Brust, er stand, keuchend, den Leib vorwärts gebogen, Augen und Mund weit offen, er meinte er müsse den Sturm in sich ziehen, alles in sich fassen, er dehnte sich aus und lag über der Erde, er wühlte sich in das All hinein, es war eine Lust, die ihm wehe tat.»

In seiner Erzählung lässt Büchner den Schriftsteller Jakob Michael Reinhold Lenz von Straßburg aus «ins Gebirg» ziehen, hinauf durch die elsässischen Wälder bis in das Dorf Waldbach, das heute Waldersbach heißt. Hier trifft er Pastor Oberlin, mit dem er über die Kunst und die Literatur spricht. Dennoch hadert er weiter mit Gott, der Naturgegebenheit des Menschen und der Welt.

Ich habe mich entschlossen, Lenz' Wanderung nachzugehen, um zu sehen, wie man sich heute als zivilisierter Mensch in den Wäldern bewegen kann, was übrig geblieben ist vom alten Waldleben in unserer postmodernen Zeit. Büchner hat damals die Fragen nach Gott, nach der Theatralik der Welt, nach dem Innenleben der Seele und nach dem Spagat von Kultur und Natur gefunden. Er hat mit der elsässischen Natur Deutschlands dunkle Seele beschrieben.

Jakob Michael Reinhold Lenz wurde 1751 im heutigen Lettland geboren. Er besuchte Vorlesungen von Immanuel Kant und wurde Schriftsteller. Zu Hause war er in der kleinen Stadt Emmendingen bei Freiburg, in der auch Goethes Schwester Cornelia lebte. Nachdem der Dichterfürst Lenz einen Besuch abgestattet hatte, reiste der in Goethes Weimarer Provinz, wo er allerdings schnell wieder verstoßen wurde. Es ist bemerkenswert, dass einige der größten Gedanken des 18. Jahrhunderts im ländlichen Idyll entstanden sind. Für Lenz und Goethe, aber auch für ihre Zeitgenossen Johann Gottfried Herder oder Johann Caspar Lavater war die Natur ein Schlüssel zum Verständnis des modernen Menschen. Auch bei Büchner schwingt all das mit. Aber wie ist es um die Natur und unsere Seele heute bestellt?

Emmendingen ist heute wegen seiner Nervenheilanstalt bekannt, die ganz traditionell außerhalb der großen Städte gebaut wurde. Statt Goethe und Lenz besingen inzwischen lokale Rockgrößen wie der Sänger Franky Arkady die Stadt. Er dichtete einmal etwas holprig: «Emmendingen, Emmendingen ist ’ne Stadt, die auch eine Klapse hat.» Ich habe in Emmendingen Ende der neunziger Jahre meine ersten Artikel für die Lokalredaktion der Badischen Zeitung geschrieben, eine Art Straflager der Stammredaktion – hierher wurden die blutigen Anfänger geschickt. Wer sich auf Hundezüchterwettbewerben und Feuerwehrtagungen durchgesetzt hatte, durfte später auch für die Kulturseiten des Mantelteils schreiben. Es ist also noch immer so, dass die Erkenntnis in der Provinz beginnt.

Zu Lenz’ Zeiten hatte Emmendingen sich gerade vom Dreißigjährigen Krieg erholt. Während des Krieges war die Bevölkerung von 800 auf 100 Einwohner geschrumpft. Lenz reiste von hier aus nach Straßburg und Waldbach. Nach der Französischen Revolution fiel das Elsass, das zuvor von den Herrscherhäusern Habsburg, Hanau-Lichtenberg, Württemberg und Rappoltstein regiert wurde, an die Französische Republik. Immer wieder wurde das Land der Vogesen hin und her verschoben. Das sorgte für einen ausgeprägten Heimatsinn der Einwohner, für einen ureigenen Geist, der weder deutsch noch französisch sein wollte.

Pastor Johann Friedrich Oberlin war – ebenso wie Goethe und Lavater – ein leidenschaftlicher Kämpfer für die Provinz. Sein Hauptziel war es, die Lebensqualität in der Natur zu verbessern. Er modernisierte den Obstanbau, legte gemeinsam mit den Bauern Brücken und Straßen an und gründete die ersten Industriebetriebe. Er ermöglichte Frauen eine berufliche Betätigung und gründete zahlreiche landwirtschaftliche Vereine. Vor allen Dingen aber war er Sozialpionier und Schulgründer. Sein Erziehungsgrundsatz lautete: «Erzieht eure Kinder ohne zu viel Strenge, mit andauernder zarter Güte, jedoch ohne Spott.» Oberlin hatte bereits im 18. Jahrhundert ein Mittel gegen die Landflucht gefunden, das auch heute noch aktuell ist: die Kultivierung der Provinz.

Doch all dieses Wissen hilft mir nicht, während ich vor meinem Auto stehe und versuche, es aus dem Schlagloch zu schieben. Als es mir nach einiger Zeit gelingt, beschließe ich, erst einmal umzukehren. Die Nacht ist zu dunkel, das Schneetreiben zu stark. Unten im Tal habe ich ein hell beleuchtetes Haus gesehen. Es stellt sich heraus, dass es sich um ein Spa Resort handelt. Schon vor der gläsernen Schiebetür höre ich Tanzmusik. Ich erinnere mich, wie Büchner beschrieben hat, dass Lenz nach langer Wanderung endlich das Dorf erreicht: «Die Lichter schienen durch die Fenster, er sah hinein im Vorbeigehen, Kinder am Tische, alte Weiber, Mädchen, alles ruhige, stille Gesichter, es war ihm als müsse das Licht von ihnen ausstrahlen, es ward ihm leicht, er war bald in Waldbach beim Pfarrhause.»

Mit diesem ländlichen Menschenidyll hat mein Hotel allerdings wenig zu tun. In meinem Wellnesshotel feiern aufgekratzte Deutsche Hochzeit. Ein Angebot des Hauses: «Begehen Sie die schönsten Momente Ihres Lebens mitten in der Natur.»

Die Wände der Lobby sind mit Pop-Art-Bildern von halbnackten Frauen plakatiert, davor buhlen echte Frauen um Aufmerksamkeit und singen Karaoke. An der Rezeption werde ich mit dem weltweit genormten Begrüßungslächeln empfangen. «Nein, leider», Zimmer gebe es nicht mehr, «nur noch die Suite.» «Egal, ich brauche eine Bleibe», sage ich, «bei diesem Wetter kann ich nicht weiterfahren.» Die Angestellte händigt mir den elektronischen Schlüssel aus und verlässt daraufhin das Hotel. Sie hat Feierabend. Ich sehe noch, wie sie mit einem Landrover Richtung Berge, hinein in die Dunkelheit, fährt.

In meiner Suite gibt es einen Whirlpool, Knöpfe für Luft- und Massagesprudel, für die Temperatureinstellung und die Wasserhöhe. Meine Wanderung auf Lenz' Spuren ist ungewollt zum Wellnessurlaub mitten in den Bergen geworden. Wie anders klingt das Baden im eiskalten Wasser bei Büchner: «Lenz [...] stürzte sich dann in den Brunnentrog, patschte darin, wieder heraus und herauf in sein Zimmer, wieder herunter in den Trog, und so einige Mal, endlich wurde er still.» Heute fahren wir nicht mehr in die Natur, um unsere Seele durch die Strapazen des Verzichts zu reinigen, sondern um sie im Luxus baumeln zu lassen.

Nach dem Aufwachen strahlen mir die grünen Hügel des Elsass entgegen. Was gestern noch gefahrvoll schien, liegt nun ruhig und idyllisch vor mir. Der Schnee hat die Nacht nicht überlebt. Im Frühstücksraum sammeln sich schon die Hochzeitsgäste, einige lassen sich an der Rezeption Wanderbroschüren geben. Auch ich mache mich auf den Weg, um endlich das 34 Kilometer entfernte Waldersbach zu erreichen.

Am Anfang begegnen mir noch allerhand andere Wandersleute. Sie hetzen in Goretex gehüllt, in atmungsaktiven Schuhen und mit Wanderstöcken aus leichtem Aluminium über die Waldwege. Jeder auf der Ausschau nach dem nächsten gelben, roten oder blauen Kreis, Dreieck oder Kreuz, die an die Bäume gemalt sind. Ich nehme die kleinen Trampelpfade, marschiere durch das Dickicht, durchwandere Tannen- und Laubwälder. Bei genauem Hinsehen zeigt sich noch immer, dass der Wald weiter stirbt. Zu sehen ist das besonders in den Baumkronen der Fichten. Schlimmer aber sind die Narben der gewaltigen Herbststürme. Baumrecken stehen wie abgeknickte Streichhölzer in der Landschaft – tote Zeugen der gewalttätigen Winde, die so harmlose Namen wie «Martin», «Lothar» oder «Kyrill» trugen. In Deutschland und in Frankreich haben sie nicht nur Bäume gefällt, sondern forderten auch Menschenopfer.

Irgendwann erreiche ich ein karges Plateau. Hier oben tragen die Tannen kaum noch Nadeln, trockenes Gestrüpp rankt auf dem sandigen Boden. Ich ziehe die Kapuze über meinen Kopf, schneide das Brot und raste.

Fernab der offiziellen Wanderwege bin ich nach meiner Schneesturmpanne wieder auf mich selbst zurückgeworfen. Dieses Mal nicht in einem Angstzustand, sondern im Angesicht der kleinen Ortschaften, ihrer Gotteshäuser und der Einsiedlerhöfe, die unter mir liegen. Auch gestern Nacht war die Zivilisation also nicht weit entfernt. Ein dichtes Straßennetz verbindet die einzelnen Siedlungen miteinander und mündet am unteren Ende meines Blickfeldes auf eine viel befahrene Hauptstraße. Ein Hinweis darauf, dass Straßburg mit seinen Supermärkten, Theatern und Modeboutiquen mit dem Auto in weniger als 20 Minuten zu erreichen ist.

Nach zwei weiteren Stunden spuckt mich der Wald wieder aus, und ich stehe mitten auf einem Feld, das an einer Friedhofsmauer endet. Neben der Holzkirche grasen Schafe. Das Dorf umfasst einen großen Hof, der mit modernen Mähdreschern ausgestattet ist und zwölf oder fünfzehn kleinere Häuser. Aber kein Mensch ist zu sehen. Nur ein streunender Hund bellt mich an. So aggressiv, dass ich die Straße meide.

Irgendwann erreiche ich die alte Hauptverkehrsstraße, auf der einst die Kutschen von Straßburg nach Waldbach gefahren sind. Heute ist sie ein etwas größerer Wanderweg. Nach einem letzten Anstieg sehe ich endlich einen verwucherten

Kilometerstein, auf dem in schwarzen Lettern mein Ziel zu lesen ist: «Waldersbach».

Der Ort liegt an einem Hügel, die kleine, weiß verputzte Kirche mit ihrem Wetterhahn überragt das Dorf. Die Glocken übertönen die Natur. Hier also suchte Lenz, der Zweifler an allem Heiligen, seine innere Ruhe.

Es ist Sonntag, und Waldersbach scheint verlassen. An einem kleinen Weiher kommt mir ein älterer Herr entgegen. Er trägt eine Heckenschere auf der Schulter und grüßt auf Elsässisch. Es stellt sich heraus, dass er ein pensionierter Gartenarchitekt ist. Seine Frau war Philosophielehrerin und wurde in Waldersbach geboren. Nach der Pensionierung sind beide wieder hergezogen – aus Nostalgie und der gemeinsamen Liebe zur Natur. Aber dieser Winter, sagt der Mann, sei hart gewesen: «Er dauerte 83 Tage, und der Schnee lag 2,83 Meter hoch. Es war kein Herauskommen aus diesem Kaff.»

Während er auf das Dorf blickt, erzählt er zu jedem Haus eine kleine Geschichte. Meist ist es die gleiche: «Hier wohnten die Soundsos, aber die Kinder sind in die Stadt gezogen, der Mann ist gestorben, nun lebt die alte Soundso hier allein.» Es stehen viele große Häuser in Waldersbach, die meisten von ihnen erzählen noch vom alten Glanz: stilvolle Holzschnitzereien, liebevoll gearbeitete Türen. Aber der Lack ist ab, viele Anwesen verrotten, die Winde und das Wetter machen ihnen augenscheinlich zu schaffen. Nur ein Haus am Rande des Ortes fällt sofort ins Auge, ein vorbildlich renoviertes Chalet. «In diesem Ding wohnt ein junger Professor», erklärt der Alte, «ein Yuppie, der nur einmal im Jahr hier ist. Dann grillt er mit seinen Freunden und ist wieder weg.»

«Es ist eine Schande, dass hier niemand mehr wohnen will», sagt der Mann, «nur wir Alten kehren zurück. Aber was soll man hier auch tun?» Nicht einmal einen Supermarkt hat Waldersbach. Zweimal in der Woche kommt ein mobiler

Einzelhändler, um die Bewohner mit Brot, Eiern und Wurst zu versorgen. Für Großeinkäufe nimmt man das Auto zum nächsten «Match» im Straßburger Industriegebiet. Der Alte erzählt, dass Waldersbach nur noch 123 Wahlberechtigte und neun Kinder hat – das sei alles. Für junge Familien ist es einfach praktischer, näher an der Stadt zu wohnen. «Dort ist es auch grün, und es gibt wenigstens eine Schule.»

Die pädagogischen Einrichtungen, die Pastor Oberlin hier oben einmal gegründet hat, sind längst geschlossen. So wie in vielen deutschen Bergdörfern auch. Nur ein kleines Museum erinnert noch an den Pioniergeist von früher. Waldbach, das einst ein Mittelpunkt der Provinz war, versinkt als Waldersbach langsam wieder in der Natur. Hier lebt man nur, wenn man bald stirbt. Es gibt hier eben nicht viel – außer den Wäldern, einem bisschen Ruhe und dem Luxushotel, in dem die Leute aus Deutschland und Straßburg Hochzeit feiern.

III. Die Familie

> «Der Atem des Vaters auf ihrem Gesicht. Sein Stöhnen in ihrem Ohr. Der Geruch des Schweißes. Sie hielt die Augen geschlossen, fest geschlossen. Solange sie nichts sah, konnte nichts passieren.»
>
> *Andrea Maria Schenkel, «Tannöd»*

Roman:

Am Überaller Familientisch

Drittes Kapitel, das uns Dorotheas Familie vorstellt und vom Überaller Schweigen erzählt.

«Sie ist zurück! Sie ist wieder da! Doro! Mama! Papa!» Tim erkennt seine Schwester sofort. Sie hat den Hirschen verlassen und geht auf ihr Elternhaus zu. Der Bruder rennt ihr entgegen, macht einen kurzen Stopp vor der frischgestrichenen Gartenzaunpforte, reißt sie auf, ruft noch einmal: «Sie ist da!», und eilt seiner Schwester entgegen, um sie übermütig in die Arme zu schließen, sie hochzuheben und in der Luft zu drehen.

Als Tim seine Schwester wieder heruntergelassen hat, nimmt er seine Mütze vom Kopf, wischt sich den Schweiß von der Stirn und schaut sie erwartungsvoll an. Dorothea legt ihre Hand auf seine Wange und sagt: «Schön, dich zu sehen, Tim. Wie geht es dir?»

«Gut! Sehr gut! Es gibt viel Milch, obwohl der Sommer so trocken ist, sehr viel Milch. Das macht Frank glücklich, weißt du.»

«Wie es *dir* geht, Tim, habe ich gefragt. Wie geht es dir?»

«Gut, Doro, sehr gut! Und jetzt, wo du wieder da bist, besonders gut. Jetzt wird alles gut, nicht wahr, Doro?»

Doro, so nennen sie alle hier, in Überall.

Dorothea nimmt ihren Bruder in den Arm, streicht ihm durch das Haar und küsst ihm die Stirn. Sie stehen mitten auf der Hauptstraße, und Stefan beobachtet die beiden von seiner Kasse aus durch das Schaufenster des Lebensmittelmarktes. Aber er beschließt, die Geschwister nicht zu stören.

Die beiden gehen zum Haus ihrer Eltern. Als Dorothea die weiße Pforte öffnet, steht ihre Mutter bereits in der Tür. «Du bist da! Doro! Meine Doro!» Während Inge ihre Tochter umarmt, spürt Dorothea den bebenden Körper ihrer Mutter.

«Papa wird sich freuen», sagt Inge und schiebt sie in den Flur.

Dorothea antwortet nicht.

«Doch, doch ... sicherlich. Das ist alles so lange her. Du wirst sehen. Wie lange wirst du bleiben, Doro? Soll ich dir dein Bett beziehen?»

«Sie bleibt für immer! Für immer!», jubelt Tim und rennt in die Küche, um dem Vater die Nachricht zu überbringen: «Papa! Papa, die Doro ist da!»

«Ich weiß noch nicht, wie lange ich bleibe, Mama.»

Inge nickt.

Im Haus hat sich nichts verändert: Dieselben Teppiche, noch immer die gleiche holzfurnierte Garderobe, und es liegt auch immer noch der süße Geruch von Weichspüler in der Luft. Merkwürdig, denkt Dorothea wie in einem Déjavu, dass Gerüche sie am ehesten an die Kindheit erinnern. Früher, wenn sie von Klassenfahrten nach Hause kam, hatte sie diesen Geruch geliebt. Dann wusste sie, dass sie zu Hause war, geborgen, beschützt. Heute kommt ihr der Geruch penetrant vor. Ein wenig zu plüschig, zu weich, zu süß.

Hans sitzt auf der Eckbank in der Küche.

«Setz dich, Kind», sagt Inge, «es ist so schön, dass du da bist. Nicht wahr, Hans?»

Aber Hans antwortet nicht, schaut nicht einmal von seinen Notizen auf.

«Hans, reiß dich zusammen, das ist deine Tochter – Hans!» Inge fährt ihren Mann an.

Tim zuckt zusammen. Früher hatte Dorothea immer Angst, wenn ihre Eltern sich stritten. Nun muss sie fast ein bisschen lachen. In Inges bestimmter Hilflosigkeit liegt ein routiniert aufgeregter Ton. So, als ob die beiden den Streit ritualisiert hätten – als würde er zu ihrer Ehe gehören, als Akt intimer Verbundenheit.

«Ich habe sie nicht fortgeschickt und auch nicht hergerufen», sagt Hans endlich.

Dorothea setzt sich ihm gegenüber. «Er hängt immer noch da?» Sie schaut auf den alten Kalender mit dem Bild vom Lindenweiher. «Wenn er dir nicht gefällt, kannst du ja wieder gehen», murmelt Hans.

Inge fragt, ob jemand Kaffee möchte.

«Nein, danke», sagt Dorothea. Und wieder schweigt die ganze Familie. Tim tippelt mit den Schuhen an den Stuhlbeinen. «Lass das, Tim!», herrscht ihn der Vater an. Und Tim hört auf.

«Papa schreibt an einer Dorfchronik, Liebes», erklärt Inge. «Stell dir vor, der Alte von nebenan, Franks Opa, war der Einzige, der nicht in den Krieg musste. Papa hat etwas Ungeheuerliches herausgefunden. Während alle Männer des Dorfes eingezogen wurden, durfte der Alte in Überall bleiben. Und weißt du, warum? Er war als einer der Ersten bei der SS. Papa hat herausgefunden, dass er es war, der die Kieseborns verraten hat – die Juden, die in der Mühle wohnten. Das ganze Dorf hat damals geschwiegen, nur der Alte von nebenan hat die Gestapo gerufen. Der war ganz dicke mit denen, mit den Nazis. Dafür haben sie ihn dann nicht an die Front geschickt.»

«Das interessiert sie doch gar nicht», grummelt Hans.

«Sag, Kind, wie geht es dir?», will Inge wissen. «Was tust du? Wo wohnst du? Geht es dir gut?»

«Ja, Mama, es geht mir gut.»

«Hast du genug Geld?»

«Ja, Mama. Wirklich, mir geht es gut. Ich wohne in der Stadt.»

Inge geht zur Kaffeemaschine, öffnet eine Kaffeedose und holt einen 50-Euro-Schein heraus. Sie legt ihn auf den Tisch. «Nimm ruhig, das kann man immer gebrauchen.»

«Der Frank, der wartet schon seit Jahren auf dich, Doro. Der wird sich freuen! Ich muss ihm erzählen, dass du hier bist», sagt Tim und rennt aus der Küche. «Lass nur, Tim», ruft Dorothea ihm hinterher, aber ihr Bruder hört sie nicht mehr.

Dorothea schaut auf den Geldschein und schiebt ihn mit einer sanften Handbewegung von sich. Sie überlegt, ob sie ihren Vater mit einer Frage provozieren soll. Doch dann entscheidet sie sich, es heute nicht auf einen Streit ankommen zu lassen. «Und, geht es voran?», fragt sie.

«Natürlich geht es voran», antwortet Hans.

«Er ist ganz fleißig.» Inge versucht, die Stille zu vermeiden. Als wieder niemand spricht, fragt sie ihre Tochter, ob sie ihr altes Zimmer sehen will. Dorothea nickt. Die beiden Frauen gehen die enge Treppe hinauf. Es sieht noch genau so aus wie an dem Tag, an dem Dorothea das Haus verlassen hat. «Wir wussten, dass du zurückkommst, Schatz», sagt Inge, «wir haben nichts verändert. Alles ist so wie immer.»

«Danke, Mama. Darf ich ein bisschen allein sein?»

«Natürlich, Doro. Schau dir ruhig alles an. Es gehört ja dir.» Inge schließt die Tür. Und während Dorothea die Bilder betrachtet, die an den Wänden hängen, Fotos aus dem Überaller Alltag, von Tim, Stefan und Michaela, hört sie, wie Inge und Hans sich unten in der Küche streiten – wahrscheinlich geht es um die 50 Euro, die noch immer auf dem Küchentisch liegen.

Zur Lage:
Der Toni ohne Vroni

Auf dem Land sterben die Familien. Nur eine Bildungsoffensive kann sie retten.

Jahrelang hat Milchbauer Josef aus dem bayerischen Pittenhart eine Frau gesucht – vergeblich. Dann kam RTL mit seiner Sendung «Bauer sucht Frau» und schickte ihm die propere Narumol. Sie spricht zwar nur «Bay-Thai», das im Fernsehen untertitelt werden muss, trägt das Herz aber am rechten Fleck. Seither schwebt nicht nur Milchbauer Josef im siebten Himmel, sondern ganz Fernsehdeutschland freut sich über Narumols windschiefe Wortschöpfungen: «Pat dat da rein» und «Du mag ein Massage?». RTL hat eines der größten Probleme des Dorflebens zur Unterhaltungsshow erhoben. Die Not der Männer, eine Frau zu finden, ist zur nationalen Fernsehgaudi geworden. Vergessen, dass früher am Abendbrottisch in der Provinz Familiengespräche geführt, dass über das Wetter philosophiert und das Tischgebet gesprochen wurde. Heute ist man nach dem Melken gemeinsam mit Narumol nur noch «fick und fertig». Ihr Stotterdeutsch wird auf YouTube und Facebook geklickt und vom Sender selbst für alle möglichen Gagshows ausgeschlachtet. Natürlich wurde auch die Hochzeit von Josef und Narumol exklusiv auf RTL übertragen. Die kunterbunte Show zeigt zwischen klingenden Kuhglocken, inszenierten Volksfesten und Schäferstündchen am Baggersee, wie schwer sich die letzten Bauern tun, eine Familie zu gründen. Und wir amüsieren uns über das Familiensterben auf dem Land deutschlandweit zu Tode.

Während RTL über das neue Prekariat im Kuhstall lacht, wirkt das gutgemeinte Kontrastprogramm im NDR-Fernsehen wie ein ländliches Familienmuseum. Regelmäßig sucht der Sender das kleine schleswig-holsteinische Dorf Hassel auf. Genauer gesagt: den Biobauernhof der Familie Kramer, ein letztes Stückchen heiler Bauernwelt. Jürgen hat das Gehöft seiner Eltern übernommen, kümmert sich um die Ernte und den Bürokram, Frau Kirstin steht an der Theke des Hofladens und verkauft Biokosmetik und -karotten. Die Kinder sind mindestens so glücklich wie die im Freiland gehaltenen Hühner und beteuern vor der Kamera: «Ich kann mir gar nicht vorstellen, in einer Wohnung in der Stadt zu leben.» Natürlich packen auch Oma und Opa noch mit an, wenn es um Hof und Familie geht. Wenn Jürgen zum Werder-Spiel will, hüten sie die Enkel oder versorgen die Hofangestellten und die polnischen Hilfsarbeiter während der Ernte mit einer Brotzeit, sie rupfen schnell 10 Kilo Möhren für den Bioladen aus der Erde oder fahren zwei Tonnen Zwiebelernte auf den Hamburger Großmarkt. Danach gönnen sich die Rentner gern eine Pause, stellen sich auf einen Parkplatz und beobachten bei Thermoskannenkaffee die vorbeirasenden ICEs. «Das gibt es bei uns zu Hause nicht», schwärmt Kramer senior, und der NDR-Zuschauer glaubt für eine Sekunde, dass das Landleben in Deutschland von Rosamunde Pilcher erfunden wurde.

Während RTL eine Bauernversion von «Sex and the City» zeigt, befriedigt der NDR ein Publikum, das sich nach 30 Minuten heiler Welt sehnt. Absurd ist, dass sich der Privatsender mit seiner inszenierten Wirklichkeit wohl näher an der Familienrealität auf dem Land bewegt als der öffentlich-rechtliche Kanal für die Gutmenschen mit seiner vermeintlich realistischen Dokumentation. Denn die Wahrheit ist, dass Hofschließungen und die Landflucht kluger Frauen ein Familienleben auf dem Land inzwischen fast unmöglich machen. Während die Klugen und die Jungen aus den Dörfern fliehen, bleiben die Alten und Bedürftigen allein zurück. Und so löst sich auch in der Provinz der Generationenvertrag endgültig auf. 1991 stammten noch 73 Prozent der Arbeitskräfte auf dem Land aus den Bauernfamilien selbst, 2007 waren es nur noch 58 Prozent. Die Dörfer bekommen den dramatischen demographischen Wandel, der ganz Deutschland bevorsteht, längst zu spüren. Es ist nicht schwer zu prophezeien, dass das Ende der Landfamilie der Anfang vom Ende des deutschen Landlebens ist.

Die Großfamilie war traditionell die Absicherung der Hoferbfolge. Noch 1980 hatten sechs Prozent der deutschen Familien vier oder mehr Kinder – inzwischen sind es gerade noch drei Prozent. Während heute Migrantenfamilien in den Städten die Großfamilie vorleben, ist sie auf dem Land ein Auslaufmodell geworden. Auch das Generationen übergreifende Wohnen, das auf dem Kramerhof noch gelebt wird, ist ein Modell der Vergangenheit: 1961 lebten in Westdeutschland noch 6,8 Prozent der Menschen in Mehrgenerationenhaushalten, heute sind es gerade Mal 0,8 Prozent. Das Land, das lange als Heimat der heilen Familie galt, ist in Wirklichkeit familienuntauglich geworden. Kinder wollen die unlukrativen Höfe nicht mehr übernehmen, das Bauernsterben macht die Dörfer unattraktiv. Das Bundesamt für Bauwesen und Raumordnung warnt, dass die Schließung von Grundschulen bereits weit fortgeschritten ist und die weiterführenden Schulen immer schwerer zu erreichen sind. Schulen und Sportvereine werden geschlossen, und junge Eltern ziehen höchstens noch in die grünen Speckgürtel der Städte. So bleiben die Alten und die «Dummen» allein bei den Kühen und warten darauf, dass RTL sie erlöst.

Die Frage nach dem Sterben der Familie auf dem Land ist eine Frage von Henne und Ei. Werden die Infrastruktur, die Schulen, die Tante-Emma-Läden und die Busverbindungen auf dem Land geschlossen und gestrichen, weil Eltern und Kinder fehlen? Oder stirbt die Familie auf dem Land, weil es keine Schulen, keine Dorfkneipen und keine Verbindungen in die Städte mehr gibt? Sicher ist, dass heute nur noch die Anschaffung einer neuen Henne für ein neues Familienleben in der Provinz sorgen kann. Investitionen in Schule und Bildung sind nötig, wenn Deutschland sein Landleben retten will. Derzeit wird aber besonders in die Städte und Speckgürtel investiert. Das Land wird vernachlässigt – verraten und verkauft. Und mit ihm die letzten Familien, die in den Dörfern verharren.

Kleine Gemeinden können sich schon lange keine eigenen Unterrichtsstätten mehr leisten – und wenn sie es wollen, dürfen sie es nicht, weil sie die Mindestschülerzahl nicht erreichen. Selbst im traditionell bildungsstarken Bayern wird die schulische Versorgung in der Fläche problematisch. Lokalpolitiker aus Oberfranken, Niederbayern und der Oberpfalz verfassen regelmäßig dringende Petitionen an den Landtag und mahnen, dass sie ohne Schulen am Ende seien. Viele Dorfschulen wurden bereits geschlossen, und zahlreiche der 300 verbleibenden Einrichtungen in Bayern stehen zur Disposition. Die alte Dorfschule, in der Schüler aus unterschiedlichen Bildungs- und Altersgruppen gemeinsam erzogen werden, verstößt gegen die landespolitische Philosophie des dreigliedrigen Schulsystems. Es wird eine Frage über die Zukunft unserer Dörfer sein, ob die dogmatische Bildungspolitik über die Familienabwanderung entscheiden wird. Klar ist, dass es ohne Schulen langfristig weder Familien- noch Landleben unter dem blauen Himmel Bayerns geben wird. Im wolkenbedeckten Havelland in Brandenburg ist es bereits so weit.

Das Dorf Görne war einst ein lebhafter Ort. Ein Großteil der Bürger war zu DDR-Zeiten in der LPG beschäftigt, viele Familien haben sich angesiedelt. Inzwischen stirbt Görne. 152 Rentner stehen 12 Kindern und Jugendlichen gegenüber. Ein Neuanfang scheint unmöglich, da die Kita geschlossen wurde und der einzige Bus, der hier verkehrt, der Schulbus ist.

Besonders bedenklich ist, dass derzeit noch florierende Gemeinden, wie in Bayern, nicht aus dem Familiendilemma in Ostdeutschland lernen; sie scheinen nicht zu begreifen, dass nur eine nachhaltige Familienpolitik die Landflucht stoppen kann. Das Berlin-Institut prognostiziert bereits, dass es auch in den alten Bundesländern bis 2020 ungefähr 20 Prozent weniger Kinder geben wird als 1991. Weite Teile des Ruhrgebietes, Nordhessens, Südniedersachsens, Nordfrankens, des Saarlandes, Sachsen-Anhalts und Mecklenburg-Vorpommerns sind schon heute für junge Familien unattraktiv und vergreist. Den Dörfern und Gemeinden gelingt es nicht, das Familienleben intakt zu halten, die Abwanderung junger Bürger zu verhindern, und schon gar nicht, neue Familien anzulocken. Das demographische Problem ist keines von Ost und West, sondern von Stadt und Land.

Es scheint, als müssten die Dörfler erst am Abgrund stehen, bis jemand reagiert. Aber es gibt durchaus auch erfolgreiche Modellversuche. Eines ist das Dorf Roddahn in der Prignitz. Hier haben sich in den letzten Jahren zahlreiche Familien angesiedelt. Die Gründe hierfür sind konkrete Investitionen in das Bildungssystem und in die Vereinskultur. Doch die Wiederbelebung des alten Landlebens gestaltet sich auch hier problematisch. Während die Kinder der Alt-Roddahner in die öffentliche Dorfschule gehen, schicken viele Zugezogene ihre Kinder in die Freie Schule. Sie lernen Yoga und tanzen Reggae, statt Kühe zu melken und im Familienbetrieb zu helfen. Auch Lüdersdorf in Mecklenburg-Vorpommern hat sich als Dorf für Zuzügler etabliert. Besonders verlockend für viele Eltern sind die Nähe zu Lübeck und die schnelle Erreichbarkeit von Hamburg. Die nordwest-mecklenburgische Gemeinde ist zum Pendlerdorf geworden. Sowohl Roddahn als auch Lüdersdorf zeigen, dass Neuansiedlungen in der Provinz zwar möglich sind, dass sie aber nicht unbedingt zu einer Wiederbelebung der ländlichen Atmosphäre und zu funktionierenden Strukturen führen.

Während Bauernkinder früher selbstverständlich den Hof übernommen und eine Bindung zum Land entwickelt haben, gibt es für die Kinder der Pendler mittelfristig kaum einen Grund, als Erwachsene in Lüdersdorf zu bleiben und nicht nach Lübeck zu ziehen. Die Konsequenz der Bildungsinitiative in vielen Dörfern ist, dass das großstädtische Familienleben in die Diaspora verlagert wird, Supermärkte und Shoppingcenter den Familien folgen und so zum Entstehen der nächsten gesichtslosen Kleinstadt führen. Daraus folgt schließlich, dass der letzte Rest des heilen Landlebens verdrängt wird.

«Vielen Eltern auf dem Land bleibt heute keine andere Wahl: Sie müssen in die Städte ziehen», stellt Professor Hans Bertram von der Humboldt-Universität in Berlin fest. Seine

Perspektive für die Dörfer in Deutschland ist hoffnungslos: «Die Vorstellung, man könnte jetzt flächendeckend in den ländlichen Regionen bei 60 Personen pro Quadratkilometer eine solide Infrastruktur aufrechterhalten, halte ich für völlig unrealistisch.» Er glaubt, dass sich die Schulpolitik in Zukunft auf Bildungszentren und Gesamtschulen in den Städten und Speckgürteln konzentrieren wird – und dass wir das Land damit aufgeben. Wer aufs Land zieht, sagt Bertram, riskiert schon heute schlechtere Bildungschancen für seine Kinder.

Auch Jürgen Baumert, Erziehungswissenschaftler an der FU in Berlin, behauptet, dass die Kinder auf dem Land dümmer werden. Die langen Schulwege auf dem Dorf führen zu schlechteren schulischen Leistungen. «Wenn Schüler neben der eigentlichen schulischen Leistungsfähigkeit weitere Leistungen einbringen müssen, wie beispielsweise eine lange Anreise, dann sind allein schon ihre Chancen, sich auf die Schule zu konzentrieren, einfach geringer als in Großstädten wie München oder Berlin.»

Im Artikel 20 des Grundgesetzes wird die Bundesrepublik zum «sozialen Bundesstaat» erklärt, in Artikel 72 die «Gleichwertigkeit der Lebensverhältnisse» festgeschrieben. Doch die «Herstellung gleichwertiger Lebensverhältnisse in allen Teilräumen der Bundesrepublik», die mit dem Raumordnungsgesetz in Kraft getreten ist, wird durch die katastrophale Umsetzung der Familienpolitik bereits heute nicht mehr gewährleistet. Das Ergebnis: schlechtere Bildung und mangelnde Perspektiven für Familien in den deutschen Provinzen.

Durch die Umstrukturierung der Landwirtschaft sind viele Betriebe in wirtschaftliche Notlagen geraten, Einzelhändler und Gastronomiebetriebe rutschen in die Insolvenz. Viele Familien sind dadurch in ihrer Existenz bedroht. Das

Bundesministerium für Bildung und Forschung hat 770 Personen im Müritzkreis befragt, von denen nur 300 angaben, dass bei ihnen keine existenzielle Gefährdung der Familie vorliege. Alle anderen setzen sich folglich mit Arbeitslosigkeit, mangelnden finanziellen Mitteln oder fehlender Mobilität auseinander. Viele Menschen haben mit mehreren Gefährdungsbereichen gleichzeitig zu kämpfen und werden mittelfristig wahrscheinlich von staatlichen Transferleistungen abhängig sein.

Das Einkommensniveau ist auf dem Land schon heute wesentlich geringer als in der Stadt, und die privaten Schulden steigen. Der Sozialfall ist auf dem Dorf zwar immer noch ein Tabu, aber längst zum Regelfall geworden. Während krisengeschüttelte Familien in den Städten durch ein enggewobenes Sozialhilfenetz Unterstützung bekommen, bleibt das Abrutschen in die soziale Abhängigkeit auf dem Dorf ein Menetekel. Wie dramatisch die Sozialpädagogische Familienhilfe auf dem Land ist, thematisiert ein Bericht des Bundesministeriums für Familie. Es fehlt an nötiger Infrastruktur, an Horten, Hausaufgabenhilfen, heilpädagogischen Einrichtungen und Einzeltherapie. «Erziehungsberatungen sind in der Regel in den größeren Kreisstädten angesiedelt und für manche Mütter – vor allem mit Kindern – kaum erreichbar», heißt es in dem Bericht. «Der zeitliche und finanzielle Aufwand, eine Beratungsstelle aufzusuchen, ist auf dem Land zu hoch.»

Sozial schwache Familien werden in den Dörfern stigmatisiert. Familienhelfer aus der Provinz berichten an das Familienministerium, die Gerüchteküche mache es schwierig, mit örtlichen Gläubigern zu Einigungen zu kommen. Während Familien auf dem Land sich früher gegenseitig geholfen haben, neiden sie einander inzwischen die staatlichen Zuwendungen. Dort, wo die eigene Arbeit stets als Grundlage verstanden wurde, eine Familie zu ernähren, fehlt heute das Verständnis für Arbeitslosigkeit. Ein Sammler der Caritas ist in einem Dorf auf Einwohner gestoßen, die sich darüber beschwerten, dass die Caritas der Familie Zapf «alles hinten und vorne reinstecken» würde. Der Spendensammler wurde von den Höfen gejagt. Bei Familie Zapf handelt es sich um eine 20 Jahre alte alleinerziehende Mutter, die von der Dorfgemeinschaft ausgegrenzt wird.

«Die Familien, die in kleineren Dörfern Familienhilfe erhalten, sind oft sehr isoliert und stigmatisiert» ist im Bericht des Bundesministeriums zu lesen. «Sie fallen aus dem Rahmen.» Das Ministerium kommt zu dem Schluss, dass die Vereinzelung von Kindern auf dem Land höher ist als in der Stadt. Und so beginnt ein katastrophaler Kreislauf: Mangelnde Investitionen in Bildung lassen die Familien in der Provinz noch weiter verarmen. Wer ein kleines bisschen Ehrgeiz hat, verlässt das Land.

Als jemand im Internetforum Talkteria die Frage nach dem Landleben im Alter stellte, meldeten sich erstaunlich viele Jugendliche zu Wort. «Ich wohne zur Zeit fünf Minuten vom Stadtzentrum entfernt und wüsste eigentlich nicht, wieso ich im höheren Alter nicht auch hier wohnen sollte», schreibt «Näugelchen». «Sorae» ist auf dem Dorf groß geworden und wohnt inzwischen ebenfalls in einer Stadt: «Für mich war das schon damals nichts, man war immer auf den Bus oder einen Fahrer angewiesen, um in die nächstgrößere Ortschaft zu kommen: 12 Kilometer bis zum Supermarkt, 35 Kilometer bis ins Kino oder in die Disco. In der Stadt habe ich alles, egal ob ich 18 oder 80 bin.» Der 19-jährige «Ginkus» wohnt derzeit noch in einem sehr kleinen Dorf und schreibt: «Ich denke, ältere Leute haben hier keine Chance, denn wenn sie irgendwann mal nicht mehr Autofahren können, was ist dann? Immer auf andere angewiesen sein ist ja auch blöd.»

Tatsächlich hat sich der Generationenvertrag nicht nur in der Stadt, sondern auch auf dem Land längst aufgelöst. Die Jugendlichen ziehen nach der Schule zum Studium in die Metropolen und lassen die Alten zurück. Mit Glück bewirtschaften die ihre großen Häuser dann allein, mit Pech sterben sie in einem Seniorenstift in der nächsten Kreisstadt. Doch auch die Alten zieht es inzwischen von den Dörfern in die Städte. Wenn ihre Kinder aus dem Haus sind, wollen die rüstigen Rentner noch einmal am kulturellen Leben teilnehmen. Ältere Menschen, die ihren Ruhesitz von der Stadt aufs Land verlegen, sind dagegen selten.

Dabei gehen einige deutsche Provinzen bewusst auf Seniorenfang. In Sachsen werden Rentner aus Nordrhein-Westfalen sogar mit Bustouren angelockt. Auf diesen organisierten Ausflügen werden keine Heizdecken, sondern günstige Häuser angeboten. Görlitz, Weimar und Quedlinburg versprechen, dass man bei ihnen mehr von der Rente hätte, da die Lebenshaltungskosten günstiger als im Westen seien. Von 3700 Westdeutschen, die seit der Jahrtausendwende nach Görlitz gezogen sind, waren 600 über 60 Jahre alt. Längst haben sich nämlich auch die rüstigen Rentner vom Generationenvertrag gelöst. Statt darauf zu spekulieren, dass ihre Kinder und Enkel Land und Gut übernehmen, leisten sie sich einen schönen Lebensabend. Vom Land erwarten sie sich dabei allerdings kein Familienidyll, sondern eher einen beschaulichen Luxus. Die Münchener Senioren ziehen in Scharen an den Ammersee oder an den Starnberger See, manche Duisburger ins Leipziger Umland, und die Hamburger haben einen großen Teil der Häuser auf Sylt aufgekauft. Inzwischen droht der Vorzeigeinsel durch die reichen greisen Zuwanderer sogar der Exodus: Sylter Familien können sich das Leben auf der Insel kaum noch leisten und ziehen aufs Festland. Die Schulen schließen, da die Neusylter meist ohne Kinder kommen und ihre Häuser den überwiegenden Teil des Jahres leer stehen lassen. Das Verkehrsamt befürchtet bereits den Verlust der Hälfte aller Einwohner, «soziales Leben wird es in 20 Jahren auf Sylt nicht mehr geben», heißt es in einem internen Bericht. Wir haben es mit der schizophrenen Situation zu tun, dass das Leben auf dem Land entweder unter Verarmung oder unter den Neureichen zu leiden hat.

Doch zum Trost gibt es ja das NDR-Fernsehen. Am Beispiel des Kramerhofs können alle, die auf dem Land um ihre Existenz kämpfen oder sich in Deutschlands schönsten Provinzen einen Lebensabend im luxuriösen Ghetto gestalten, noch einmal anschauen, wie das Familienleben auf dem Lande früher einmal war. Vielleicht werden sie dabei über den Treckerfahrer der Kramers schmunzeln. Der sucht nämlich schon seit Jahren vergeblich eine Frau, um mit ihr eine Familie in Hassel zu gründen. Gut möglich, dass auch er irgendwann einmal «fick und fertig» in der RTL-Fernsehwelt bei «Bauer sucht Frau» ankommen wird.

Vor Ort:
Adel verpflichtet

Wie Ivonne Gräfin und Johannes Graf von Schönburg-Glauchau das Familienerbe retten.

Ivonne von Opel hat einen sehr dicken Bauch, als sie mir im Hof ihres Schlosses entgegenkommt. Wir haben uns lange nicht gesehen. Das letzte Mal, dass wir miteinander sprachen, telefonierten wir nur. Es ging um irgendeine Geschichte für die Bunte. Nach ihrer Ausbildung an der Axel Springer Akademie und ihrem ersten Job beim Spiegel war Ivonne bei der Illustrierten gelandet, wo sie sich um Dieter Bohlen, Oliver Kahn und Uschi Glas kümmerte. Irgendwann muss sie der Münchener «Bussibussi-Gesellschaft» leise Servus gesagt haben – so leise, dass ich es gar nicht mitbekommen hatte. Erst im Internet las ich dann, dass Ivonne aufs Land gezogen und eine Gräfin geworden ist: 2006 hatte sie sich mit Johannes Graf von Schönburg-Glauchau verlobt, der um eine Ecke mit Gloria von Thurn und Taxis verwandt ist. Ein Jahr später haben die beiden geheiratet, im darauffolgenden Jahr kam das erste Kind, das zweite ein weiteres Jahr später. Nun ist Ivonne offensichtlich erneut hochschwanger. Statt in München, Hamburg oder Berlin zu wohnen und das Landleben als Hobby zu pflegen, hat sie einen radikalen Schnitt gewagt und ist Winzerin in der rheinland-pfälzischen Diaspora geworden.

Natürlich bin ich mit allerhand Vorurteilen nach Schloss Westerhaus gefahren. Immerhin ist hier der Hort einer der wichtigsten deutschen Familien. Heinrich Opel, einer der fünf Söhne von Adam Opel, hatte das größte Hofgut Rheinhessens im Jahre 1900 gekauft, um es neben seinem Leben als kosmopolitischer Tausendsassa zum Vorzeigegut umzubauen. Später hat Irmgard, die Frau seines Sohnes Georg, es übernommen. Der Lössboden wurde aufwändig bewässert, ein Pumpsystem installiert und eine Straße gebaut. Irmgard war eine perfekte Hausfrau, weltgewandte Gastgeberin und eine Weltklassereiterin. Das Gestüt auf Schloss Westerhaus ist legendär. Heute züchtet Ivonnes Schwester Aline hier über 100 Pferde. Irmgard war Ivonnes Großmutter, ihr Vater Heinz hatte vier Kinder, von denen aber nur die beiden Schwestern, Aline und Ivonne, sich auf das Abenteuer Land eingelassen haben.

Ich dachte, das Gutshaus der Opel-Dynastie müsste etepetete, ein Ort voller Pomp und Plüsch, mit Hunderten von Bediensteten sein. Immerhin gehörte Georg nicht nur die größte Autohändlerkette, sondern auch die Jet-Tankstellen und die Firma Chio, deren Name sich aus den Anfangsbuchstaben der Opels ableitet, von Heinz' Bruder Carlo, von Heinz selbst, von Irmgard und vom gemeinsamen Familiennamen Opel. Von dieser deutschen Industriefamilie konnte man also durchaus ein Traumschloss erwarten. Tatsächlich liegt Schloss Westerhaus seit mindestens 50 Jahren im Dornröschenschlaf: Staub statt Glamour, Baustelle statt Hochglanz – und von Bediensteten keine Spur.

Ivonne erklärt mir ihre Familienverhältnisse mit ironischer Bodenständigkeit: «Wir sind eine echte Unternehmerfamilie, bauen Dinge auf, verprassen das Geld und beginnen mit dem Wiederaufbau von etwas Neuem.» Ihr Vater und ihr Onkel haben die meisten Opel-Unternehmen verkauft. Heinz gründete eine Fabrik, in der er Verschlusskapseln für Weinflaschen herstellen ließ, und bewirtschaftete nebenbei Schloss Westerhaus. Ivonnes Großeltern haben sich damals von der harten Arbeit in der Provinz auf ihren luxuriösen Alterssitz nach St. Moritz zurückgezogen. Als Ivonnes Vater plötzlich starb und die Mutter nach Baden-Baden zog, war für die Tochter klar: Sie wird den Münchener Jetset verlassen und den Familiensitz bewahren. Doch der erste Überblick war ernüchternd.

«Ich habe mir erst einmal die Bücher angeschaut», sagt Johannes. Er kommt gerade aus den Reben, trägt braune Shorts und ein altes Polohemd. «Es war klar, dass wir das ganze Haus mit dem Weinanbau über Wasser halten müssen. Wenn etwas schiefläuft, ist alles weg. Das Risiko ist groß, aber mit Fleiß und sehr viel Arbeit könnten wir es hinbekommen.»

Wahrscheinlich wurde das Schloss in den sechziger Jahren zum letzten Mal restauriert. Es hat einen Charme von

Bauernhaus und Wirtschaftswunder. Ivonnes Mann Johannes hat irgendwann versucht, die alten braunen Teppichböden herauszureißen, bis er feststellte, dass das nicht in einer Nacht-und-Nebel-Aktion zu schaffen ist. Früher war Schloss Westerhaus Mittelpunkt der Gesellschaft. Heute ist es ein Traumschloss für alle, die viel Geld haben, um es zu restaurieren, oder die wahnsinnig sind und es mit harter Arbeit bewahren wollen. Ivonne und ihr Mann sind eher wahnsinnig.

Endlose Flure mit unzählbaren Gästeräumen und Bädern erstrecken sich über drei Etagen. Statt Industrieller und Adeliger hat sich die Patina der Geschichte auf den Bauernbetten zur Ruhe gelegt. Ivonne schafft es gerade noch, die Räume im Sommer zu lüften und im Winter etwas zu beheizen. Einen Gebäudeflügel hat sie für die Kinder zurechtgemacht: In jedem Raum stehen Spielzelte und Bettenlager. Sie selbst hat sich mit ihrem Mann in einige Zimmer am Treppenhaus zurückgezogen. «Hier kommt einem das alles nicht ganz so groß vor», sagt sie.

Kernstück des Schlosses sind die opulenten Empfangssäle mit Blick auf das Tal. Ein Steinway-Flügel schmückt einen dieser Säle, eine alte Dual-Stereoanlage ist in furnierte Holzregale eingelassen, und man kann sich vorstellen, wie die von Opels hier früher der Musik gelauscht haben. Eine große Orgel wurde fest installiert und die Pfeifen in die Wand eingelassen, Verbindungsstücke unter dem Boden verlegt. Noch immer stehen Noten am Orgelpult: Bach. Aber das Instrument hat einen technischen Defekt. «Wenn ich Zeit habe, muss ich mal nachsehen, was da los ist. Ich würde gern mal wieder spielen», sagt Ivonne. Aber momentan hat sie keine Zeit.

Gleich am Anfang unseres Treffens macht der Hausherr klar, dass er zwischendurch im Weinladen nach dem Rechten schauen müsse. Den Verkauf organisieren die beiden nebenbei. Außerdem will er heute noch den Busch im Garten herausreißen und die Weinberge inspizieren. «Jede Weinrebe muss mindestens fünfmal im Jahr angefasst und gepflegt werden», erklärt Johannes, «bevor sie Premiumtropfen abwirft.» Zwar haben er und Ivonne einen engagierten Profiwinzer eingestellt, der den Schlosswein kontinuierlich verbessert, aber den Großteil des 15 Hektar großen Anbaugebietes bestellen die beiden selbst – nur zur Lese der Trauben für 900 000 Flaschen Weiß- und Rotwein sind sie auf Hilfskräfte angewiesen.

Ivonne hat später auch noch zu tun. Gestern Abend haben die beiden eine Weinprobe gehabt, über 100 Gläser müssen noch gespült werden. Den Abwasch erledigt die Hausherrin natürlich selbst, «wäre ja Quatsch, dafür jemanden zu engagieren».

Wir sitzen auf einer alten Holzbank unter einem Sonnenschirm im Hof des Schlosses. Johannes hat leichten Salat mit gebratenen Shrimps gemacht – dazu gibt es einen erfrischenden Riesling. Die Schlossmauer ist etwas abgebröckelt, in einem der Türstürze hängt ein Kindersitz. Ivonne und Johannes betreiben hier oben kein Museum. Ihr Leben in der Provinz hat nichts mit dem Münchener Journalistenalltag zu tun. Nichts mit dem Jetset, über den Ivonne einst berichtet hat, nichts mit endlosen Konferenzen, nichts mit der aktuellen Vintagemode in Berlin und nichts mit der verzweifelten Suche der Metropolengesellschaft nach möglichst spektakulären Events. «Hier hat man gar keine Muße, sich zu fragen, was man abends wohl noch Schönes machen kann», sagt Ivonne. «Der Tagesablauf ist klar: Am Tag wird gearbeitet, am Abend geschlafen. Für mehr ist kaum Zeit.» Neulich haben sich die beiden endlich mal einen Fernseher gekauft und ihn in einem der vielen Zimmer aufgestellt. «Aber wir sind noch gar nicht dazu gekommen, gemütlich einen Film zu schauen. Ich weiß bis heute nicht richtig, was Twitter ist», sagt Ivonne, «und unsere Zeitungen kommen erst um 13 Uhr mit der Post, weil es für den Verlag unrentabel ist, sie hier jeden Morgen anzuliefern.» Ein bisschen scheint es, als würde die Zeit auf Schloss Westerhaus stillstehen. Alles kreist hier um den Wein und die Familie.

«Papa» hat Ivonne früher in jedes Poesiealbum geschrieben, wenn sie nach ihrem Vorbild gefragt wurde. Ihr Vater wollte, dass aus seinen Kindern etwas wird. Er hat sie zur Schule im nahen Ingelheim geschickt und ihnen jede Art der Horizonterweiterung ermöglicht: ein Jahr in den USA, Musikunterricht, Ivonne hat sogar die teure Hauswirtschaftsschule in Montreux besucht. Gemeinsam mit Töchtern von Ölscheichs hat sie Bügeln, Blumenstecken, Bettenmachen und Hofetikette gelernt. Doch während die anderen Absolventinnen dieses Wissen brauchen, um die Bediensteten bei Hofe zu kontrollieren, ist es für Ivonne heute von ganz praktischem Wert. «Nur dumm, dass wir gelernt haben, Petits Fours und Wildschweinragout zuzubereiten», sagt sie, «heute wüsste ich lieber, wie man eine Pizza macht.»

Ivonnes Vater hat ihre Karriere mit Stolz verfolgt, sich ihre ersten Artikel für große Zeitungen sogar eingerahmt. Wenn sie heute an diese Zeit zurückdenkt, sagt sie: «Für mich war der Journalismus eine großartige Erfahrung. Er war eines jener Dinge, die ich mir selbst erarbeitet habe.» Und nach einer Pause fügt Ivonne hinzu: «Papa hat in unsere Bildung investiert, damit wir glückliche Menschen werden. Sein Hauptanliegen war es, uns alles zu ermöglichen, damit wir dem Monster Arbeit entkommen.» Dass sie nach seinem Tod Schloss Westerhaus übernehmen und das Großstadtleben aufgeben würde, hätte er von ihr wohl nicht erwartet. Aber Ivonne scheint glücklich zu sein, vielleicht gerade weil sie das Monster Arbeit nun selbst bezwingt.

Johannes schaut von seinem Salat auf: «Ihr Opels habt ein merkwürdiges Verständnis von Familie. Ich finde, dass es auch eine erzieherische Pflicht ist, nicht nur das eigene Glück in den Vordergrund zu stellen, sondern auch die Tradition der Familie.» Bei Johannes sind das immerhin 500 Jahre deutscher Geschichte. Er unterscheidet genau zwischen echtem und Wirtschaftsadel, zwischen Aufsteigern, die ihren Kindern ein sorgloses Leben in die Wiege legen wollen, und Dynastien, in denen das Erbe eine Verpflichtung bedeutet. «Ich will nicht, dass meine Kinder vier BMX-Räder bekommen, eine Tischtennisplatte, einen Gameboy und fünf Computer, damit es ihnen an nichts fehlt», sagt er. «Und jeden Sommer nach Malle ist auch nicht drin. Für mich ist es viel wichtiger, dass unsere Kinder ihre Familie kennenlernen, dass sie im Urlaub zu ihren Tanten und Onkels aufs Land fahren, zu ihren Großeltern und Urgroßeltern.»

Wenn Johannes solche Dinge sagt, hören sie sich nicht nach adeligen Worthülsen an. Im Gegenteil: Auch seine Familie gehört schon lange nicht mehr zum wohlhabenden deutschen Adel, nachdem die größten Teile des Landbesitzes der Schönburg-Glauchaus in der DDR verstaatlicht worden waren. Umso wichtiger erscheint es ihm zu retten, was zu retten ist: den Hauptaspekt des adeligen Lebens, die Tradition der Familie. «Ich wundere mich schon, wenn einige Kinder der von Opels nicht wissen, wie der Vater ihres Onkels heißt», sagt er. Und dass Ivonnes Vater das Wappen der von Opels, einen Greif mit drei Reifen, in die Burgmauer eingelassen hat, nimmt ihm Johannes nicht als Traditionspflege ab: «Er hätte es auch mit nach St. Moritz genommen – es hatte keine wirkliche Bedeutung an diesem Ort.» Aber gerade an dieser Bedeutung arbeiten Ivonne und ihr Mann nun auf Schloss Westerhaus.

Johannes ist strenger Katholik. Familie bedeutet für ihn

Tradition und Sicherheit. Wenn Ivonne und er einmal im Jahr ein Jazzfest für Freunde und Dorfbewohner im Hofgarten veranstalten, kommen seine Geschwister, Neffen, Tanten und Onkel, um mitzuhelfen. «Weil sie wissen, dass diese Feste nicht möglich wären, wenn sie nicht aufbauen und servieren würden.» Mit dem Bild des Adels, das Blätter wie die Bunte regelmäßig beschreiben, hat das Leben auf Schloss Westerhaus nichts zu tun. Hier gilt der Satz, dass Adel verpflichtet, in seinem ursprünglichen Sinn. Es ist ein großes Stück Arbeit, die Tradition zu pflegen. Und es ist ein Bekenntnis für das Leben auf dem Land. Und zur Familie.

Manchmal tauchen der Graf und die Gräfin in der Ingelheimer Lokalzeitung auf. Überhaupt scheint viel geredet zu werden, unten im Dorf. Einmal wurde Ivonne gefragt, ob sie nun Russisch lerne. Da hatte sich das Gerücht verbreitet, Schloss Westerhaus würde an Russen verkauft. Doch für derartiges Gerede haben die jungen Schlossherren keine Zeit. Am Dorfleben nehmen sie nur teil, wenn sie in die Kirche gehen. Für Johannes ist höchstens interessant, was die anderen Winzer machen: «Die kommen und schauen bei uns, und ich gucke gern bei ihnen. Hier in den Weinbergen geht es darum, jeden Tag voneinander zu lernen. Nicht darum, wer man ist.»

Nur manchmal, wenn er in die Stadt fährt, kriegt der Schlossherr einen kleinen Koller: «Neulich in Berlin, da saßen die Leute im Straßencafé, alle sahen so gut aus, so lässig, so leicht und haben ihren Latte macchiato geschlürft. Manchmal ist es schon ganz gut, zu sehen, wie das Leben da draußen ist, was die Trends der Mode sind», sagt er, um gleich klarzumachen: «Aber das wäre nicht mein Leben. Nicht Berlin! Niemals! Ich weiß gar nicht, worum es da eigentlich geht.» Ivonne schmunzelt: «Aber trotzdem hast du dir erst einmal zwei neue Anzüge mitgebracht – bin mal gespannt, wann du die hier anziehen willst.» Sie sagt das liebevoll, ganz ohne Vorwurf, wahrscheinlich weil sie weiß, wie wichtig und schön es ist, nach draußen zu kommen und wenigstens so zu tun, als würde man nicht am Ende der Welt wohnen.

In den nächsten Tagen werden die beiden ihr drittes Kind bekommen, wahrscheinlich im Ingelheimer Krankenhaus. «Klar ist es wichtig, dass unsere Kinder alle Möglichkeiten bekommen, die wir ihnen bieten können», sagt Ivonne, «ich will schon, dass sie ein Musikinstrument lernen und wissen, wer Beethoven ist.» – «Darum kannst du dich ja kümmern», antwortet Johannes, «ich finde es wichtig, dass sie wissen, wer ihre Ahnen sind.»

Um das Schloss zu erhalten, haben die beiden seit einigen Jahren zwei Wohnungen vermietet. «Wir haben Glück mit den Mietern», erzählen sie, «sehr nette Menschen.» Die Dauergäste auf Schloss Westerhaus pendeln täglich in die Stadt, wollen aber unbedingt auf dem Land leben. «Manchmal ist das etwas lustig», findet Johannes, «ihr Balkon ist pikobello mit Pflanzen bewuchert, und dann bestellen sie sich Retro-Harken für die Blumentopferde, aus einem Nobelkatalog – jedes Jahr eine neue, weil sie die alte irgendwo verlegen.» Ivonne lacht. Für die Schlossherren kommt das Leben in der Natur nicht aus einem Hochglanzmagazin. Ihr Schloss soll auch gar nicht aussehen wie in *Schöner Wohnen*. Anders als ihre Freunde in Berlin können sie sich nicht leisten, das Landleben nur zu spielen. Für sie ist es Schwerstarbeit, das dauernde Bangen um die eigene Existenz und der tägliche Versuch, alles so gut zu machen, wie es gerade möglich ist. Dafür sind die beiden schließlich mit ihrer Familie aufs Land gezogen. Weil sie wissen, dass man auf Schloss Westerhaus mit gutem Willen, ehrlicher Arbeit und dem Glauben an die Familientradition am Abend glücklich einschlafen kann.

IV. Die Kommunikation

«Ich kenne diese Wirtschaft seit mehr als zehn Jahren und habe nie etwas Unrechtes darin verspürt. Der Mann ist selten zu Hause, man sagt, er treibe Weinhandel; die Frau aber ist eine stille Frau, die niemand Böses will.»

Der Kutscher in Wilhelm Hauffs «Das Wirtshaus im Spessart»

Roman:

Thekentratsch in Überall

Viertes Kapitel, in dem die Leute sich erzählen, dass Dorothea wieder im Dorf ist – und sich gar nicht recht freuen können.

Pfarrer Witte und Günter schwiegen, nachdem Dorothea den Hirschen verlassen hatte. Der Kirchenmann bestellte noch ein Kirschwasser, spülte es mit einem Schluck hinunter und starrte in das leere Glas. Gertrud kam dazu. Die Stille erschien ihr merkwürdig. «Alles klar bei euch?», fragte sie, und Günter antwortete: «Sie ist zurück.» Als Gertrud ihn verständnislos anblickte, fügte er hinzu: «Doro – sie ist wieder da.» Gertrud kommentierte die Neuigkeit mit einem «O Gott!», das sich wie ein schweres Ausatmen anhörte. Die Zeit verstrich, während der Pfarrer weiterhin in sein Kirschglas starrte, Günter die Gläser polierte und Gertrud die Tische wischte.

Inzwischen ist es ungefähr fünf Uhr geworden, und die Tür zum Hirschen öffnet sich erneut. Es ist Stefan. Er hat die Kasse für die letzten Stunden des Tages an seine Mutter übergeben. «Sie ist wieder da!», ruft er noch in der Tür. «Ich habe sie gesehen, auf der Straße. Sie haben sich umarmt, Tim und sie. Wie von Sinnen war er, hat sich gefreut wie ein kleines Kind.» Stefan bestellt ein Bier.

Nach einiger Zeit schaut Pfarrer Witte ihn eindringlich an: «Hast du Angst?»

«Angst? Wieso sollte ich Angst haben?»

«Ach, nichts. Nur so.»

«Angst», sagt Stefan, «pah! Angst! Wovor? Was wissen Sie schon, Pfarrer.»

Der Kirchenmann dreht sein Kirschglas zwischen Daumen und Zeigefinger und sagt: «Vielleicht mehr, als du denkst.»

Stefan schaut ihn an. «Und wenn schon. Es ist so lange her – dass sie gegangen ist, meine ich. Angst. Pah!»

«Sie ist schön», antwortet der Pfarrer.

«Worauf Sie sich verlassen können. Heute sogar noch schöner als damals. Tja, Padre, wer könnte da schon nein sagen.» Als der Pfarrer seine Augenbrauen hebt, merkt Stefan, dass er vielleicht einen Schritt zu weit gegangen ist, nimmt einen Schluck Bier und fügt hinzu: «Aber für mich kommt das nicht in Frage – ich bin glücklich. Wenn Sie wissen, was ich meine.»

«Ich ahne es», sagt Pfarrer Witte und bestellt ein weiteres Kirschwasser.

Wieder öffnet sich die Tür. Dieses Mal ist es Ulrich. Er hat angehalten, um noch schnell ein Bier zu trinken, bevor er nach Hause fährt. Er stellt sich an den Tresen und flucht: «Schon wieder so ein Idiot! Berliner Kennzeichen. Tankt und haut ab. Das war schon der Dritte in diesem Monat. Alle aus Berlin! Mein Geld bekomme ich frühestens in einem Monat. Wenn überhaupt. Und dann der ganze Papierkram. Die Bullen, das Protokoll. Arschlöcher! Gib mal 'n Bier, Günter!»

Normalerweise hören die Leute im Hirschen Ulrichs Geschichten gern zu. Weil an seiner Tankstelle die ganze Welt verkehrt. Neulich erst hat er einen Lastwagenfahrer mit einem jungen Mädchen in der Toilette seines Rasthofs erwischt, und vor zwei Jahren wurde das Burgerrestaurant neben seiner Tankstelle ausgeraubt. Die Täter waren bewaffnet. Bis heute fehlt von ihnen jede Spur. Doch in diesem Moment achtet niemand auf Ulrichs Geschichte. Heute haben die Leute in Überall selbst etwas zu erzählen.

«Sie ist wieder da», sagt Stefan.

«Wer ist wieder da?», fragt Ulrich.

«Na, sie: Doro.»

«Doro?»

«Ist heute gekommen. Tim hat sie empfangen, auf der Hauptstraße. Jetzt ist sie bei ihren Eltern, glaube ich.»

Ulrich lacht: «Die Schlampe ist zurück bei uns in Überall? Na, ihr Alter wird sich freuen!»

In diesem Moment tritt Frank durch die Tür. Auch er stellt sich an die Theke.

«Deine Tussi ist zurück», sagt Ulrich, noch bevor er bestellen kann, «schon gehört?»

«Nenn sie nicht meine Tussi», antwortet Frank. So aggressiv, dass Günter gar nicht erst auf seine Bestellung wartet, sondern ihm sofort ein Bier auf den Tresen stellt. «Trink erst einmal, Frank. Hier.»

«Nenn sie nie wieder meine Tussi», sagt Frank noch einmal. Aber Ulrich lacht. Er schaut Stefan an und fragt: «Ist sie immer noch so ein heißer Feger? So wie damals?»

Stefan schmunzelt, antwortet aber nicht.

«Hör auf, Ulrich. Hör auf!», schreit Frank und packt ihn am Jackenkragen.

«Hey, ruhig Blut! Sie war und ist eine Schlampe. Fertig. Aus. Ob du das wahrhaben willst oder nicht.» Mit einer geschickten Bewegung seines Oberkörpers schüttelt Ulrich Franks Hände ab und baut sich vor ihm auf.

Trotzdem droht ihm sein Gegenüber: «Sag das nie wieder. Nie wieder! Hast du mich verstanden?»

«Das wissen doch alle.» Ulrich lächelt. «Habt ihr es noch nicht gehört? Sie arbeitet als Hure in der Stadt. Sie bläst für 40 Euro. Jedem, der es gerade haben will. 40 Euro, die Preise steigen eben – früher hat sie es noch umsonst getan! Aber, zugegeben: Sie ist es wert. Für 40 Euro würde ich sie auch noch mal rannehmen.»

Frank hat sein Bier ausgetrunken und schlägt das Glas auf den Tresen. «Sag das nie wieder. Nie. Verstehst du mich? Oder ich bringe dich um.» Dann steht er auf und verlässt den Hirschen.

«Wohl ein bisschen nervös, der ewige Liebhaber», sagt Ulrich. Günter signalisiert ihm mit einer Handbewegung, sich zurückzuhalten. Aber Ulrich denkt nicht daran. «Sie war ein Flittchen und ist ein Flittchen. Wer die Wahrheit nicht erträgt, ist selber schuld. Es geht doch um die Wahrheit, Pfarrer, nicht wahr?»

«Ulrich, Sie sollten sich zügeln», sagt Pfarrer Witte mit einem etwas zu kirchlichen Ton, sodass Ulrich gar nicht anders kann, als zu lachen. «Ach, Pater – wer ist schon frei von Sünde? Könnten Sie etwa nein sagen, wenn eine Frau Ihnen ihren Körper anbieten würde?»

Pfarrer Witte sagt, dass es nun Zeit ist zu gehen, und dass er noch seine Predigt für die morgige Fronleichnamsmesse vorbereiten müsse. Er sagt das, nicht ohne anzumerken, dass er Ulrich schon lange nicht mehr in der Kirche gesehen hätte und sich freuen würde, ihn begrüßen zu können. Dann bezahlt er seine fünf Kirschwasser bei Günter und geht.

«Alles Pharisäer», ruft Ulrich ihm hinterher, als sich die Tür längst wieder geschlossen hat. Gertrud steht inzwischen hinter der Theke und sagt: «Halt die Klappe, Ulrich. Du nervst.» Günter spült das Kirschglas des Pfarrers.

«Ihr könnt die Wahrheit alle nicht vertragen», antwortet Ulrich. «Egal, Günter, gib noch 'n Bier. Wetten, dass ich die Schlampe noch mal rumkriege?»

Günter stellt ein frisches Bier auf den Tresen. Ulrich trinkt es in einem Zug aus. «War ein interessanter Tag. Ich gehe jetzt mal nach Hause. Meine Frau wartet.»

Als er draußen ist, sagt Stefan: «Das ist schon ein dicker Hund.» Dann bestellt er ein neues Bier. Günter antwortet ihm mit einem knappen «Tja». Im Laufe des Abends kommen noch mehr Überaller in den Hirschen. Am nächsten Morgen wird im ganzen Dorf über Doros Rückkehr geredet.

Zur Lage:
Waschweiber im World Wide Web

Warum der Dorfklatsch die Gemeinschaft nicht mehr korrigiert, sondern kontrolliert.

Der Klatsch gehörte schon immer zum alltäglichen Gemeinwesen eines Dorfes. Das Klatschen war die Begleitmusik der Waschweiber, die ihre Wäsche durch Schlagen trockneten und sich dabei Neuigkeiten erzählten. Man könnte also Klatsch und Tratsch als eine Art gesellschaftlichen Kitt der Provinz betrachten, der die Einzelnen, über die erzählt wird, mit der Dorfgemeinschaft verbindet – oder einfach nur als brodelnde Gerüchteküche. Jeder, der in einem Dorf wohnt, weiß, dass die Jalousien am Abend besser heruntergelassen werden, damit die Privatsphäre nicht zum Dorfgerücht gerät. Er weiß, dass der Klatsch die Langeweile verdrängt. Und dass der Seitensprung des Nachbarn, die Haushälterin des Pfarrers oder der Ehestreit bei offenem Fenster im Dorf ebenso hingebungsvoll debattiert werden wie der Angriff auf das World Trade Center. Im genormten Dorfleben wird jedes Anderssein schnell zum Skandal. «Eine Kleinstadt», schrieb der französische Filmemacher und Freund der Provinz Jacques Tati einmal, «ist eine Stadt, in der die wichtigsten Nachrichten nicht gedruckt, sondern gesprochen werden.»

Der Dorfklatsch verbreitet sich am Abendbrottisch und über den Gartenzaun, beim Bäcker, im Tante-Emma-Laden, beim Friseur und natürlich in der Dorfkneipe. Klatsch ist die Kehrseite des ländlichen Zusammenhaltes.

Wissenschaftliche Studien belegen: Paare, die viel über andere reden, bleiben länger zusammen. Familien solidarisieren sich untereinander durch ihre Tischgespräche über andere. Der Dorfklatsch stiftet die Identität einer Gemeinschaft gegenüber der großen Welt. Der Soziologe Max Gluckman begründete, dass Klatsch eine wesentliche Rolle für den moralischen Haushalt einer Gesellschaft spielt. Weil jeder den Klatsch fürchtet, benimmt er sich möglichst so, dass nicht über ihn getratscht wird. Der Klatsch ist also auch eine präventive Form gegen einen möglichen Sittenverfall. Er sorgt dafür, dass Unkraut gerupft wird, weil man nicht will, dass die Nachbarn über den Garten reden, er führt dazu, dass eine Gemeinschaft soziale Grundregeln entwickelt, weil niemand aus der Dorfgemeinschaft ausgeschlossen sein will. Klatsch stiftet ein Wir-Gefühl. Er hat Dorfstrukturen über Jahrhunderte hinweg zusammengehalten und gehört bis heute zur heilen Welt der Provinz. Durch den Klatsch haben sich Dörfer, weit entfernt von den staatlichen Institutionen für Recht und Ordnung, ein moralisches Gewissen erhalten.

Der Klatsch bildete das dorfinterne, ungeschriebene Regelwerk – er legt fest, was gut und böse ist. Der Klatsch hat die Standards des Gemeinwesens etabliert, die Traditionen aufrechterhalten und die Tabus definiert.

Doch inzwischen steckt auch der Dorfklatsch in der Krise. Er entwickelt sich vom integrativen Mittel einer Gemeinschaft zum Mechanismus der Ausgrenzung: Armut oder soziale Notlagen werden zum Dorfgespräch. Familien, die es sich nicht leisten können, am Dorfalltag teilzunehmen, werden von anderen diskriminiert. «Die muss inzwischen auch putzen gehen, um die Hypothek zu bezahlen», «Mal sehen, wie lange er sich sein Auto noch leisten kann», «Deren Kinder sehen aus wie Asoziale.» Der Dorfklatsch verliert seine traditionelle Form, der alte Benimm-Codex löst sich auf, und die Meinungen werden radikaler. Die Gerüchteküche auf dem Land kocht über: Auf der Speisekarte steht jetzt, statt Klatsch und Tratsch, Ausgrenzung.

Durch die Umstrukturierung der Landwirtschaft und das Abwandern der Dorfbevölkerung müssen Friseure aufgeben, Vereine beklagen Mitgliedermangel, und Tante-Emma-Läden werden in den meisten Regionen durch Shoppingcenter ersetzt. Viele Gastronomen können ihre Dorfgasthöfe nicht mehr am Leben erhalten. 2002 gab es noch 19 697 Gasthöfe in Deutschland, 2008 waren es nur noch 16 675. Auch die Schankwirtschaften und Diskotheken verschwinden vom Land. Stattdessen verbreiten sich die weniger kommunikativen Imbissbuden. Ihre Zahl ist von 24 638 im Jahr 2002 auf 28 625 im Jahre 2008 gestiegen.

Eine weitere Konkurrenz bekommt der Dorfklatsch durch das Internet. Statt auf offener Straße über den Gartenzaun wird neuerdings anonym getratscht. Im Internet wird über Barack Obama, Paris Hilton, über Penisverlängerungen und Brustvergrößerungen gechattet – das Gequatsche und

Getratsche über die Nachbarn wirkt dagegen lächerlich altmodisch und kleingeistig. Mit den allzeit verfügbaren Reizen der großen weiten Web-Welt kann das Dorf nicht mehr konkurrieren. Die Waschweiber bekommen Konkurrenz durch private Pornos und tabulose Erotikflirts. Statt die Moral einer Gemeinschaft zu korrigieren, denunziert der moderne Dorfklatsch lieber die bereits ausgegrenzten Mitglieder der Gesellschaft.

Dabei ist die Versorgung der Dörfer mit Breitband-Internetanschlüssen noch längst nicht abgeschlossen. Brandenburgs Ministerpräsident Matthias Platzeck hatte versprochen, das Land bis 2009 komplett mit schnellen Zugängen auszustatten. Doch bis heute gibt es noch rund 100 000 Haushalte, die von der modernen Kommunikation abgeschnitten sind. Der Nachrichtenfluss per Computer stockt, weil Unternehmen wie die Telekom ungern in dünnbesiedelte Räume investieren. Rheinsberg in Nordbrandenburg ist mit 300 Quadratkilometern eine der größten Gemeinden in ganz Deutschland, aufgrund der geringen Bevölkerungsdichte aber nicht lukrativ genug für die Netzanbieter. Selbst die Versorgung durch Antennen-Internet versagt hier, weil 17 Gemeinden versteckt im Wald liegen und die Funksignale nicht empfangen können. Einige Bürgermeister beklagen, dass die Landflucht durch die schlechte Versorgung der Provinz mit Internetzugängen vorangetrieben wird – es sei kaum möglich, Unternehmen anzulocken, wenn sie auf schnelle Internetverbindungen verzichten müssten. Dennoch hält die neue Form der Kommunikation auch in der Fläche Deutschlands stetig Einzug und verändert den Dorfklatsch nachhaltig.

Die Jugendlichen haben sich schon heute weitgehend von den alten Informationsmedien abgewendet. Sie interessiert kaum noch, was über die Nachbarn geredet wird, sie surfen lieber im Internet und suchen nach den Neuigkeiten über Robbie Williams und Shakira, statt das Dorfleben zu verfolgen und zu kommentieren. Wer zu ihrer Gemeinschaft gehört, wird nicht durch die reale Nachbarschaft, sondern durch die virtuelle Community bei StudiVZ oder Facebook definiert.

Das wachsende Desinteresse an Nachrichten aus der eigenen Provinz und am politischen Geschehen der Bundespolitik bekommen die Regionalzeitungen längst zu spüren. Im ersten Quartal 2009 verzeichneten sie in Deutschland Umsatzrückgänge von fünf bis 10 Prozent. Besonders dramatisch ist die Situation in den ostdeutschen Bundesländern: Einige Blätter sind bereits ganz verschwunden, andere wurden fusioniert. Die Ostseezeitung in Mecklenburg-Vorpommern liefert nur noch Regionalnachrichten und bekommt die Politik und die Kultur von der Lübecker Zeitung. Bei der Münsterschen Zeitung wurde gleich die ganze Lokalredaktion entlassen. «Die jungen Menschen unter 30 Jahren können mit dem Heimatbegriff nicht mehr viel anfangen», hieß es auf einem Kongress der Akademie für Wissenschaften in Berlin, «und nehmen kaum noch die Lokalzeitung zur Hand.»

Nur wenige Blätter haben Antworten auf diesen Trend. Die Ostfriesenzeitung ist eine Ausnahme, sie hat eine kleine Auflage von 50 000 Exemplaren, aber eine gewaltige Internet-Community von über 30 000 Mitgliedern. Die Devise der Zeitung ist «Lokal total». Ihre Leser sollen Videos einschicken und als Lokalreporter berichten. Doch das führt zum Verfall der journalistischen Informationsqualität. Schon jetzt bezahlen Lokalzeitungen so schlecht, dass die journalistische Arbeit zum großen Teil von «Studenten, Hausfrauen oder pensionierten Lehrern» erledigt wird, wie der Geschäftsführer des Nordkuriers, Lutz Schumacher, beklagt.

Konkurrenz bekommen die Tageszeitungen auch durch kostenlose Amts- oder Anzeigenblätter, die vollkommen unprofessionell und ohne jeden journalistischen Anspruch berichten. In Regionen wie dem nördlichen Mecklenburg finanzieren sie sich nicht nur durch ihre Leser, sondern auch durch eine große Anzahl von Annoncen polnischer Prostituierter. In seinem Buch «Lokalpresse – Quo vadis?» beschreibt Manfred Hintze, dass über 50 Prozent der Leser mit der Qualität ihrer Lokalzeitungen unzufrieden sind.

Während sich besonders das junge Publikum vom geschriebenen Wort abwendet, steigen die Abos des Privatsenders Sky und die Einschaltquoten von RTL und Pro7 auf dem Land. Die mangelnde Bildung in vielen ländlichen Gebieten und der Wegzug gebildeter Dorfbewohner machen das sogenannte Prekariatsfernsehen auch in der Fläche zum medialen Hauptentertainment für eine wachsende desinteressierte Bevölkerungsschicht. Der zunehmend aggressive Ton der Fernsehformate beeinflusst auch den Dorfklatsch. In einer Studie für die Deutsche Gesellschaft für Soziologie in München haben Nicole Burzan und Nadine M. Schöneck herausgefunden, dass die Gesprächsthemen von Stadt und Land sich vehement unterscheiden. Während Intimbeziehungen und Gesundheit in beiden Regionen noch gleich oft diskutiert werden, wird auf dem Land über die Themen Konsum, Politik und Recht wesentlich weniger geredet als in der Stadt. Der alte Dorfklatsch, der ein Korrektiv der Dorfgemeinschaft war, ist inzwischen einer globalisierten, schlecht informierten und aggressiveren Form des Klatsches gewichen. Das World Wide Web hat die Klatschweiber vertrieben.

Dabei wird das Internet sogar schon zur Therapie in eigener Sache genutzt. In Internetforen lassen sich zahlreiche Einträge zum Mobbing auf dem Land finden: Eine Erzieherin, die von den Eltern des Dorfkindergartens gemobbt wurde, dokumentiert ihren Fall auf zahlreichen Seiten. Sie erhofft sich im Netz Rat, weil sie vor Ort auf taube Ohren gestoßen ist. Die Mutter eines autistischen Kindes bittet um Hilfe, weil ihr Sohn von der Dorfjugend gehänselt und geschlagen wird. Sie erzählt, dass sie von den Dorfbewohnern als Antwort lediglich zu hören bekam: «Das sollen die Kinder unter sich selbst ausmachen.» Der Dorfklatsch ist kein Forum mehr, um Probleme und Ungerechtigkeiten zu debattieren und zu lösen. Er trägt auch nicht mehr zur Stabilisierung einer Moral bei. Stattdessen pervertiert er inzwischen oft zum Mittel der Diskriminierung. Dabei kommt es mitunter zu absurden Szenarien. Ein Fliesenleger aus St. Augustin bei Köln wurde auf offener Straße von einem Spezialeinsatzkommando der Polizei aus seinem Auto gezerrt. Die Beamten warfen ihn zu Boden, brachen ihm zwei Rippen und verletzten ihn so schwer, dass er arbeitsunfähig wurde. Grund des Einsatzes war ein Gerücht, das die verfeindeten Nachbarn des Fliesenlegers in die Welt gesetzt hatten: Angeblich hätte er Kriegswaffen bei sich zu Hause gehortet. Die Polizei glaubte dem Tratsch und griff ohne Durchsuchung zu. Am Ende stellte sich die Unschuld des Fliesenlegers heraus.

Der gute alte Dorfklatsch stirbt aus, weil es auf dem Land kaum noch Institutionen gibt, in denen er gepflegt werden kann. Und die neue Informationskultur dient nicht länger der Moral einer Gemeinschaft, sondern unterwandert sie durch ihre enttabuisierte und anonyme Sprache.

Vor Ort:
Das Unkraut in den Nebensätzen

Man kann versuchen, dem Klatsch zu entkommen – stellt aber schnell fest: Er ist schon vor der Haustür.

Klatsch und Tratsch sind gefährlich, und deshalb ist es notwendig, auf Folgendes hinzuweisen:

Achtung! Personen und Handlungen, die auf den nächsten Seiten beschrieben werden, könnten tatsächlich frei erfunden sein und müssen nicht zwingend Ähnlichkeiten mit jenem Dorf bei Bremen aufweisen, in das ich vor gut einem Jahr aus Berlin gezogen bin ...

Diese Bemerkung ist mir wichtig, da ich schon einmal den Fehler begangen habe, meine neuen Freunde und Nachbarn öffentlich mit Namen zu nennen – die Folgen waren verheerend. Damals hatte ich in einer großen deutschen Zeitung von meinem Dorfalltag erzählt. Ich schrieb unter anderem, dass die Leute hier sehr früh aufstehen und sich erst einmal daran gewöhnen mussten, dass ich, der Bohemien aus Berlin, meinen Bademantel selten vor 11 Uhr gegen eine dem Dorf angemessene Jeans eintausche. Ich erzählte, dass meine Nachbarn mich am Morgen mit einem wohlwollenden «Na, auch schon wach?» grüßen, wenn ich verschlafen zum Postkasten gehe, um meine Zeitungen zu holen. Meine Freunde in Berlin fanden diese kleine Geschichte amüsant, wollten meine Nachbarn unbedingt kennenlernen, auch weil ich geschrieben hatte, dass sie ehrenwerte und nette Leute seien: echt, geradeaus und direkt. Allerdings verging meinen Nachbarn das Lachen schon einige Tage nach der Veröffentlichung. Sie wurden vom ganzen Dorf mit dem Satz «Na, auch schon wach?» aufgezogen. Seither treffen wir uns leider kaum noch am Briefkasten, manchmal habe ich sogar das Gefühl, dass es ihnen grundsätzlich schwerfällt, überhaupt noch mit mir zu reden. Das habe ich nicht gewollt. Und das soll nicht noch einmal passieren!

Dummerweise kann man über Klatsch und Tratsch aber nur schreiben, wenn man Teil einer Dorfgemeinschaft ist. Denn es ist eine Eigenschaft des Klatsches, dass er nicht nach außen getragen wird, sondern stets hermetisch bleibt. Und deshalb bleibt mir nichts anderes übrig, als an dieser Stelle über den Klatsch zu berichten, den ich kenne – natürlich nicht, ohne noch einmal zu versichern, dass alles, was hier zu lesen ist, eventuell frei erfunden sein könnte.

Das gilt auch für die kleine Geschichte, die sich gerade vor meinem Bürofenster abspielt. Von meinem Schreibtisch aus kann ich in unseren Vorgarten schauen und sehe, dass meine Frau gerade Unkraut zupft. Meine Tante, die im Haus hinter uns wohnt, ist dazugekommen. Durch das offene Fenster höre ich, wie die beiden sich unterhalten: «Ah, fängst du doch an?», fragt meine Tante, und meine Frau antwortet: «Nur ein bisschen.» Ich muss schmunzeln. Denn seit einigen Wochen macht meine Tante immer wieder Andeutungen über das Unkraut – so wie meine Eltern uns bei fast jedem ihrer Besuche darauf hinweisen, dass wir die Fassade unseres Hauses eigentlich endlich mal streichen müssten. Neulich, als meine Frau im Garten stand, um Blumen für die Vase zu schneiden, gesellte sich meine Tante für einen Plausch zu ihr und zog, ganz nebenbei und wie selbstverständlich, einige Unkrautwurzeln aus dem Boden. War das ein Zeichen?

Eigentlich hatten wir beschlossen, nie Unkraut zu zupfen! Man muss wissen, dass die Vorgärten in unserem Dorf alle gleich aussehen und ein wenig an Friedhof erinnern: eine oder zwei spitz nach oben geschnittene Tannen, daneben ein oder zwei Rhododendren, wahlweise ein wenig Rasen,

Bodenspäne oder Betonplatten und einige Blumen (natürlich säuberlich in Reihe gepflanzt). In einigen für unser Dorf durchaus exzentrischen Gärten wachsen sogar ein paar Rosensträucher. Lange haben wir uns gefragt, wie es sein kann, dass ein ganzes Dorf freiwillig derartige Vorgärten bestellt. Und wir haben uns entschlossen, es drauf ankommen zu lassen. Nicht um anders zu sein oder zu provozieren, sondern nur weil wir uns nicht von der Norm bestimmen lassen wollten: Tannen raus, das Wurzelloch wurde mit Folie ausgelegt, ein kleiner Teich angelegt und wilde Blumen gepflanzt. Inzwischen ist unser Vorgarten ein zwei Meter hoher bunter Wildwuchs – eine Blütenpracht, die sich ihren Weg zum Himmel ganz ohne unser Zutun sucht.

Meine Frau zupft also heute zum ersten Mal Unkraut! Will sie die kleinen Hinweise endlich aus dem Weg schaffen, oder hat sie nun tatsächlich die Lust überkommen, Unkraut zu zupfen? Es ist schwer zu sagen, aus welchem Grund sie sich gerade anschickt, sich den Gartengesetzen unseres Dorfes zu beugen.

Während ich diesen Gedanken nachgehe, kommt Bernhard, der Nachbar von gegenüber, vorbei. Bernhard ist ein lustiger Geselle. Er wohnt schon seit Jahrzehnten hier, hat vor seinen Fenstern die gleichen Gardinen wie alle anderen und auf seinem Fensterbrett, so wie überall, drei oder vier Orchideen stehen. Trotzdem ist Bernhard einer der lässigsten Dorfbewohner. Einer, der nicht viel Wind macht und einfach sein Leben lebt. Ich höre, wie er mit meiner Frau über den Gartenzaun plaudert. Irgendwann sagt er: «Was machst du da eigentlich?» – «Unkraut zupfen», antwortet meine Frau. Bernhard lacht. «Ach, das ist doch Quatsch, das kommt eh wieder.» Nun höre ich auch meine Frau lachen. In diesem Moment ist klar: Sie hat das Unkraut nicht ganz freiwillig gezupft. Nicht weil sie dem Tratsch aus dem Weg gehen wollte, sondern weil sie es erst gar nicht darauf anlegen wollte, dass getratscht werden könnte – vielleicht sogar aus Rücksicht auf meine Tante, meine Eltern oder unsere Tochter. Es wäre doch blöd, wenn sie unter unserem verwilderten Garten leiden müssten. Selbst wenn der Tratsch einem persönlich egal ist und man sich vornimmt, nichts auf ihn zu geben, sorgt man sich doch, dass er andere in Mitleidenschaft ziehen könnte. Tratsch vermeidet man also nicht nur eigennützig, sondern auch um die Menschen zu schützen, die einem nahestehen.

Meine Tante stand jahrzehntelang im Zentrum des Dorfklatsches. Sie hatte einen Friseurladen, und es gehörte zu ihrem Job, sich die neuesten Gerüchte anzuhören, genau zu sortieren, wer was sagte – und bloß nicht ins Fettnäpfchen zu treten. Ihr Laden war der Umschlagplatz für Dorfgeschichten: waschen, schneiden, reden. Kein Großstadtfriseur hatte vermutlich so viele treue und regelmäßige Kunden wie meine Tante in ihrem kleinen Laden. Aber als sie irgendwann beschloss, das Geschäft zu schließen, wurde sie selbst plötzlich zum Thema. Nicht, dass jemand zu ihr gekommen wäre, um sie anzusprechen. Nein, irgendjemand erzählte, dass jemand anderes ihm erzählt hätte, dass irgendeiner sich Gedanken darüber machte, warum sie ihren Laden geschlossen hatte. Inzwischen lebt meine Tante ihren glücklichen Ruhestand. Aber ich kenne keinen anderen Menschen, der den Dorftratsch so hautnah erlebt hat wie sie, keinen Dorfbewohner, der so «professionell» und so penibel versucht, jeder Möglichkeit von Klatsch über die eigene Person aus dem Weg zu gehen und dabei den unausgesprochenen Normen im vorauseilenden Gehorsam zu genügen. Meine Tante weiß genau, was zum Gerede führen kann. Und Unkraut gehört eben auch dazu.

Als wir aufs Dorf gezogen sind, dachten wir, es wäre

leicht, sich vom Tratsch fernzuhalten. «Es kann schon nicht so schwer sein, sich da herauszuhalten.» Aber wenn schon unser Garten zeigt, wie schwierig es ist, wie steht es dann erst mit den wirklich wichtigen Dingen des Lebens?

Natürlich wurde nicht nur im Laden meiner Tante getratscht. In unserem Dorf wird überall geredet: auf dem Friedhof, im Sportverein und natürlich in der Kneipe. Die ist so etwas wie die Bildzeitung unseres Dorfes; an jedem Tisch wird zu jeder Zeit eine neue Schlagzeile in die Welt gesetzt. Hier treffen sich die Kegler und die Handballspieler, die Kaffeekränzchen und die Skatrunden. Es wird über heimliche Geliebte getuschelt, über Schulden, über Krankheitsgeschichten und darüber, wer in welcher Familie die Hosen anhat. Selbst ich, der ich an keiner dieser Runden teilnehme, weiß, dass ein älterer Herr aus dem Dorf sein gesamtes gespartes Geld beim Telefonsex verjubelt haben soll. Ob die Geschichte stimmt, weiß ich nicht. Aber sie ist so interessant, dass sie überall erzählt wird – so auch an dieser Stelle.

Ich bin fest davon überzeugt, dass der Klatsch dafür sorgt, dass nicht nur die Vorgärten in unserem Dorf gleich aussehen, sondern dass es hier viele weitere geheime Regeln gibt, die jeder befolgt. Während in Berlin die Individualität gefeiert wird, stellt man in meinem Dorf die Gleichheit zur Schau. Bloß nicht auffallen ist die Devise: Jedes Auto hat einen Werder-Aufkleber, alle Kinder tragen ähnliche Klamotten, sagen ähnlich «Guten Tag» und «Auf Wiedersehen», jeder kauft seine Küchen und Möbel im nahen Möbelmarkt, jedes Kind spielt Handball, und jede Hausfrau geht zum Turnen. Und am Abend lassen alle ihre Jalousien herunter – die einzige Möglichkeit, der eigenen Individualität nachzukommen, ohne dass es der Nachbar sieht. Ob das Liebesleben meiner Dorfbewohner sich tatsächlich unterscheidet? Darüber ließe sich trefflich klatschen – wenn man es denn wüsste.

Natürlich neigt der Klatsch zur Übertreibung. Am liebsten wird bei uns über Einbrüche geredet. Ein einziger Diebstahl wird in mindestens 100 Gesprächen nacherzählt und zum Teil neu erfunden. Als die Mayers im Urlaub waren, wurden die Spielkonsole, der Schmuck und (ungelogen!) das Bargeld unter dem Teppich geklaut. Aber das Schlimmste war, dass die Einbrecher ihre Exkremente auf dem Wohnzimmersofa hinterlassen haben. Alle sind sich einig: Die Täter waren Drogensüchtige aus der Stadt. Seither werden bei uns im Dorf die Jalousien auch heruntergezogen, wenn man übers Wochenende verreist.

Eigentlich gibt es hier nichts, über das nicht geredet wird. Manchmal kommt es mir vor, dass der Klatsch die Langeweile kompensiert, die in einem Dorf wie unserem herrscht. Ein Phänomen, das ich erschrocken an mir selbst festgestellt habe. In Berlin sind an einem Tag so viele Menschen an meinem Fenster vorbeimarschiert, dass ich sie gar nicht als einzelne Personen wahrnehmen konnte. Heute stehe ich von meinem Schreibtisch auf, sobald ein Auto vor dem Haus vorbeifährt. Denn diese Alltäglichkeit ist bei uns schon ein Ereignis.

Bevor ich aufs Dorf gezogen bin, kannte ich den Klatsch nur vom Telefon. Wenn ich mit meinen Eltern sprach, hörte ich, wer eine neue Freundin hat oder dass der Laden vom Soundso nicht sonderlich gut läuft. Ich selbst war nur einmal vom Klatsch betroffen – dafür umso nachhaltiger. Als ich mich von meiner ersten Frau scheiden ließ, haben meine Eltern ihren Freunden und Bekannten zunächst nichts davon erzählt. Zweimal bin ich aus Berlin hergekommen und wurde gebeten, den anderen gegenüber meine Trennung nicht zu erwähnen – weil die Nachbarn noch nichts wussten. Beim dritten Mal habe ich dann nicht mehr mitgespielt, wollte mein Leben wieder in die eigenen Hände nehmen, notfalls mit dem Risiko, meine Familie zu enttäuschen. Doch die Erkenntnis war erstaunlich: Niemand hat sich das Maul über mein Privatleben zerrissen. Im Gegenteil, plötzlich haben auch andere Eltern mit meinen Eltern über ihre eigenen Sorgen mit den Kindern geredet. Damals habe ich gelernt, dass das Tabu ein stummer Ausdruck von Klatsch ist – vielleicht der schlimmste.

In meiner neuen Heimat musste ich schnell feststellen, dass es unmöglich ist, dem Dorfklatsch zu entkommen. Egal wohin man flieht – er ist schon da. Jeder, der in einem Dorf wohnt, wird Teil des Geredes, ob er will oder nicht. Selbst wenn man nicht mitredet, wird über einen selbst gesprochen. Meine Frau, die noch immer im Vorgarten steht und Unkraut rupft, weiß das. Und ich denke bereits darüber nach, wann wir wohl endlich das Haus streichen werden. Neulich habe ich von einem Nachbarn gehört, dass im Dorf das Gerücht kursiert, wir würden wieder zurück nach Berlin ziehen. Wegen des Artikels? Vielleicht aber auch wegen unseres Gartens. Es ist merkwürdig zu hören, dass andere Menschen über einen sprechen. Klatsch ist ein bisschen wie ein Einbruch, bei dem nichts verschwindet. So, als würden Räuber in der Nacht kommen, sich die Wohnung anschauen, auf dem Sofa sitzen, ein wenig fernsehen und danach das Haus verlassen – so als wäre nichts geschehen. Solange man nichts davon ahnt, stört es nicht. Aber wenn man es weiß, ist man in dauernder Alarmbereitschaft.

Nicht auszudenken, was in unserem Dorf nach dem Erscheinen dieses Buches wieder los sein wird – aber zum Glück hat es ja nichts mit lebenden Personen zu tun. Und eventuelle Ähnlichkeiten sind rein zufällig. Dieser Text – er ist nichts als Klatsch und Tratsch.

V. Die Kirche

«Oberlin nahm die Gerten aus seiner Hand, drückte ihm einige Küsse auf den Mund und sagte: dies wären die Streiche, die er ihm zu geben hätte, er möchte ruhig sein, seine Sache mit Gott allein ausmachen, alle möglichen Schläge würden keine einzige seiner Sünden tilgen.»

Georg Büchner, «Lenz»

Roman:

Die Überaller Ur-Eva

Fünftes Kapitel, in dem Dorothea Pastor Witte besucht – aber nicht um zu beten.

Als Dorothea das Gemeindehaus gegen sechs Uhr betritt, sitzt Pfarrer Witte am Schreibtisch und bereitet seine Predigt für den Prangertag vor. Er hält einen gespitzten Bleistift in der Hand, mit dem er Bibelstellen unterstreicht. Als Dorothea an der halb geöffneten Tür klopft, schaut er über seine Brillenränder auf. Der Pfarrer scheint sie erwartet zu haben, legt den Stift beiseite, lächelt und bittet Dorothea, sich zu setzen.

«Nein danke», sagt sie, «ich bleibe nicht lange.»

«Sie kommen wegen damals zurück, nicht wahr?»

«Sollte ich?»

«Nun, ich würde es verstehen. Aber sehen Sie, Doro, es liegt nicht bei uns, Unrecht zu sühnen.»

«Das haben Sie damals schon gesagt, Herr Witte», antwortet Dorothea und weiß nicht genau, ob es ihr gelingt, die Stimme so kühl klingen zu lassen, wie sie es sich vorgenommen hat. Sie schaut aus dem Fenster der Pfarrei – von hier ist die gesamte Hauptstraße von Überall zu sehen, all die herausgeputzten Häuser mit ihren wohlgeordneten Gärten und frischgestrichenen Gartenzäunen. «Sie haben damals gesagt, dass eine Sünde nicht dadurch besser wird, dass man sie in die Welt posaunt. Dass es mir mehr schaden als helfen würde, haben Sie gesagt.» Dorothea holt eine Schachtel Zigaretten aus ihrer Handtasche und steckt sich eine an. Pfarrer Witte tut, als würde er es übersehen.

«Und – stimmt das nicht? Sie scheinen glücklich zu sein, selbstbewusst. Sie sind gebrochen ausgezogen und kehren stolz und schön zurück. Haben Sie schon einmal daran gedacht, dass Gott Ihnen genau diesen Weg zugedacht haben könnte, Doro?»

«Was für ein Gott soll das sein? Was für ein Gott lässt seine Kreaturen leiden, um zu wachsen? Von was für einem Gott reden Sie? Von einem Gott, der Menschen zu Sündern macht, um andere durch ihre Opfer wachsen zu lassen? Was für einen Gott erfinden Sie, um zu rechtfertigen, was passiert ist? Nein, Herr Witte, ich befürchte, dass Ihr Gott nicht meiner ist.»

Pfarrer Witte nimmt den Bleistift wieder in die Hand, dreht ihn zwischen den Fingern und denkt nach. Dann antwortet er: «Die Sünde, Doro – Gott selbst hat sie geschaffen, als er den Baum der Versuchung pflanzte. Ihr zu widerstehen ist eine Tugend, ihr nachzugeben Teil der Schöpfung und des Menschen, den Gott in die Welt gesetzt hat. Es ist an uns, den Sündern ihre Sünden zu vergeben, nicht zu sühnen.»

Dorothea öffnet das Fenster und wirft ihre Zigarette in den Garten der Pfarrei. «Sie bereuen also nicht, dass Sie mir damals rieten zu schweigen? Als Sie sagten, dass das Leben weitergehen würde, als Sie mir erklärten, dass ich die Sache auch aus einer anderen Perspektive sehen müsse? Dass ich wachsen würde am Leid und dass es an mir läge, das Dorf nicht zum Sodom zu machen? Ist es das, was Ihr Gott mir sagen wollte, Herr Pfarrer? Dass die Qualen des Körpers die Seele stärken? Sind diese Worte keine Sünde?»

«Glauben Sie nicht, Doro, dass meine Worte mich nicht beschäftigt hätten, dass ich nicht über sie nachgedacht, sie in meinen Träumen und in meinen wachen Gedanken hin und her gewogen hätte. Aber was hätte ich Ihnen anderes sagen sollen? Adam und Eva, zwei nackte Kreaturen im Paradies, haben der Sünde nicht widerstanden. Vor dem Biss in den Apfel erkannten sie nicht einmal ihre Nacktheit. Doch sobald sie einander erkannt hatten, war es um sie geschehen. Sie waren eine Eva, Doro – und Sie sind es noch immer. Warum hat Gott die Schönheit geschaffen, wenn wir sie nicht begehren sollten? Warum die Klugheit, wenn wir sie nicht nutzen sollten? Doro, verzeihen Sie diese sündigen Worte, doch Sie selbst erscheinen wie die Sünde – geschaffen, um Sünder zu schaffen. Verstehen Sie mich nicht falsch, aber Sie sind eine Ur-Eva.»

Dorothea braucht einige Zeit, um zu begreifen, dass sie den Pfarrer richtig verstanden hat. Doch es gibt keinen Zweifel, sie hat seine Worte verstanden. Eigentlich hat sie sich vorgenommen, ihn als Ersten zu besuchen, weil er der Letzte war, den sie damals gesehen hat. Aber auch weil sie fest davon überzeugt war, dass er seine Worte bereuen würde, dass er neue Worte finden würde. Er hätte nur sagen müssen, dass er sich geirrt hätte, dass er zu feige war. Ihr hätte es schon genügt, dass er zugegeben hätte, Angst gehabt zu haben, damals, um die Gemeinschaft von Überall. Dass er nicht wusste, wie er mit ihr und dem, was geschehen war, umgehen sollte. Aber all das hat er nicht gesagt. Stattdessen hat er sie eine «Ur-Eva» genannt, «die Sünder schafft».

Pfarrer Witte sitzt an seinem Schreibtisch, die Arme vor der Brust verschränkt, und starrt sie an – er erwartet eine Antwort. «Er hat es nicht anders gewollt!», denkt Dorothea.

Sie geht zum Schreibtisch, setzt sich mit ihrem gelben Kleid auf die geöffnete Bibel und sagt: «Vielleicht keine Ur-Eva, Herr Witte, eher eine Maria Magdalena. Wenn es wahr ist, dass ich die Sünde bin und es zur Schöpfung Ihres Gottes gehört, der Sünde zu erliegen – wie standhaft sind Sie selbst?»

«Doro, Sie missverstehen mich …» Pfarrer Witte lehnt sich in seinem Stuhl zurück.

«Ich glaube nicht, Herr Witte. Überlegen Sie es sich. Ich werde warten – nach der Messe. Feiern wir nicht den Leib Jesu? Und ist der Leib nicht der Sklave des Geistes? Ich werde am Lindenweiher sein. Nur dieses eine Mal. Danach werde ich Überall verlassen, für immer.»

«Doro!» Pfarrer Witte will Einspruch erheben, doch Dorothea unterbricht ihn.

«Sie wissen, dass ich schweigen kann, Pfarrer. Es besteht also kein Risiko für Sie. Nach der Messe am Lindenweiher. Sie sind kein Mann, der seine Sünden bereut. Ich werde warten. Nur um eines bitte ich Sie: Wenn wir fertig sind, das ist mein einziger Wunsch, segnen Sie mich.»

Dorothea verlässt die Pfarrei, und während sie aus der Tür geht, murmelt der Pfarrer: «Ich werde Sie segnen, Doro – der Segen Gottes sei Ihnen sicher.»

Zur Lage:
Lasst die Kirche im Dorf

Der Provinz kommen die Gläubigen und der Glaube abhanden. Die Kirche zieht sich vom Land zurück. Mit verheerenden Folgen.

So voll wie am letzten Tag war die St.-Johann-Baptist-Kirche von Myhl bei Wassenberg selten. Selbst der Bürgermeister musste stehen, als in der kleinen Stadt an der niederländischen Grenze der letzte Gottesdienst gefeiert wurde. Als Pfarrer Portz den Philosophen Georg Wilhelm Friedrich Hegel zitierte: «Heimat ist dort, wo man nichts erklären muss.» Das hörte sich an, als hätte Myhl an diesem Tag seinen Anspruch darauf verloren, in Zukunft noch Heimat für seine eigenen Bürger zu sein. Denn in den letzten Wochen und Monaten musste der Pfarrer seinen Gläubigen ziemlich viel erklären. Das Bistum Aachen hatte beschlossen, die drei Gemeinden Wassenberg-Oberstadt, Myhl und Orsbeck aufzulösen. Und obwohl der Pfarrer immer wieder betonte, dass es dafür keine Begründung gebe, nicht einmal eine finanzielle, wurde seine Kirche abgewickelt. Der Geistliche war in seiner Gemeinde beliebt. Auch weil er ein Kirchenmann der alten Schule war, der die traditionellen Werte gegen den Einzug der Moderne verteidigte. Weil für ihn die Eucharistie und die Gottesdienste im Mittelpunkt standen. Dafür hatte er sogar den Hochaltar neu aufbauen lassen. Aber am Ende hat das Bistum ihn wegrationalisiert. Weil die Kirchen auf dem Land nicht mehr genügend Gläubige versammeln können, weil die Kosten für einzelne Gemeinden und Pfarrer vor Ort das knappe Budget übersteigen, weil sowohl die Evangelische als auch die Katholische Kirche sich die kostspielige

Subvention ihrer Gotteshäuser in der Provinz nicht länger erlauben können.

Nachdem in vielen deutschen Dörfern zunächst die Postfilialen, dann die Buslinien, später die Tante-Emma-Läden und irgendwann auch die Dorfkneipen geschlossen worden sind und sich selbst der Staat mit seinen Schulen und Kindergärten in die Kreisstädte zurückgezogen hat, schließen nun allmählich auch die Kirchen ihre Himmelspforten. In vielen Orten sind sie die letzten dörflichen Institutionen mit moralischem und gesellschaftlichem Auftrag. Erstaunlich lange haben sie den Rentabilitätsrechnungen getrotzt und versucht, die christliche Keimzelle der Dorfgemeinschaften aufrechtzuerhalten, während um sie herum der Strukturwandel das Landleben hoffnungslos aus den Angeln gehoben hat. Die neue Zeit wird in der Provinz weitgehend ohne Kirchenglocken eingeläutet. Pfarrer werden abgezogen, die Schäfchen allein gelassen.

In Wassenberg haben der Kindergarten, die Narren, der Ortsvorsteher und die Ministranten zum Abschied ihres Pfarrers für ein Geschenk zusammengelegt, das den Geistlichen sichtlich irritierte: einen modernen Flachbildfernseher.

Darin konnte er etwas später die aktuellen Kirchenskandale verfolgen: die zahlreichen Missbrauchsfälle und den Eklat um den handgreiflichen Bischof Mixa. Diese Einblicke in den Sittenverfall der Kirche haben vielen Deutschen den letzten Glauben geraubt. Doch es wäre falsch, allein die Missbrauchsfälle für den schleichenden Exodus der Kirche auf dem Land verantwortlich zu machen. Schon seit Jahren kämpfen sie hier mit den wirtschaftlichen Auswirkungen des Strukturwandels, den neuen Lebensverhältnissen und einem Zerfall der allgemeinen Moral. Die Kirche, die sich gern als Bewahrerin der Tradition versteht, sieht heute oft alt aus. Das

Ende der Landwirtschaft, der Abbau von Arbeitsplätzen, die Landflucht und die Orientierung der verbliebenen Bevölkerung an den Ballungsräumen hat das Dorfleben grundlegend verändert. Seine Zentren sind nicht mehr der Marktplatz, die Dorfkneipe oder die Kirche, sondern der Arbeitsplatz in der Kreisstadt, das Shoppingcenter an der Autobahn oder das Internet. Die Kirchen waren die letzten Bastionen, die auch in den modernen Dorfstrukturen am antiquierten Modell von Pater Brown festgehalten haben, am persönlichen Dorfgeistlichen, dem Heinz Rühmann einst sein liebenswürdiges Gesicht verliehen hat. Ein Pfarrer war oft die letzte Hoffnung vieler Dorfbewohner in einer Welt, umgeben von Supermarkt und Schnellimbiss. Er war ein Fels in der Brandung, der sich nicht vom Strukturwandel beeinflussen ließ. Doch die Kirchen können ihre Pfarrer nicht mehr bezahlen: Die Zahl der Gläubigen sinkt, das Personal ist zu teuer, die Instandhaltungskosten der Kirchen kaum noch finanzierbar. So verschwinden nicht nur die Pastoren und Pfarrer aus den Dörfern, sondern mit ihnen auch die kirchlichen Kindergärten und Wohlfahrtseinrichtungen. Durch den Rückzug der Kirchen ist das deutsche Land ein großes Stück asozialer und gottloser geworden.

Die alte Regel, dass die Kirche auf dem Dorf das Zentrum der Gemeinschaft bildet und dass Dorfbewohner traditionell gläubig sind, gilt schon lange nicht mehr. Eine Statistik der Konrad-Adenauer-Stiftung zeigt, dass ein Großteil der ländlichen Bevölkerung inzwischen einen Kirchenaustritt nicht mehr für undenkbar hält, dass die kirchliche Trauung kein Muss mehr für eine Partnerschaft auf dem Land ist und dass immer weniger Dorfbewohner denken, man müsse Mitglied der Kirche sein, weil sich das so gehört. Seit Jahren nähert sich die Skepsis der Gläubigen auf dem Land gegenüber der Kirche dem vorherrschenden Misstrauen in der

Stadt an. Kein Wunder, denn auch das Land pflegt inzwischen ein städtisches Leben und orientiert sich an den Metropolen, trotz aller Abgeschiedenheit. Nachdem die Kirchen die Städte bereits verloren haben, versäumen sie es nun auch, Antworten auf die veränderten Lebensformen der Menschen auf dem Land zu finden.

Und so hat die Kirche in der Provinz nicht nur das Problem, dass ihr die Gläubigen davonlaufen – diejenigen, die noch in der Kirche sind, erscheinen auch nicht mehr zum Gottesdienst. Die Zahl der Katholiken ist zwischen 1978 und 2008 zwar nur von 26 Millionen auf 25 Millionen geschrumpft. Doch während vor 30 Jahren noch 30,3 Prozent von ihnen regelmäßig in die Kirche gegangen sind, kommen heute nur noch 13,4 Prozent zu den Gottesdiensten. Es ist eine Frage der Zeit, wann auch sie die Religionsgemeinschaft verlassen.

Auf dem unterfränkischen Kirchentag mahnte die Ulmer Prälatin Gabriele Wulz, dass sich die Entscheidungsträger der Kirchen zu lange auf die Probleme in den Städten konzentriert hätten, obwohl immer deutlicher werde, dass man auch auf dem Land, «dem einstigen Reservoir, dem Rückgrat und der Seele der Kirche», keine stabilen Verhältnisse mehr vorfinde. Auch der evangelische Landesbischof in Braunschweig, Friedrich Weber, warnte vor einem Rückzug der Kirche aus der Fläche und gab zu bedenken, dass man damit die einstigen Hochburgen des Glaubens aufgeben würde. Offiziell wird die Situation allerdings lieber kleingeredet. So spricht Kardinal Lehmann davon, dass nicht mehr als drei Prozent der katholischen Gotteshäuser zur Disposition stünden. Doch allein im Bistum Aachen sollen 120 Kirchen aufgelöst werden, im Bistum Essen sind mit über 100 Gotteshäusern mehr als zwei Drittel schon geschlossen worden. Im Idealfall werden sie zu Mehrzweckhäusern umgebaut, in denen Kindergärten oder Projekte für altersübergreifendes Wohnen in die alten Pfarrräume ziehen. Viele Kirchen wurden aber auch einfach gesprengt, abgerissen oder stillgelegt, oder sie wurden an andere Konfessionen vermietet: die Kirche «Vom Frieden Christi» in Altena an die Serbisch-Orthodoxe Kirche, die Kirche in Barme an eine christliche Freikirche. Das Gotteshaus von Milow wurde an die örtliche Sparkasse übergeben – ist es nur noch eine Frage der Zeit, bis sich auch die ersten Schnellrestaurants in ehemaligen Dorfkirchen verbreiten?

Das, was die Kirchenväter der großen christlichen Kirchen «Redimensionierung» nennen, ist in Wirklichkeit das größte Massensterben von Gotteshäusern seit der Säkularisation. Der einzige Grund, dass der Schließungstrend in Deutschland noch nicht ganz so bedrohlich erscheint wie in den Niederlanden oder in England, ist, dass die Kirchensteuern den Gemeinden noch etwas Spielraum lassen. Doch die Kirchen wissen längst, dass auch diese Einnahmequelle versiegen wird. Die Bayerische Landeskirche rechnet bereits für 2030 mit der Halbierung ihrer Steuereinnahmen. An eine funktionierende Kirche auf dem Land ist spätestens dann kaum noch zu denken.

Stefan Bölts und Wolfgang Nethöfel haben in ihrem Buch «Aufbruch in die Region» festgestellt, dass die Kirchen in vielen kleineren Orten schon lange nicht mehr das gesellschaftliche Leben durch Konfirmationen und Kommunionen, durch Weihnachts-, Oster-, Erntedank-Prozessionen und -Feiern beleben, sondern dass sie zum Hort für einen kleinen Kreis meist älterer Menschen geworden sind, die eine Art «Clubmentalität» pflegen. Vielerorts wird gar nicht mehr auf professionelle Geistliche gesetzt, sondern auf ehrenamtliche Mitarbeiter. Zum einen weil die Kirchen ihr Personal nicht mehr bezahlen können, zum anderen weil besonders die Katholische Kirche Schwierigkeiten hat, überhaupt noch Priester zu rekrutieren – erst recht, wenn sie ihren Dienst auf dem Dorf verrichten sollen. Denn die Belastung für Pfarrer steigt, sie sind häufig für viele kleinere Gemeinden tätig, zwischen denen sie hin und her pendeln müssen.

Als der alte Pfarrer der Gemeinde Jesserndorf bei Coburg zu einem «gemütlichen Abend» in seine Gemeinde zurückkehrte, sprach er aus, was viele seiner Kollegen schon lange denken: «Inzwischen werden die Geistlichen mit zahllosen Äußerlichkeiten belastet und verheizt und können sich um ihre eigentliche Aufgabe, die Seelsorge, kaum noch kümmern.»

Doch gerade die Seelsorge ist in dörflichen Strukturen, in denen das alte Leben grundlegend in Frage gestellt wird, besonders nötig. Die zunehmende Verarmung auf dem Land, die wachsende Ausweglosigkeit und die Angst um den Verlust von Arbeit und Familie könnten der Kirche auf dem Land Anknüpfungspunkte geben. Stattdessen stellt eine Studie der Evangelischen Kirche fest, dass ihre Hilfsangebote in vielen Dörfern problematisch sind: Die christlichen Sozialarbeiter werden abfällig beobachtet, die ausgeübte Nächstenliebe zu sozialschwachen Familien von Dorfbewohnern spöttisch kommentiert. Statt diese Ressentiments aus dem Weg zu räumen, sich ernsthaft um die Dorfgemeinschaft zu kümmern, ihre Angebote durch eine Präsenz vor Ort auszubauen, zieht sich die Kirche lieber von diesen vermittelnden Aufgaben zurück und wandert – ähnlich wie die staatliche Sozialhilfe – in die Kreisstädte ab. Über 2000 Pfarreien und Seelsorgestellen der Katholischen Kirche wurden in den letzten 15 Jahren geschlossen.

Wenn die Kirche die Landbevölkerung im Stich lässt, bröckelt auch die christliche Basis. Als sechs Gemeinden im Stadtgebiet Übach-Palenberg zusammengelegt wurden, legten die ehrenamtlichen Kirchenvorsteher aus Protest ihre Ämter nieder. Sie wollten weiterhin eigenständig über Pflegeheime und Kindergärten entscheiden und argumentierten, dass die Krise der Kirche nur überwunden werden könne, wenn sie ihre Präsenz auf dem Land beibehalte. Sie ahnten, dass die Kirche auf dem Dorf nur durch einzelne Personen gerettet werden kann, die mit dem Dorfleben verbunden sind.

Das stellte auch eine Studie der Evangelischen Kirche fest: «Die Bereitschaft zur eigenen Beteiligung an der Kirchenarbeit steigt deutlich, wenn die Menschen den Pastor oder die Pastorin kennen und wissen, wer in der Kirche mitmacht.» Trotzdem werden Pastoren abgezogen, Gemeinden fusioniert und damit Verbindungen gekappt. So schwindet die Solidarität der Menschen mit den Kirchen. In manchen Orten kämpft inzwischen nur noch eine Handvoll Gläubige um ihre Gotteshäuser. Zuweilen entstehen dabei abenteuerliche Allianzen, in denen Kirchenleute, PDS-Politiker, Dorfbewohner, Künstler und Hoteliers gegen eine Kirchenschließung demonstrieren. Sie ahnen, wie wichtig ein Pfarrer für die Moral einer Gemeinschaft sein kann. Und sie verzeihen ihm sogar «unmoralische» Lebensweisen. Vielerorts werden Pfarrer gedeckt, obwohl sie in einem eheähnlichen Verhältnis leben oder schwul sind. Viele Dorfgemeinschaften sind progressiver als ihre Kirchenväter.

Als Pfarrer Markus Schäfler bei einem Gottesdienst in der Gemeinde Geltendorf öffentlich seine Liebe zu einer Frau gestand und dadurch zwangsläufig aus dem Pfarramt verwiesen wurde, flossen Tränen auf den Kirchenbänken. Anders als bei den Verfehlungen von Bischof Mixa oder den sexuellen Übergriffen verstehen Gläubige auf dem Dorf die kleinen Sünden ihrer Pfarrer – und verzeihen ihnen.

Die Kirche ist in einer misslichen Lage: Wahrscheinlich

wurde sie in der deutschen Provinz noch nie so dringend gebraucht wie heute. Die Probleme auf dem Land wachsen, Armut und Arbeitslosigkeit steigen, viele Dorfbewohner verlieren mit der Auflösung alter Dorfstrukturen und der Orientierung an den größeren Städten jegliche Perspektive, oder wie der Wassenberger Pfarrer es in seiner Abschiedsrede formulierte: ihre Heimat. Die Kirche selbst könnte ihre Position vor Ort nur durch ein intensives und persönliches Engagement stärken, sie ist oft die letzte Institution, die einer Auflösung der Dorfgemeinschaften entgegenwirken könnte. Aber ihr fehlen das Geld und vor allen Dingen die Persönlichkeiten dazu. Ein großer Teil des Landes ist bereits dem strukturellen Wandel zum Opfer gefallen, und die Kirche schafft es nicht, dieser Zeitenwende etwas entgegenzusetzen. Sie verlässt die Gläubigen, die immer gottloser werden. So bleibt heute inzwischen nicht einmal mehr die Kirche im Dorf.

Vor Ort: Die stummen Chöre

Warum in den Dorfkirchen die Musik verklingt.

Es ist Sonntag. Mülsen schläft noch. Die Sonne ist noch nicht aufgegangen. Nur bei Martin Seifert brennt schon Licht. Er ist Mitte vierzig, die wenigen Haare sind kurz geschoren, der Bart wird vermutlich alle drei Tage rasiert. Heute muss Herr Seifert früh raus, setzt seine randlose Brille auf, kocht Kaffee, bindet seinen Schlips und streift das gelbe Jackett über. Mit weißen Socken und schwarzen Schuhen verlässt er das Haus und fährt durch die weiten Wiesen seiner Heimat. Martin Seifert ist Gottes oberster Musikant in Mülsen, Kantor der kleinen evangelischen Gemeinde.

Mülsen nennt sich selbst «die längste Gemeinde Sachsens» und ist sehr stolz darauf. Vielleicht weil man hier nicht viel anderes zu bieten hat, außer ein großes Freibad. Die Gemeinde hat nicht einmal ein eigenes Wappen. Das Land hinter Zwickau erstreckt sich in sanften Hügeln, die alten Dörfer sind längst miteinander verschmolzen. Neubauten haben die Dorfstrukturen aufgebrochen. Und das, obwohl Mülsen seit der Wende 1000 seiner 13 000 Einwohner verloren hat. Die meisten der fünf evangelischen Kirchen wurden inzwischen zusammengelegt. St. Niclas ist die idyllischste von allen. Sie liegt hinter dem gleichnamigen Ortsteil mitten in der Natur: eine kleine hellgelbe Gebetsscheune mit großem schwarzem Dach und spitzem Glockenturm. Hinter der Kirche liegt der Friedhof. Der Grundstein wurde im Dreißigjährigen Krieg gelegt, nach der Wende wurde das Gotteshaus grundsaniert.

Herr Seifert schlendert über den Totenacker, zieht einen Schlüsselbund aus seiner Hosentasche und öffnet die hölzerne Hintertür. Er lässt die schweren Lüster erstrahlen und lotst mich durch den weißen Kirchensaal. Er erklärt, dass die tiefhängende Kassettendecke im Rahmen der Sanierung abgenommen wurde. Alte Fresken wurden entdeckt, die nun mit frischen Farben restauriert worden sind. Eine enge Treppe führt auf die Orgelempore. Herr Seifert schaltet das Instrument ein. Hier oben ist sein Arbeitsplatz. Hier übt er, von hier aus begleitet er Beerdigungen und Hochzeiten. «Leider schaffe ich es höchstens einmal in der Woche herzukommen, um zu üben», sagt er. Die Organisation der Chor- und Kinderchorstunden, die Koordination mit Kindergärten und Schulen muss am Schreibtisch erledigt werden. Außerdem muss Seifert sich um die Jugend seiner Gemeinde kümmern. Bevor die Gläubigen kommen, greift er noch einmal in die Tasten. Das kleine Gotteshaus beginnt zu beben. Ein bisschen Bach am frühen Morgen. «Das ist gut, um aufzuwachen und die Gedanken zu ordnen.»

Musik ist vielleicht der beste Weg zu Gott, und der Kantor war früher die Seele der Kirche. Johann Sebastian Bach hat in Leipzig nicht nur an der Orgel gesessen, sondern jeden Sonntag eine Uraufführung vorgestellt, er hat komponiert, unterrichtet und die Musikpläne für alle Kirchen der Stadt aufgestellt. Dieses Erbe wurde in Deutschland lange gepflegt. Nirgendwo anders wurden so viele Kirchenmusiker ausgebildet wie hier, kein anderes Land hat die Musik in Gotteshäusern derart in den Vordergrund gestellt wie Deutschland. Doch die Krise der Kirchen hat auch die Kirchenmusik getroffen. Vor zehn Jahren hatten noch 85 Prozent aller evangelischen Kantoren eine volle Stelle. Heute sind es weniger als 40 Prozent, und die werden auch noch schlechter bezahlt. Die gutdotierten A-Stellen werden zu B- oder C-Stellen heruntergestuft. Allein die Evangelische Kirche hat ihre vollberuflichen Kantorenstellen seit 1994 von 3000 auf unter 1700 zusammengestrichen. An den Orgeln sitzen immer mehr ehrenamtliche Organisten, und ein einziger professioneller Kantor betreut inzwischen Chöre und Musikgruppen in verschiedenen Gemeinden. Herr Seifert spielt noch immer Bach – er spielt auch um sein Leben.

Genau genommen ist er ebenfalls nur ein 30-Prozent-Kantor. 70 Prozent seiner Arbeit muss er als Gemeindepädagoge erledigen. «Das ist heute Normalität», sagt er, «die Kirchen streichen die Stellen, schieben die Musiker hin und her. Aber was soll man dagegen tun? So ist es nun einmal. Außerdem ist es ja auch eine gute Idee, dass Kantoren nicht nur für die Musik, sondern auch für die Menschen verantwortlich sind.» Tatsächlich sind Kantoren, die «Kanter», auf dem Land ja traditionell Dorflehrer gewesen. Doch Kindergärten und Religionsunterricht sind in der Kirche inzwischen professionalisiert, der Staat greift bewusst auf ihre Angebote zurück. Und so ist Seiferts pädagogische Arbeit meist nur unterstützend. «Es ist heute schwer, die Kinder überhaupt in die Kirche zu locken», erklärt er, «und wenn sie da sind, zeigt sich, dass viele von ihnen große Defizite haben.» Oft kommen Zweitklässler zum Chorunterricht und haben Schwierigkeiten, die Liedtexte zu lesen. «Da geht es dann ganz plötzlich nicht mehr um die Musik», sagt Herr Seifert, «sondern um Nachhilfe.» Für ihn ist der Kantorenjob nicht nur eine Frage der Orgeltechnik, sondern auch der deutschen Grammatik geworden. Er stellt eine der letzten Institutionen dar, die immer ansprechbar sind – und die sich um jeden kümmern.

Es ist 9.30 Uhr, und St. Niclas füllt sich. Von den 900 Gemeindemitgliedern sind fast 100 zum Gottesdienst erschienen, hauptsächlich ältere Männer und Frauen, aber auch einige junge Familien. Die Seifert-Show kann beginnen. Wenn der Kantor in die Tasten greift, stimmen erstaunlich viele kräftige Stimmen mit ein. Nach dem letzten Akkord bleibt ihm nur wenig Zeit, um die Treppe von der Orgelempore hinab zum Altar zu stürzen und sich an einen Synthesizer zu setzen. Ein Gemeindemitglied trägt derweil den Sonntagsvers vor, und dann sitzt Herr Seifert schon neben den «Spatzen», dem siebenköpfigen Kinderchor. Mit festen Stimmen und rudernden Armen besingen sie die Kreuzigung und Auferstehung Christi, während der Kantor ein gutwilliges Lächeln auflegt. Herr Seifert erinnert jetzt ein bisschen an Michael Schanze. Die Gemeinde applaudiert, und der Kantor sprintet schon wieder zurück an die Orgel. Hier hat sich inzwischen der Erwachsenenchor positioniert. Nach einem weiteren Lied kann der Musiker endlich eine kurze Pause einlegen. Pastor Markert hält seine Predigt.

In Ostdeutschland hat die Kirche Politik gemacht, Montagsdemos und «Wir sind das Volk»-Rufe wurden in den Gotteshäusern der Großstädte erfunden, und auch in der Provinz war die Kirche ein Refugium. Ich staune, dass sich dieser Geist erhalten hat. Nur die Richtung hat sich etwas verändert. Statt für Demokratie zu kämpfen, wird Demokratie in Mülsen heute von der Kanzel herunter gepredigt. Die Vermittlung von Politik ist eine der wichtigsten Aufgaben in einer Region geworden, die sich von der Bundespolitik im Stich gelassen fühlt. «Es ist leicht, über unsere Politiker zu schimpfen», sagt Pastor Markert, «aber Politikverdrossenheit und Lamentieren bewegen nichts.» Es sei besser, die Politiker in die Gebete einzubeziehen und sich positiv mit ihrer Arbeit auseinanderzusetzen. Amen! Und Abendmahl.

Herr Seifert sitzt schon wieder im Kirchenschiff am Synthesizer. Jetzt spielt er Jazz mit der Jugendgruppe. Der Altarraum verwandelt sich zu einer Art «Deutschland sucht den Superstar». Am Ende, wenn der Pastor an der Kirchentür die Hände schüttelt, sitzt Herr Seifert schon wieder an der Orgel. Dieses Mal, um seine Noten zu ordnen. Er wird gleich noch ein wenig üben, später muss er die Musikpläne aufstellen und die Schul- und Kindergartenarbeit koordinieren. Ein ganz normaler Sonntag in Mülsen. Ich lasse Herrn Seifert allein.

Etwas weiter westlich, in Zwickau, sitzt Matthias Eisenberg in einem dunkelblauen BMW. Ein korpulenter Mann mit Schlabberhemd und einer erstaunlich hohen Stimme für sein Körpergewicht. Er ist ein Unikum. Heute ist er spät dran. Während ich neben ihm sitze, beginnt er einen kleinen singenden Monolog: «Ist viel zu tun heute», sagt er, «wir sollten pünktlich sein, warten alle, alle sind da, gut, dass

Sie auch da sind. Schön, dass Sie das interessiert. Ist ja auch wichtig, wirklich wichtig, ja, sehr wichtig, ist ja nicht mehr so wie früher, ist anders, alles ganz anders.» Matthias Eisenberg ist ebenfalls Kantor – eine Art Gegenmodell zu Martin Seifert. Er ist ein Star der Orgelwelt, gastiert in den USA, in Japan und in Europa, spielt CDs ein und ist einer der gefragtesten Konzertorganisten. Außerdem hat er eine A-Stelle in der größten evangelischen Kirche des Landkreises Zwickau: in St. Moritz. Das opulente Gotteshaus wurde 1892 im historistischen Stil mit neogotischen und neoromanischen Elementen errichtet – viel zu groß für die immer kleiner werdende Gemeinde. Seit der Wende ist Zwickau von 114 600 auf 94 000 Einwohner geschrumpft. Offiziell muss Eisenberg natürlich auch Musikpläne erstellen und sich um die Gemeindearbeit kümmern. Aber das mit der Pädagogik ist nicht sein Ding. Einmal hat er versucht, einen Kinderchor zu gründen – ausgerechnet eine Woche vor den Sommerferien. 30 Kinder kamen zum ersten Treffen, doch nach den Ferien waren nur noch fünf übrig. Der Pastor wollte die Eltern anrufen und nachfragen, aber Eisenberg hatte vergessen, ihre Namen aufzuschreiben. So blieb der Kinderchor stumm.

Für den Organisten von St. Moritz steht die Professionalität seiner Zunft im Vordergrund, die Virtuosität und nicht der alltägliche Kleinkram. «Wissen Sie, es ist doch auch so, dass die Musik, ich meine, der Klang, die Meisterwerke, die sind doch ein Beweis Gottes, weil sie so perfekt sind, so einheitlich und ganzheitlich das Sein des Menschen abbilden, und es ist unsere Verantwortung, dieser Perfektion nahezukommen.» Natürlich weiß Eisenberg auch, dass alle Professionalität nichts taugt, wenn die Kirche abgeschafft wird. Und ihm ist auch klar, dass St. Moritz seit Jahren einem Tod auf Raten entgegengeht – trotz seiner genialen Orgelkonzerte, für die andere Gemeinden viel Geld ausgeben.

Nach der Vereinigung wurde Zwickau mit Millionengeldern saniert, nur die größte Kirche verfiel, da sie einige Meter außerhalb des Sanierungsgebietes lag. Der Mitgliederschwund ist überdeutlich, auf der Empore liegt Staub, und die Bänke sind seit Jahren zusammengeschoben. 2001 ist Pfarrer Frank Manneschmidt aus Hessen nach Zwickau gekommen und versucht seither, die Kirche zu retten. Mit kleinen Teilerfolgen: Das Sanierungsgebiet ist ausgeweitet worden, aber die Gläubigen bleiben noch immer aus.

Matthias Eisenberg ist pünktlich. Inzwischen sitzt er vor der Orgel. Für ihn ist die Krise der Kirche ein Politikum. Kein Wunder, denn für Eisenberg gehörten Politik und Musik stets zusammen. 1980 wurde er als Organist am Leipziger Gewandhaus engagiert und bekam eine der renommiertesten Musikerstellen der DDR. Doch das System wurde ihm zu eng. 1986 siedelte er in den Westen über. Der kommunistische Staat brach den Stab über sein Wunderkind. Selbst Stardirigent Kurt Masur vom Gewandhausorchester, der in der Öffentlichkeit gern als Vereinigungsmusiker auftritt, erteilte dem Republikflüchtling Hausverbot. Eisenberg nahm eine Stelle auf Sylt an, aber die Mentalität der luxuriösen Provinz wurde ihm schnell zu belanglos. Deshalb kehrte er 2004 nach Ostdeutschland zurück. «Ich habe gesehen, dass die Kirchenmusik es schwer hat», sagt er, «ich wollte zeigen, dass gute Musiker etwas bewegen können. Und wenn es nur die Aufrechterhaltung einer alten Tradition in Zeiten des Wandels ist.» Für ihn ist das größte Problem der Kirche, dass sie die Probleme der Gläubigen aus den Augen verliert. «Der Kirche ist die Luft ausgegangen, sie hat den Blick für das Wesentliche verloren. Nach der Wende war die Kirche noch als politische Einrichtung in den Köpfen der Leute, aber dieser Aufgabe wird sie nicht mehr gerecht. Die Menschen waren plötzlich satt, und da sind den Gemeinden die Mitglieder weggebrochen.» Nach diesem kurzen Referat greift Eisenberg wieder in die Tasten. Wenn er verlegen wird, macht er am liebsten Musik. «Das befreit», sagt er.

Heute will er Mozarts «Krönungsmesse» aufführen. Dafür hat er seine Musikerfreunde aus der ganzen Republik zusammengetrommelt. Jeder wird persönlich begrüßt, ebenso wie das Publikum, das etwas spärlich eintrudelt. Es hört sich ein bisschen an, als würde Eisenberg um jeden einzelnen Besucher kämpfen, wenn er seine Säuselstimme auflegt: «Schön, dass Sie da sind, wirklich schön, wird toll heute – Achtung, Stufe –, stolpern Sie nicht, schön, alles gut, toll, dass Sie da sind.»

Nachdem der letzte Ton der Messe verklungen ist, wuchtet sich der Organist von der Empore. Er hat noch einen zweiten Termin. Später am Abend tritt er mit einer Brass Band in einer anderen Kirche auf. Als auch dieses Konzert zu Ende ist, sitzt er müde vor der Orgel: «Ich spiele, organisiere, und wenn ich Zeit habe, muss ich zu Hause auch noch ein wenig putzen.» Dann macht er eine Pause. «Aber ich putze eigentlich gern – das ist auch eine Art Meditation.» Er verlässt die Kirche, steigt in seinen dunkelblauen Kombi und fährt in die Nacht. Wenn Eisenberg später zur Ruhe kommt, wird in Mülsen schon wieder der Wecker klingeln. Herr Seifert wird seine randlose Brille aufsetzen, sein gelbes Jackett überstreifen und die Proben mit den Spatzen vorbereiten.

VI. Die Moral

> «Denn wir wissen, dass das Gesetz geistlich ist, ich aber bin fleischlich, unter die Sünder verkauft. Denn was ich vollbringe, billige ich nicht; denn ich tue nicht, was ich will, sondern was ich hasse, das übe ich aus.»
>
> *Die Bibel, Römer 7,14*

Roman:
Freunde in Überall

Sechstes Kapitel, in dem sich die Bürger von Überall nach der Messe am Prangertag im Hirschen treffen.

Früher wurde Fronleichnam in Überall mit einer großen Prozession gefeiert. Fast das gesamte Dorf nahm an dem Umzug teil. Die Bürger von Überall haben die Monstranz bis zum Lindenweiher getragen, wo Fürbitten gelesen und der Segen erteilt wurden. Inzwischen beschränkt sich die Feier auf eine ausgiebige Messe in der Kirche und den anschließenden Besuch im Hirschen.

In seiner Predigt hat Pfarrer Witte vom Leib gesprochen und von der Seele. Er hat über Jesus geredet. Darüber, was es bedeutet, dass er als Mensch auf die Erde zu uns gekommen ist und als Erlöser – als einer von uns, der unsere Sünden sühnt. Der Pfarrer sprach davon, dass wir von ihm lernen könnten, und darüber, wie wir leben sollten, als Nachkommen der Sünder Adam und Eva. Der Priester hat über die Verlockungen der Welt für uns Menschen gesprochen und darüber, welch große Prüfung es sei, der Moral des Geistes mit dem Körper standzuhalten. Pfarrer Witte hat darüber gepredigt, dass kein Mensch frei von Sünde ist – und dass es tugendhaft sei, Sünden zu vergeben.

Er hat sich besonders viel Mühe mit seiner Predigt gegeben, doch am Ende ist er nicht sicher, ob die Überaller den Sinn seiner Worte wirklich verstanden haben. Und jetzt, da sie im Hirschen zusammensitzen, sprechen die Gläubigen von Überall tatsächlich über ganz andere Dinge als über die Worte des Pfarrers.

Fritz, Waltraud, Hans und Inge sitzen mit den Alten am Stammtisch, die Jüngeren stehen an der Theke. Die Alten reden über ihre Arbeit und ihre Kinder. Waltraud erzählt, dass Paula gestern im Garten über 100 Seilsprünge geschafft hat, und vor Erschöpfung fast umgefallen ist und dass sie wirklich ein sehr tolles und niedliches Kind sei. Fritz fragt Hans, wann Tim denn endlich auszöge. Hans lacht und antwortet, dass Überall eher von einem Erdbeben zerstört würde, als dass sein Sohn je eine Frau fände. Dann bestellt er eine Runde Korn für den ganzen Tisch. Nur über Dorothea schweigen sich die Überaller an diesem Mittag aus.

Beträte ein Fremder in diesem Moment den Hirschen, könnte er meinen, in die Dorfidylle eines Heimatfilms geraten zu sein.

An der Bar wird gelacht. Stefan erkundigt sich bei Tim, ob die Fernsehleute von «Landwirt sucht Dame» sich gemeldet hätten. Zur allgemeinen Verblüffung antwortet Tim: «Wartet's nur ab. Sie werden kommen.»

«Heißt das, sie haben dir geantwortet?»

Tim lächelt, und die anderen starren ihn an. «Sie haben mich allerhand Dinge gefragt, über das Dorf, meine Kindheit – ich habe ihnen alles erzählt. Und nun wollen sie sich das selbst ansehen. Ich glaube, sie mochten mich.»

«Was hast du ihnen denn erzählt?», will Stefan wissen.

«Alles», antwortet Tim.

Ulrich ist außer sich: «Das geht die überhaupt nichts an. Die haben hier nichts zu suchen. Sag mal, bist du so beknackt? Kapierst du nicht, dass die hier jeden Stein umdrehen werden? Dass hier nichts mehr sein wird, wie es ist, wenn die vom Fernsehen erst da sind?»

Frank, der das Gespräch schweigend und ohne mitzulachen angehört hat, fragt, ob Tims Vater darüber Bescheid weiß – und was er dazu meint.

«Vater wird sich freuen, ich habe denen vom Fernsehen erzählt, dass er an einer Geschichte über unser Dorf schreibt. Vielleicht wird sein Buch so ein Erfolg.»

«Das interessiert doch niemanden. Hast du ihnen etwa auch die Lügengeschichte über Opa erzählt?»

Tim stottert und gesteht: «Tut mir leid, Frank. Ich glaube, ja. Sie haben mich gefragt, worüber Papa schreibt – und ich weiß doch gar nicht, was er schreibt, nur dass er diese Sache mit deinem Großvater herausgefunden hat.»

«Was für eine Sache?», fragt Ulrich.

«Das mit den Juden aus der Mühle, dass Franks Opa sie verraten hat ...»

«Frank ist ein Nazienkel? Habe ich mir doch gedacht. Hat hier irgendjemand keinen Dreck am Stecken?» Ulrich lacht.

«Ich glaube es nicht!», sagt Frank. «Und ich lasse dich bei mir arbeiten!» Ohne ein weiteres Wort verlässt er den Hirschen.

«Tut mir leid, Frank ...» Tims Worte erreichen den Bauern nicht mehr. Als Frank die Tür des Gasthofs mit einem Knall zuschlägt, wird es für einige Sekunden still am Stammtisch. Doch dann beginnen die Alten wieder zu reden. Irgendeiner sagt: «So sind sie eben, die Kinder!»

«Du mieses kleines Schwein! Du bist genau so wie deine Schwester! Ihr seid beide Huren. Sie verkauft ihren Körper und du das ganze Dorf!»

Als Ulrich Tim anschreit, fällt Stefan ihm ins Wort. «Nun mach mal halblang. Ist ja schon gut. Und vor allen Dingen lass Doro da raus.»

«Nichts ist gut!»

Stefan bleibt ruhig: «Woher weißt du das mit der Hure? Warst du etwa selbst im Puff?»

Die anderen lachen, und die Anspannung an der Bar lockert sich. Nur Susanne schweigt. Was sie hört, ist ein weiteres Mosaik im Puzzle, das sie seit einigen Wochen beschäftigt. Angefangen hatte es damit, dass sie vor zwei Wochen zufällig den Verlauf in Ulrichs Computer geöffnet und eine der aufgelisteten Seiten angeklickt hat. Was sie sah, konnte sie zunächst nicht glauben: gefesselte, nackte Frauen, die von Männern geschlagen und gedemütigt wurden. Was wäre, wenn eines der Kinder diese Seiten gesehen hätte?

Einige Tage später, als Ulrich an der Tankstelle war, hat Susanne heimlich sein E-Mail-Konto geöffnet. Im Posteingang fand sie die Mail einer Frau, die sich «SklavinBedingungslos66» nannte. Susanne löschte die Mail, ohne sie zu lesen. Danach hat sie in Ulrichs Computer allerdings nichts Verdächtiges mehr gefunden.

Als Stefan nun seinen Spaß mit dem Bordell macht, beschließt sie, mit Pfarrer Witte über diese Dinge zu sprechen. Doch als Susanne den Pfarrer sucht, um zu fragen, ob sie in den nächsten Tagen einmal vorbeikommen könne, findet sie ihn nicht. «Merkwürdig», denkt sie, «sonst kommt der Pfarrer nach der Messe immer in den Hirschen, mindestens auf ein oder zwei Kirschwasser.»

Am Tresen versucht Ulrich die Situation zu retten. «Warum setzt du dich überhaupt für die Schlampe ein,

Schwägerchen», fragt er Stefan, «hattest du etwa auch was mit ihr?»

«Vergiss es», antwortet Stefan, «lass uns die Sache vergessen.» Dann bestellt er zwei Bier bei Günter, gibt Ulrich die Hand und fragt: «Freunde?» Ulrich antwortet: «Freunde.»

Zur Lage: Von allen guten Geistern verlassen

Heute wird auf dem Land alles diskriminiert, was anders ist und fremd. Die Dörfer sind die neuen Problembezirke der Nation.

Schriftsteller finden an abgelegenen Orten oft das, was sie zum Weben ihrer Geschichten brauchen: überschaubare Charaktere, dunkle Geheimnisse, die eine ganze Dorfgemeinschaft bestimmen, und ganz eigene Regeln und Gesetze, die in der großen weiten Welt keine Gültigkeit haben. Die meisten Dorfromane funktionieren nach dem gleichen simplen Schema: Etwas Fremdes dringt von außen in den kleinen Kosmos ein und stellt das ländliche Idyll auf den Kopf. Unterdrückte Bedürfnisse, Ängste und Sehnsüchte führen zu absurden Taten.

Inzwischen hat die Wirklichkeit die Literatur längst eingeholt.

Während großstädtische Problembezirke unseren Medien hohe Auflagen und Einschaltquoten und uns eine wachsende Angst vor Entmoralisierung und Radikalisierung unserer Gesellschaft bescheren, haben sich viele ländliche Regionen zu gefährlichen Krisenherden entwickelt. Mobbing,

Ausgrenzung und gewalttätige Exzesse unter Dorfbewohnern gehören zum alltäglichen Bild der deutschen Provinz. Fremde sind hier nicht willkommen. Diese Entwicklung beginnt, ähnlich wie in einem guten Roman, meist ganz undramatisch: in der Welt der Sehnsüchte und der Phantasie.

Die Stadtplanerin der 3000 Einwohner zählenden Gemeinde Merken bekam einen Einblick in die Gedanken der Jugend, als sie sich im Gemeindehaus mit Teenagern traf, um Verbesserungsvorschläge für das Dorf zu diskutieren. In Wahrheit ist Merken allerdings gar kein Dorf, sondern seit 1972 ein Stadtteil von Düren. Der einzige, der durch die A4 von der Mutterstadt getrennt ist.

Im Pfarrhaus St. Peter hat die Stadtplanerin die Jugendlichen gebeten, ihr Traumdorf zu skizzieren. Die Skizzen waren offenherzig und verblüffend: Zunächst forderten sie nackte Bedienungen im Jugendhaus – ausgezogene Frauen für die Jungen und nackte Männer für die Mädchen. Außerdem wollten sie gern die Alten aus ihrer Stadt vertreiben. Das ideale Merken der Jugendlichen ist jung. Sie forderten einen größeren und sauberen Badesee und eine kleinere Kirche. Statt des Gotteshauses, das den Ort heute dominiert, wünschten sie sich einen Rollerladen, eine Tankstelle, ein Hamburgerrestaurant und eine Diskothek. Wenn Merken irgendwann einmal so aussehen sollte, wie es sich die Jugendlichen vorstellten, wollten sie auch gleich noch eine Mauer um das Dorf gezogen haben – damit die Bewohner der anderen Stadtteile Dürens sie nicht stören. Besonders die Hovener von der anderen Seite der Autobahn sind den Jugendlichen aus Merken ein Dorn im Auge. Auf ihren Bildern haben die Merkener deshalb den Spruch geschrieben: «Die Hovener sollen draußen bleiben.»

Die Teenager in der Pfarrei haben die dunkle Seele eines modernen Dorfes zum Ausdruck gebracht. Eine Gemeinschaft, die sich zwar am Außen orientiert – an der Pornographie aus dem Internet, an einem Schnellrestaurant, wie es in jedem Winkel der globalisierten Welt steht, und an einem Rollerladen, der grenzenlose Freiheit verspricht. Gleichzeitig war es den Merkenern aber auch wichtig, die hermetische Abgeschlossenheit ihres Ortes zu wahren, ihn sogar durch eine Mauer zu sichern. Die Skizzen machen klar, dass die latente Amoral längst in den Köpfen nistet.

Die Wissenschaftler Friedrich Hauss, Rainer Land und Andreas Willisch haben festgestellt, dass Dörfer und Kleinstädte in Deutschland bis in die achtziger Jahre als perfekte Schnittstellen funktionierten, in denen die eigene Identität gepflegt und das Außen verarbeitet wurde. Im Zentrum stand die Gemeinschaft, die meist landwirtschaftlich orientiert war und durch moralische Instanzen gelenkt wurde: durch die Ethik der Kirchen, die Gemeinschaft der Sportvereine oder die Hierarchie und die Gesetzmäßigkeiten der landwirtschaftlichen Betriebe. Um sie herum gruppierte sich das Dorfleben mit Kneipen und Läden. Die Außenwelt wurde nur selektiv wahrgenommen, meistens wenn es um den eigenen Handel oder die nationale Politik ging. Beides wurde nach den Regeln der Gemeinschaft debattiert. Heute ist die Situation grundlegend anders: Den Pendlerdörfern, den Speckgürteln der Städte und den Kleinstädten fehlen die landwirtschaftliche Mitte und zunehmend auch die moralischen Instanzen. Das Außen bestimmt den Alltag, die Gemeinschaft verliert an Bedeutung. In Dörfern, die von größeren Städten weit entfernt liegen, spitzt sich die Situation noch dramatischer zu: Den wenigen Landbewohnern fehlt die Infrastruktur, sie fühlen sich nicht nur von der Außenwelt abgeschnitten, sondern auch vergessen. Karl-Dieter Keim, Professor für Stadt- und Regionalentwicklung, behauptet, dass ländliche Gemeinden den Entscheidungen, die in Bund und Land gefällt werden, längst macht- und hilflos gegenüberstehen: «Den Akteuren gelingt es nicht, sich aufgrund ihrer schwachen sozialen Stellung in dünnbesiedelten Räumen zusammenzuschließen und eine Gegenmacht zu bilden, um Handlungsspielräume für die Gestaltung eigener Lebensvorstellungen zu gewinnen.» Das Dorf ist zur Sackgasse geworden. Die Konsequenz ist, dass die dorfinterne Moral sinkt und der Hass gegenüber dem Außen zunimmt. So wie bei den Jugendlichen von Merken.

Zwar kannte auch das heile Asterix-Dorf raue Sitten (Fesselung des Dorfbarden und Schlägereien mit dem Fischverkäufer), aber es zog seine Legitimation aus dem erfolgreichen Kampf gegen den wirklichen Feind. Die Römer, die das gallische Dorf gleichschalten wollten, wurden durch die Stärke der dörflichen Tradition und die Bauernschläue von Asterix' Freunden geschlagen. Doch derartige Dörfer, die der nationalen Übermacht Paroli bieten können, sind selten geworden. Heute gleichen unsere Landgemeinden eher den Kleinstädten Shelbyville und Springfield aus der Comicserie «Die Simpsons»: Zwei ähnlich trostlose Orte, die sich gegenseitig hassen, ohne zu merken, dass der Hass auf den anderen eine perfide Form des Selbsthasses ist. Hier, wo man sich vom Staat vergessen fühlt, wandelt sich die alte Dorfgemeinschaft zu einer zunehmend morallosen Frustgemeinschaft. Und so verrohen schon lange nicht mehr nur die Ghettos der Großstädte, sondern auch die letzten Idyllen auf dem Land.

Meldungen wie jene von einem Bauern aus dem bayrischen Lichtenfels, der die behinderte Tochter eines konkurrierenden Nachbarn vor seinem Traktor durchs Dorf trieb, mehren sich. Weniger medientauglich, aber dafür längst ein Dauerzustand ist die Ächtung der Sozialfälle innerhalb der Dorfgemeinschaften. Das Sozialwissenschaftliche Institut der EKD stellte in einem dramatischen Bericht fest, dass die Vereinzelung im ländlichen Raum bedrohlich zunimmt. «Menschen in Armut empfinden und erleben immer wieder Ausgrenzung durch andere», heißt es. Die wachsende Zahl von Armen und Hilfesuchenden führt zu einer Entsolidarisierung. «Wer betroffen ist, reagiert auf Grund verschiedener Kränkungen und Entmutigungen besonders sensibel auf Störungen im zwischenmenschlichen Kontakt. Weil die Betroffenen versuchen, sich und ihren Mangel verborgen zu halten, leben Menschen in Armutssituationen im ländlichen Raum oft vereinzelt, ohne Kontakt zu anderen in ähnlicher Situation.»

Dass sich die Jugendlichen von Merken nackte Bedienungen im Jugendheim wünschen, könnte man als pubertäre Laune verbuchen, und die Stadtplanerin reagierte, indem sie ihnen FKK-Bereiche am See versprach. Tatsächlich aber ist die sexuelle Aufgeladenheit auf dem Dorf ein Effekt, den die wachsenden sozialen Probleme, die steigende Arbeitslosigkeit und der Einzug neuer Medien in die Provinz nach sich ziehen. Auch die Ausgrenzung von Randgruppen gehört längst zum Alltag. So ist Homosexualität noch immer ein Tabu.

Im WDR-Film «Schwule Sau» wird der junge Kevin vorgestellt, der gemeinsam mit einem Reporter seinen alten Dorfpfarrer besucht. Er hat Kevins sexuelle Orientierung schon früher gebrandmarkt und bleibt auch heute seiner Meinung treu: «Wenn einer unkeusch in seinem Leben ist und mit Unkeuschheit viel zu tun hat, dann muss er das doch nicht an die große Glocke hängen.» Außerdem gibt der Pfarrer Kevin mit auf den Weg: «Gott liebt zwar alle Menschen – aber nicht alle gleich.»

An diesem Beispiel wird die neue Orientierungslosigkeit auf dem Land deutlich. Während die Freizügigkeit der Städte die Provinz erobert, wird sie hier gleichzeitig mit den alten überkommenen Werten konfrontiert. Auch im Wunsch der Merkener Jugendlichen, die Alten aus dem Dorf zu verbannen, wird ein neuer Kulturkampf auf dem Land erkennbar: Die Jungen protestieren mit radikalen Forderungen gegen die Übermacht der traditionsbewussten Alten.

Noch radikaler als innerhalb der Dorfgemeinschaften formiert sich der Hass auf dem Land inzwischen gegen alles Fremde. Immer mehr Dorfbewohner fühlen sich durch den Abbau der Arbeitsplätze in der Agrarwirtschaft und die Abwicklung dörflicher Wirtschaftsstrukturen von der Außenwelt im Stich gelassen – die Konsequenz ist ein neuer Kampf der Dorfgemeinschaften gegen das Außen.

In einem Internetforum erzählt der Benutzer «Goleo» unter dem Thema «Mobbing im Dorf» seine eigene Geschichte: «Berufsbedingt musste mein Vater in ein kleines Eifeldorf ziehen. Wir wurden zwar aufgrund seines Berufes geduldet und respektvoll behandelt. Aber stets distanziert. Freundschaften oder Einladungen gab es nicht. Erschwerend kam hinzu, dass ich als einziges Kind meiner Grundschulklasse aufs Gymnasium ging und dadurch Fahrschüler wurde. Allerdings bekam ich auf dem 20 Kilometer entfernten Gymnasium endlich nette Kontakte zu anderen Kindern, mit denen ich allerdings wegen der unterschiedlichen Wohnorte nur gelegentlich die Nachmittage verbringen konnte. Sofort nach dem Abi zogen wir Geschwister jeweils in die Großstadt, und meine Eltern zogen nach der Pensionierung meines Vaters wieder in ihre alte Heimat.» Diese Geschichte zeigt nicht nur die latente Berührungsangst des Dorfes vor dem Fremden, sondern auch die längst gängige Abwanderung kluger Menschen aus den zunehmend unsensiblen und unaufgeschlossenen Dorfgemeinschaften. Die Verlagerung von Gymnasien und Bildungseinrichtungen in die

Stadt und die wachsende Dummheit auf dem Land sind der Anfang vom Ende der Moral in den Dörfern.

Radikaler als «Goleo» bekam ein Paar aus Marburg den Fremdenhass eines ganzen Dorfes zu spüren. Die beiden kauften sich mit Hilfe des Ortsvorstehers ein altes, heruntergekommenes Landhaus, um ihren Traum von einem Leben in der Natur zu verwirklichen. Die Renovierungen dauerten sechs Jahre. Um die Kosten zu decken, richteten die beiden eine kleine Pension ein, in der sie einen «sanften Tourismus» etablieren wollten. Für den Umbau wurden sie mit dem Hessischen Denkmalschutzpreis ausgezeichnet. Doch die Dorfgemeinschaft strafte das Engagement der Städter. Schon zur Einweihungsfeier kamen fast ausschließlich Freunde aus Marburg, obwohl das ganze Dorf eingeladen war. Der Hass manifestierte sich, als die Frau aus der Stadt sich weigerte, am Dorfritual teilzunehmen, und sich nicht regelmäßig mit «Kümmerling» und «Schlüpferstürmer» betrinken wollte. Wenn Gäste in der Pension wohnten, begannen die Bauern, Traktoren vor das Haus zu stellen und den Motor laufen zu lassen. Irgendwann fanden die Zugezogenen Bierflaschen und Scherben in ihrem Hof, die Verandatür wurde mit einem Holzpflock gerammt, die Gartenstühle in den Teich geworfen und die Rosen abgeknickt. Höhepunkt der Diskriminierung war ein Schmählied auf die Neuen, das im Dorf kursierte und sogar auf dem Dorffest gesungen wurde – so lange, bis der Veranstalter den Strom abdrehte. Erst als der Pfarrer sich einschaltete und um Mäßigung bat, wurde es etwas ruhiger. Die offene Gewalt wich einer Eiseskälte – und das Paar zog schließlich zurück in die Stadt.

In vielen ostdeutschen Provinzen verschärft sich die ländliche Angst vor dem Fremden durch eine politische Besetzung: Neonazis instrumentalisieren die gefährliche Mischung aus stumpfsinniger Heimatliebe und Fremdenhass, sie sprechen bewusst die zurückgebliebenen, arbeitslosen Männer an und fischen vorwiegend in Gebieten, die vom Rest des Landes aufgegeben wurden: in ländlichen Regionen, die durch infrastrukturelle Sparmaßnahmen vom Leben in Deutschland abgeschnitten wurden. So sind mitten in Deutschland Dörfer entstanden, die zu rechtlosen Gebieten geworden sind. In ihnen herrschen Gesetze, wie wir sie nicht einmal aus den schlimmsten Problembezirken der großen Städte kennen: Fremde und Polizei fürchten sich, hier aufzukreuzen, um Recht und Ordnung wiederherzustellen.

Vor einigen Jahren hat das Dorf Jamel bei Gängelow in der Nähe von Wismar für Furore gesorgt. Am 20. April 1992, am 103. Geburtstag Adolf Hitlers, wurde im Gutshaus der Familie K. ein nationalsozialistisches Fest gefeiert, bei dem sich 120 Jugendliche unter der Reichskriegsflagge betranken. Bereits im Vorfeld hatte eine benachbarte Familie gegen das Gelage protestiert. Diese Familie war die einzige im Dorf, die den Nazis Paroli bot. Dafür wurden ihre Hühner auf Gartenzäune gespießt, und vor der Feier drohten die Nazis: «Heute räuchern wir euch aus.» Nur vier Polizisten waren anwesend, als die Nazis das Haus stürmen wollten. Erst als Verstärkung gerufen wurde, beruhigte sich die Lage allmählich. Doch diese Eskalation war nur der Beginn einer traurigen Geschichte. Die Nazis waren entschlossen, Jamel zu übernehmen. 2003 entdeckten Wanderer, dass eine private, gut ausgerüstete Wehrkampftruppe im Wald vor Jamel Manöver probte. Als ein anderes Gutshaus im Dorf verkauft wurde und der neue Eigentümer das Dach repariert hatte, wurde es über Nacht angezündet. Nachdem der Neu-Jameler auch noch zusammengeschlagen worden war, zog er wieder weg. Auch ein weiteres Haus am Ortseingang, das zum Verkauf stand, brannte aus. Als eine Familie aus Hamburg einziehen wollte, wurde sie mit dem Graffiti «Verpisst euch» empfangen. Die Familie investierte 7000 Euro in die Renovierung, aber nachdem zweimal eingebrochen wurde, gab sie ebenfalls auf und zog zurück in die Hansestadt. Irgendwann waren von den 41 Einwohnern in Jamel nur noch 20 übrig.

Sicherlich ist Jamel eine extreme Ausnahme, aber eben auch keine literarische Erfindung. Die Bevölkerungsdichte auf dem Land verringert sich, Moral und Anstand verschwinden, und zurück bleiben Bewohner, die ihren Frust innerhalb der Dorfgemeinschaften und gegenüber Fremden hemmungslos ausleben. Schon jetzt sind einige Dörfer Deutschlands von allen guten Geistern verlassene Ghettos.

VOR ORT:

Kein Vergeben – kein Vergessen!

Ein NPD-Funktionär kauft ein Offiziersheim in der Provinz und stellt die Moral eines Dorfes auf die Probe. Am Ende siegen die Wölfe.

Das nächste Ziel auf meiner Deutschlandreise wollte ich mit dem Navigationssystem suchen. Aber als ich den Ort «Dörverden» und das Haus «Heisenhof» eingegeben hatte, rechnete mein Bordcomputer sehr lange, um mich dann zu fragen, ob ich die Polizeiwache in Dörverden meine. Das gleiche Resultat erhält jeder, der «Heisenhof» bei Google Maps sucht: Statt zum Anwesen wird er direkt in die Hände der Staatsmacht navigiert. Es lässt sich nicht genau feststellen, wer für diesen geheimnisvollen Link zuständig ist, ob es die Programmierer des Aktionsbündnisses gegen den Heisenhof waren oder der Verfassungsschutz. Auf jeden Fall ahne ich, dass ich das richtige Ziel eingegeben habe. Denn es könnte spannend werden, einen Ort zu besuchen, der zwar seit Jahren in den Schlagzeilen der Medien steht, den einige Menschen aber am liebsten von der Landkarte verschwinden lassen wollen.

Seit der Rechtsanwalt, der reiche Erbe, der abenteuerliche Börsenspekulant und der NPD-Propagandist Jürgen Rieger den Heisenhof 2004 über seine dubiose «Wilhelm-Tietjen-Stiftung für Fertilisation» gekauft hat, ist Dörverden nicht mehr zur Ruhe gekommen. Zunächst sollte die vermeintliche Stiftung als eine Art «arische Samenbank» dienen, in der an der Zukunft der sogenannten «Herrenrasse» getüftelt werden sollte. Natürlich verbarg sich hinter diesem Projekt nichts anderes als faschistoider Mumpitz, und der Heisenhof wurde in Wirklichkeit als Versammlungsort für gewaltbereite Jungnazis genutzt. Jürgen Rieger hat es mit seinen radikalen Theorien geschafft, die NPD zu spalten. Anders als die gemäßigtere, aber mittellose Führungsspitze der Neonazis um Udo Voigt forderte er ein handfestes Vorgehen seiner Kameraden, plädierte für aggressive Aktionen und wollte die NPD in den alten Bundesländern mit den gleichen Mitteln wie in der ehemaligen DDR zum Erfolg führen: Präsenz, Brutalität und negative Schlagzeilen. Bei den Hamburger Mai-Krawallen reihte Rieger sich selbst in den Block der Autonomen Nationalsozialisten ein. Der Heisenhof im beschaulichen Dörverden sollte einer seiner wichtigsten Standorte werden – hier wurden Jugendliche auf Seminaren ideologisch vorbereitet, und hier sollte eine Art Niedersachsen-Zentrale entstehen, in der die NPD jenseits der Öffentlichkeit ihre Kader schmieden wollte.

Rieger selbst residierte allerdings lieber auf seinem Landsitz im fernen Schweden oder in seiner Villa in Blankenese bei Hamburg. Der niedersächsische Verfassungsschutz gibt seinen Aktivitäten eine erhebliche Mitschuld daran, dass die Neonazis in den ländlichen Gebieten Niedersachsens Erfolge feiern. Rieger schien zu planen, die NPD von den Dörfern in die Städte wachsen zu lassen. Vielleicht weil er ahnte, dass das Frustpotenzial der Menschen hier größer ist. Auf sein Geheiß verteilten die NPD-Mitglieder Flugzettel an Schulen. Einmal eskalierte die Situation. Der sogenannte «Stützpunktleiter der Jungen Nationaldemokraten» verteilte Handzettel in Verden und begann einen Disput mit einem Journalisten. Der junge NPD-Mann schleuderte den Reporter auf die Motorhaube seines Autos, fuhr los und stoppte, sodass der Journalist von der Kühlerhaube fiel, sein Knie verletzte und sich eine Gehirnerschütterung zuzog. Die Polizei stellte den Wagen des Täters auf dem Heisenhof sicher. Ein anderes Mal fiel ein junger Mann vom Heisenhof in Verden über eine Schülerin her. An diese Art Zwischenfälle wollten sich die Dörverdener nicht gewöhnen – sie begannen gegen die Neonazis zu demonstrieren.

Bei all diesen Informationen bin ich ein bisschen beruhigt, dass mein Navigationssystem nicht sofort die Route zum Heisenhof preisgibt, also auch nicht jeder Neonazi auf Anhieb den Weg dorthin findet.

Dörverden ist ein merkwürdiger Ort: An der Hauptstraße stehen gigantische alte Gehöfte, es gib ein kleines Einkaufszentrum, eine Dorfkneipe und eine Spielhalle. Wenn man in die Seitenwege einbiegt, erreicht man kleine Hochhaussiedlungen, die zum großen Teil von Ausländern bewohnt werden. Es ist selten, dass ein deutsches Dorfidyll so hart auf ein großstädtisches und multikulturelles Leben trifft.

Während ich durch die Straßen fahre, halte ich Ausschau nach dem Heisenhof – allerdings ohne Erfolg. Ich erfahre, dass das Anwesen im Stadtteil Barme liegt, einige Kilometer von Dörverden entfernt. Früher diente der Heisenhof als Offiziersheim der Bundeswehrkaserne. Die Kaserne wurde 1958 errichtet, und zu ihrer Hoch-Zeit waren hier über 4000 Soldaten stationiert: das Panzergrenadierbataillon 71, einige Pionierbataillone, ein Raketenartilleriebataillon und Teile der US-Streitkräfte. Als der Standort 2003 aufgegeben wurde, misslang Dörverden der Strukturwandel. Die alten Kasernengebäude wurden in günstige Wohnflächen verwandelt, die eine sozial schwache Klientel anlockten. Ein Großteil des Kasernenareals verrottet bis heute. Da war man froh, wenigstens das Offiziersheim an eine Stiftung verkaufen zu können. Ein Fehler, unter dessen Nebenwirkungen Dörverden bis heute leidet.

Obwohl der Heisenhof leersteht, seit Jürgen Rieger im Oktober 2009 verstarb und seine Vermögensverhältnisse ungeklärt blieben, erreicht die NPD hier noch immer fast fünf Prozent der Wählerstimmen und stellt einen der 24 Ratssitze in Dörverden. Der wirtschaftliche Niedergang der Landwirtschaft und die misslungene Abwicklung der Kaserne haben den Ort zum Problemviertel werden lassen. An den zwei Welten der Hochhausbewohner und der Dorfeinwohner zeigt sich, dass viele Dörverdener das Miteinander der Kulturen nicht gelernt haben – anders als die Einwohner Neuköllns oder Kreuzbergs. Hier, auf dem Land, leben sowohl die alteingesessenen Bauern als auch die zugezogenen Migranten in hermetischen Parallelgesellschaften. Die NPD vor Ort versucht diese Gegensätze zu nutzen und heizt die Stimmung an. Gerade hat sie eine neue Pressemitteilung veröffentlicht, in der sie darauf aufmerksam macht, dass der Lebensmittelmarkt von Ausländern überfallen worden sei, und fragt, warum die Polizei zwar immer noch den verwaisten Heisenhof bewache, aber nichts gegen die Kriminalität der Migranten unternehme. Nicht alle Dörverdener sind resistent gegen derartige Hetzkampagnen.

Auch Barme ist auf den ersten Blick ein merkwürdiger Ort. Er liegt direkt an der Weser. Ein großes Restaurant mit Blick aufs Wasser lädt zum Verweilen ein. Aber wer mit Vorurteilen hierherkommt, wird schnell fündig: «Ostpreußen» hat sich jemand in großen Lettern an seine Hauswand geschrieben, und in einem kasernenähnlichen Wohngebiet hängen allerhand Reichsflaggen aus den Fenstern. Mitten in diesem Wohnviertel steht eine Kirche, vor der ein Stein an gefallene Soldaten der beiden Weltkriege erinnert. Nur vom Heisenhof noch immer keine Spur.

Ich sehe, wie ein älterer Herr eine Tischtennisplatte auf dem Spielplatz reinigt. Es ist mir etwas peinlich, ihn nach dem Weg zu fragen. Ich steige trotzdem aus und merke, dass es dem Mann ebenso peinlich ist, eine Antwort auf meine Frage zu geben. «Ist da heute wieder was los?», fragt er.

Immerhin war in den letzten Jahren viel los, rund um den Heisenhof. Besonders wenn das Bürgerbündnis gegen Nazis Demonstrationen veranstaltete. Der Vorsitzende kommt übrigens nicht aus Dörverden, sondern aus Bremen. «Heute ist nichts los», beruhige ich den Mann, «ich will mir das Gebäude nur ansehen.» – «Es liegt an der Hauptstraße, in der Kurve – können Sie nicht verfehlen.» Trotzdem verpasse ich den Heisenhof wieder, fahre an ihm vorbei, biege eine Straße zu spät ein und lande auf einem anderen Gehöft. Es ist hell beleuchtet, viele Autos stehen auf dem Parkplatz. Eine Familie hat das Anwesen zu einer Wellnessoase mit edlem Restaurant verwandelt. Endlich stehe ich vor dem Jägerzaun, der den Heisenhof und seinen Garten von der Straße trennt. Es ist dunkel – keine Polizei weit und breit. Ein gigantisches Areal mit wunderschönem Backsteingebäude. Gegenüber haben die Heisenhof-Gegner ein Mahnmal errichtet. Denn pikanterweise stand hier im Zweiten Weltkrieg eine Rüstungsfabrik, in der Kriegsgefangene und Zwangsarbeiter eingesetzt wurden. Auf der Tafel ist zu lesen: «Zum Gedenken aller ZwangsarbeiterInnen, die während der Zeit des Nationalsozialismus hier in der Pulverfabrik Eibia ausgebeutet wurden und ihr Leben lassen mussten. Kein Vergeben – kein Vergessen!» Die Tafel ist mit Stacheldraht umzäunt. Ein gespenstischer Anblick. Besonders die letzten Zeilen machen mich stutzig: «Kein Vergeben – kein Vergessen!»

Tatsächlich scheint der Hass die Stimmung in Dörfern zu bestimmen, in denen die Neonazis eingezogen sind, um die Moral einer kleinen Gemeinschaft vor den Augen der Welt in Frage zu stellen. Während in Großstädten versucht wird, Neonazis wieder in die Gesellschaft einzugliedern, werden sie hier ausgegrenzt. Es scheint in den Dörfern weder pädagogische noch soziale Projekte zu geben, mit denen die Neonazis für das Gemeinwesen begeistert werden können. «Kein Vergeben – kein Vergessen» ist ein Slogan, der nicht unbedingt für eine zukunftsfähige Auseinandersetzung mit den Problemen spricht, die in Dörverden aufeinanderprallen: das Sterben der Landwirtschaft und Migrationsflut, Armut und Neonazis. Während Großstädte versuchen, gegen rechte Gewalt aufzuklären, wird sie auf dem Land fast militant bekämpft. Ich beschließe, das Kasernenareal noch einmal zu umrunden, bevor ich Barme wieder verlasse. Auf einem kleinen Waldweg passiere ich zufällig einen Neubau. «Wolfcenter» steht in großen Lettern auf einem Schild, und ich erkenne Freigehege mit Schafen und spielenden Kindern. Hier werden Seminare über die Lebensumstände von Wölfen abgehalten, eine Dauerausstellung erklärt ihre Lebenswelt, es finden Schaufütterungen statt, Wolfsnächte, Studienreisen und Kindercamps. Ich erfahre, dass das Wolfcenter nicht von der Stadt, sondern privat betrieben wird.

Auf meiner Heimfahrt überlege ich, wie merkwürdig es ist, dass sich die Politiker der Gemeinde Dörverden seit Jahren so vehement dafür ins Zeug gelegt haben, eine längst verlassene Neonazi-Ruine aus dem Internet und aus der Wirklichkeit zu entfernen. Wie viel Aufwand betrieben wird, um etwas zu verbergen, mit dem man politisch offensiv umgehen sollte. Inzwischen hat die Stadt Abrissbeschlüsse erwirkt. Dabei könnten gute Ideen, wie das Wolfcenter, dem Ort ein neues, positives Image geben. Und deshalb halte ich es für angebracht, an dieser Stelle des Buches den einzigen Freizeittipp auszusprechen: Ein Besuch im Wolfcenter von Dörverden ist ein Naturereignis. Es beweist, wie eine kreative Einrichtung die Nazi-Wölfe verbannen und einem Dorf, das sich selbst verloren hat, ein Stückchen Selbstverständlichkeit zurückgeben kann.

VII. Der Sex

«Der Knabe hatte bei irgendjemandem gesehen, dass der sich an den feinsten Nerven seines Körpers schadete, wo auch Gottes Gebot heilige Schranken errichtet hat. Der Knabe ahmte diese Handlung nach und konnte nicht mehr damit aufhören, zerrüttete so schließlich alle seine Nerven, dass er daran zu Grunde ging.»

Der Pfarrer zu seinem Sohn in «Das weiße Band»

Roman:

Handlangung am Lindenweiher

Siebtes Kapitel, in dem sich Dorothea mit den Männern von Überall trifft – aber nicht, um mit ihnen zu sprechen.

Dorothea hatte das Pfarrhaus verlassen und war in Gedanken versunken, als sie die Dorfstraße hinunterging. Als es hinter ihr hupte, erschrak sie. Ulrich hatte die Scheibe seines BMW heruntergekurbelt, den Ellenbogen herausgehängt und fuhr im Schritttempo neben ihr.

«Du bist tatsächlich zurück!»

Dorothea brauchte einige Sekunden, um sich zu sammeln und die Wut zu kontrollieren, die in ihr aufstieg. Sie ging schweigend weiter. Aber Ulrich ließ nicht ab: «Warum so stolz, Doro? Sprichst du nicht mehr mit deinen alten Freunden?» Als Dorothea noch immer nicht antwortete, sagte er: «Meinetwegen – ich kann es auch allen erzählen. Du weißt schon …»

«Tu was du willst, Ulrich, aber lass mich in Ruhe.»

«Doro-Baby, nun hab dich doch nicht so. Ich geb dir 'n Fuffziger.»

Dorothea zischte ihm über die Straße zu: «Halt's Maul, Ulrich!»

«Na, so hörst du dich doch schon ganz anders an, Kleine. Komm, Doro, du willst es doch auch: Ich gebe dir 70!»

Dorothea war nicht gekommen, um sich zu rächen, aber nun stieg sie wortlos in Ulrichs Auto. Er steuerte es zum Lindenweiher und parkte am Ufer. Hier zog Ulrich sich die Hose herunter und penetrierte sie. Ein kurzer, schmerzvoller Akt, bei dem er schnell und hart in sie eindrang, ihre Brüste in seinen Händen hielt und mit seiner Zunge über ihre Haut leckte. Dorothea ließ all das mit geschlossenen Augen und ohne Regung über sich ergehen. Am Ende steckte ihr Ulrich einen 100-Euro-Schein zu: «Stimmt so, Kleines, bist 'ne klasse Hure!» Er sagte, dass sie sicherlich verstehen würde, dass er sie nicht mit zurücknähme – wegen seiner Frau, der Kinder und des ganzen Geredes. Dorothea nickte. «Klar, das verstehe ich.»

Als Ulrich gefahren war, kniete sie sich an das Ufer des Lindenweihers, um ihre Hände zu waschen. Da hörte sie ein Rascheln aus den Büschen. Wie aus dem Nichts stand Stefan plötzlich hinter ihr. Dorotheas erster Gedanke war, wie lange er wohl schon hier gewesen war. Ob er etwas gesehen hatte? Auf jeden Fall musste er Ulrich begegnet sein. Doch statt auf sie einzureden, sagte er nur: «Doro, es tut mir leid.»

«Was tut dir leid?», fragte sie.

«Damals – was passiert ist.»

«Vergiss es, Stefan, es hat lange gedauert, all das zu vergessen. Inzwischen habe ich es geschafft. Es ist also besser, dass du mich nicht daran erinnerst.»

«Aber es ist mir wichtig, Doro. Ich hoffe, du weißt, dass es

Ulrich war. Er war der Anführer und hat uns dazu gebracht. Er hat uns alle verrückt gemacht. Außerdem ging es ja auch um dein Leben. Er meinte es ernst. Es tut mir leid.»

«Ist schon gut, Stefan. Wirklich.»

Während Dorothea noch ihre Hände im Lindenweiher wusch, streckte Stefan ihr den Arm entgegen.

«Freunde?» Er lächelte ihr zu. So hatten sie früher immer gefragt, wenn sie sich nach einem Streit wieder vertragen wollten. Dorothea nahm seine Hand und antwortete: «Freunde.»

Nun, da sie nebeneinanderstanden, nahm Stefan Dorothea in die Arme. Sie ließ es zu, weil ihr schwindelig war. Nach einigen Sekunden spürte sie, wie seine Hände langsam über ihren Rücken strichen. Stefans Hand begann den Weg unter Dorotheas Bluse zu suchen, hoch zu ihrem BH und zurück bis an den Rand ihres Slips. Seine Lippen fingen an, ihren Hals zu küssen, seine andere Hand fuhr ihr durchs Haar.

«Er also auch», dachte Dorothea und küsste ihn fast automatisch zurück. Langsam knöpfte sie seine Hose auf und zog ihn aus. Als Stefan vollkommen nackt war, legte sie ihn auf den Waldboden und setzte sich auf ihn, führte seine Hände an ihre Brüste und ließ ihn in sich eindringen. Dorothea stand erst wieder auf, nachdem er ejakuliert hatte. Dann zog sie ihre Kleider zurecht, kniete sich neben ihn und flüsterte ihm ins Ohr: «Es ist schon gut, Stefan.» Sie strich ihm durchs Haar, reichte ihm ihre Hand, sagte «Freunde», drehte sich um und ging.

Zu Hause schliefen schon alle. Dorothea schlich in ihr Kinderzimmer, öffnete das Fenster und steckte sich eine Zigarette an.

All das ist gestern Nacht passiert. Nun ist Dorothea wieder am Lindenweiher. Die Messe zum Prangertag ist seit einer Dreiviertelstunde vorüber. Sie sitzt auf dem Stamm der

Linde, genießt die Sonnenstrahlen, lässt die Füße im Wasser baumeln und schaut zum goldenen Wetterhahn hinüber, der zwischen den Baumwipfeln blitzt – etwas matter als sonst. Dorothea ist sicher, dass Pfarrer Witte kommen und sie am Ende segnen wird. Sie hat sich fest vorgenommen, Überall nach dieser letzten Begegnung zu verlassen – auf demselben Weg, auf dem sie auch gekommen war: durch den Wald, über die Felder bis zur Autobahn. Sie weiß nicht, wohin sie gehen wird, nur eines weiß sie genau: dass sie nie zurückkehren wird. Ein Rascheln in den Büschen reißt sie aus ihren Gedanken.

Zur Lage:

Das Bauernhaus als Bordell

Wie die Provinz durch Frauenmangel ihre Unschuld verliert.

Dass die Unschuld vom Lande kommt, ist eine alte Mär. Nur in romantischen Liebesgedichten oder bei Florian Silbereisen stimmt der alte Refrain «Auf der Alm, da gibt's koa Sünd». Ernstzunehmende Literatur, von Dürrenmatts «Besuch der alten Dame» bis zum Krimi-Bestseller «Tannöd» berichtet dagegen, wie dunkeldüster die Landliebe wirklich ist. Dörfer und Kleinstädte sind die beliebtesten Schauplätze für Krimiautoren und Drehbuchschreiber: Nackte Leichen im Moor, sexuell gestörte Dorfbauern oder vom Testosteron gesteuerte Hinterwaldrocker gehören ebenso zur Landnostalgie wie Almromantik und die ewige Treue des Seemanns. Der wahre Eros der Provinz liegt im Subversiven, dort, wo die heile Welt die heimliche Hure beherbergt.

Die meisten Mädchen, die in provinziellen Orten aufgewachsen sind, wissen, dass ein Klaps auf den Po, ein zufälliges Betatschen vom Onkel oder eine Zote über die wachsenden Brüste offenbar zum Frauwerden dazugehören. Jeder, der auf dem Dorf aufgewachsen ist, kennt die nicht aussterbenden Dorfmacker mit ihren Leder- oder Jeansjacken und mit den aufgemotzten und getunten Opels. Und jeder, der in der Provinz groß geworden ist, weiß, dass die Kerle mit den größten Mäulern und den längsten Fuchsschwänzen an ihren Autoantennen in der Regel früh Vater werden und irgendwann anfangen, ein Haus mit Garten zu bauen. Jeder, der in einem Dorf groß geworden ist, weiß, dass die Sache mit dem Sex hier zum Alltag gehört und trotzdem irgendwie viel aufregender ist als in Berlin, Hamburg oder München.

Dennoch glauben wir, dass die wahre Sünde in der Stadt zu Hause ist, wo sie im Rotlichtbezirk so gut organisiert und vermarktet wird wie die Hamburger der Schnellrestaurants. Dass das Liebesleben in der deutschen Provinz leidenschaftlicher, sehnsuchtsvoller und pervertierter sein kann als in den Metropolen, sieht das Klischee der heilen Welt nicht vor. Dabei ist «Sex and the City» höchstens ein seichtes Großstadtamüsement, wenn man es mit den täglichen Zeitungsmeldungen von «Sex and the Countryside» vergleicht.

Es sind eben nicht allein die Metropolen, in denen Sexualdelikte die heile Welt in Frage stellen. Im Gegenteil: Auf dem Land explodieren unterdrückte Sehnsüchte viel schneller und gewaltiger als in den Städten, in denen man sich an jeder Ecke Erleichterung verschaffen kann. Schüler wurden nicht nur im Berliner Canisius-Kolleg missbraucht, sondern viel regelmäßiger im Schatten der vermeintlichen Idylle, in der hügeligen Gotteswelt des Südschwarzwaldes in St. Blasien oder in der naturverbundenen und aufgeklärten Odenwaldschule. Wir lesen von einem Geschäftsmann aus Eschwege, der eine Frau aus Uganda zunächst in Österreich als Hure angeboten und sie dann anderthalb Jahre in seinem Haus missbraucht und festgehalten hat. Und von der Arzthelferin Anne, die auf einem Bahnhof in Bargteheide von einem älteren Mann gekidnapped und sieben Tage lang in seiner Wohnung missbraucht wurde. Der «Kannibale von Rotenburg» wartete in einem abgewrackten Bauernhaus auf seinen schwulen Freund, den er im Internet kennengelernt hatte, bevor er ihm die Geschlechtsteile abschnitt und ihn Stück für Stück verspeiste. Der Sexualtatort Provinz ist alltäglich geworden. All diese Straftaten sind deshalb so erschreckend, weil sie inzwischen viel eher zum ländlichen Leben gehören als das immer seltener werdende Läuten der Kuh- und Kirchturmglocken.

Auf den ersten Blick scheinen wir es auf dem deutschen Land tatsächlich mit einem Idyll wie aus Amors Bilderbuch zu tun zu haben: Die Scheidungsraten sind geringer als in den Großstädten, und die sogenannte Reproduktionsrate ist höher. Doch beim genauen Hinschauen entpuppen sich auch diese Zahlen als bedrohlich. In eher provinziellen Studentenstädten wie Heidelberg liegt die Geburtenziffer bei niedrigen 0,9, und selbst in deutschen Babyboom-Regionen wie Cloppenburg beträgt sie nur 1,9 und liegt damit noch unter dem Niveau von 2,1, das nötig ist, um die Bevölkerungsgröße stabil zu halten. Dass die Geburtenrate in den Dörfern höher und die Scheidungsrate geringer ist als in den Städten, lässt sich auch als Zeichen dafür deuten, dass die öffentliche Erwartung, moralisch integer zu leben, hier stärker ausgeprägt ist als in den anonymen Metropolen. Es lässt sich nur darüber spekulieren, ob diese aufgezwungene Moral nicht gerade der Deckel des erotischen Schnellkochtopfes ist, der regelmäßig explodiert. Darüber, was wirklich in den Schlafzimmern jenseits der Großstädte passiert, gibt es kaum Statistiken. Doch schon mit einem unrepräsentativen Blick in die Kontaktbörsen des Internets lässt sich Deutschlands dunkle Seele erahnen.

Zwar sind auch auf der Mitgliederkarte der ganz in Schwarz gehaltenen Sadomaso-Seite «Lustschmerz» die Ballungsräume der Großstädte zu erkennen, doch kaum eine deutsche Provinz ist ohne Mitglied. Männer, Frauen und Paare stellen sich freizügig auf Amateur-Internetseiten wie «myporn» oder «joyclub» vor. Im Film von «supaar23» aus Münster fährt ein Mann mit der Videokamera über den vollständig gepiercten Körper seiner Frau, während sie dabei aufreizend stöhnt. Etwas härter geht es im Film von «angeldreams» aus der Rheinpfalz zu, in dem jemand zu hämmernder House-Musik seine gesamte Hand in einem weiblichen Schoß versenkt. In den Kontaktbereichen der Seiten «swingerklub», «sadomasochat» und selbst auf dem eBay-Anzeigenmarkt wird offenherzig nach Spielpartnern gesucht: «Wir haben ein großes Bauernhaus im fränkischen Wald und suchen eine Sklavin, die – gegen Kost, Logis und Taschengeld – mithilft und uns in der Freizeit als Lustsklavin zur Verfügung steht», schreibt «bauernpaar24/7». Eine Frau kommt aus einem Dorf bei Regensburg und sucht «im Auftrag ihres Herren eine Männergruppe, die es mir richtig besorgt». Datum und Uhrzeit für den «Gangbang» stehen bereits fest: «Ich werde bei uns zu Hause vorgeführt.»

Gerade in Regionen, in denen die Konventionen der Bürgerlichkeit hochgehalten werden, sorgt die virtuelle Freizügigkeit des Internets für eine subversiv erotisierte Gesellschaft, die latent «oversexed and underfucked» ist. Im virtuellen globalisierten Dorf sind asiatische Schulmädchen und prügelnde Herrinnen an jedem Ort der Welt verfügbar – und bleiben dennoch unberührbar. Sogenannte «3-Loch-

Stuten» und das «Melken» bekommen im Internet ganz andere Bedeutungen.

Die Erotisierung des Landes findet aber längst nicht mehr nur virtuell statt. Während immer mehr Menschen vom Dorf in die Stadt fliehen, rückt das Rotlicht beharrlich in die Provinzen. Offizielle Bordelle und Swingerklubs sind in Zeiten der Landflucht sichere Steuerzahler. Als die Besitzer einer Luxusimmobilie in der Bamberger Jäckerstraße ihren Geschäftskomplex nicht loswurden, haben sie an den Betreiber eines Luxusbordells verkauft. In einem anonymen Interview mit der Lokalzeitung begründeten die Eigentümer ihre Entscheidung: «Natürlich haben wir uns einen anderen Branchenmix vorgestellt und gewünscht. Aber die Alternative wäre ein Leerstand gewesen.» Ohne das Rotlicht würden in einigen Gemeinden die Lichter ganz ausgehen.

Milkersdorf ist ein klassisches Bauerndorf in der Nähe von Cottbus. In der Lausitzer Rundschau taucht die 234 Einwohner zählende Gemeinde immer wieder auf, weil die Straßen, die zum Ort führen, schlecht gepflastert sind oder weil gerade eines der vielen Reitturniere abgehalten wurde. Auch das Milkersdorfer Treckerwettrennen ist zum regionalen Großereignis geworden. Doch das Prunkstück des Dorfes ist das Schloss. Sabine und Réne Geisler haben das 200 Jahre alte, denkmalgeschützte Anwesen im Ruinenzustand gekauft. Eigentlich betreiben die beiden ein Küchenstudio, aber irgendwann haben sie festgestellt: «Es gibt auf dem Land viel mehr Küchenstudios als Menschen, die Küchen kaufen wollen.» Also haben sie sich ein zweites Standbein aufgebaut und das Schloss zu einem gigantischen Swingerklub umgebaut: teure Vorhänge mit Kamasutra-Motiven, rustikale Fachwerkflächen, geschmackvoll museale Innenausstattung. Seither planen die beiden an den Wochentagen Küchen, und am Wochenende stehen sie am fackelbeleuchteten Eingang ihres Schlosses, um die erregten Gäste zu begrüßen.

«Man muss verrückt sein», sagt René, «wenn man sich in eine Ruine dieser Größenordnung stürzt, damit Leute aus ganz Europa kommen, um hier zu poppen. Aber das ist ja der Sinn gewesen.» Und der Sinn ist erfüllt! An den Wochenenden stehen Autos mit internationalen Kennzeichen vor Schloss Milkersdorf – und natürlich gehören auch einige Lausitzer zu den Stammkunden im luxuriösen Swingerklub. Im Dorf stört sich schon lange niemand mehr daran. «Wir sind gute Nachbarn», sagt René, «schließlich erinnern sich viele Milkersdorfer noch an den Urzustand des Schlosses – es war der Schandfleck des Dorfes.» Heute ist es eines der wertvollsten Denkmäler des Landes. Und ein florierendes Geschäftsmodell.

Etwas weniger nobel findet die Erotisierung anderer Landstriche statt. Seit die LKW-Maut in Deutschland eingeführt und viel mehr Lastwagenfahrer die Umwege über die Landstraßen nehmen, siedeln sich an den autobahnnahen Straßen sogenannte «Live-Sex-Mobile» an: Wohnwagen, die an den Seitenstraßen oder auf Parkplätzen stehen. In der Regel sind sie mit billigem Holzfurnier getäfelt, und im hinteren Teil steht ein quadratisches, 1,60 Meter kleines Bett. An manchen Wagen blinken rote Lichterketten. Zuhälter bieten ihren Huren diese Sex-Mobile an – für 100 Euro pro Tag oder für einen Teil der Einnahmen. Der regelmäßige Batteriewechsel ist im Preis inbegriffen. Auf diese Art ist die B 75 in Niedersachsen zu einer der größten Rotlichtmeilen der Republik geworden. Täglich passieren rund 30 000 potenzielle Freier die Straße. Für einen «Handjob» nehmen die Huren 30 Euro. Jasmin erklärt allerdings, dass sie lieber «eine Stunde Doppelfranzösisch und Verkehr für 150 Euro» anbietet, «denn die meisten Freier sind nach dem ersten Französisch schon fertig». Die

Hälfte der Kunden von Live-Sex-Mobilen sind LKW-Fahrer, «es kommen aber auch Einheimische – meist junge Männer», sagt Jasmin.

In Bordellen oder Internettreffen ist die neue Landlust kanalisiert, aber die Tendenz, erotische Phantasien auch jenseits der Regeln des Gesetzes auszuleben, steigt.

Heidi Marks lebt seit über 30 Jahren nicht mehr in Eschenau, einem idyllischen 192-Seelen-Dorf in den fränkischen Weinbergen. Vor langer Zeit ist sie in die USA ausgewandert. Als sie aufgrund eines Klassentreffens in die alte Heimat zurückkehrte, hörte sie, wie hinter vorgehaltener Hand über zwei Männer gesprochen wurde, die angeblich Kinder aus dem Dorf missbrauchten – der Fabrikarbeiter und der Bauer eines angesehenen Hofes hatten sich vor über 40 Jahren an ihr vergangen. Damals dachte Heidi Marks, dass es ein Einzelfall gewesen sei und schwieg. Als sie nun von den neuen Gerüchten hörte, ging sie zur Polizei. Es kam zur Anklage. Einer der Beschuldigten soll eine Neunjährige auf dem Wohnzimmersofa missbraucht haben, während seine Ehefrau zuschaute. Die Gemeinde war schockiert – allerdings nicht über die Täter, sondern über die Klägerin. Der Hofbesitzer nahm sich das Leben, und auch der Fabrikarbeiter plante einen Suizid, überlebte aber und wurde angeklagt. Bei der Regionalzeitung meldeten sich empörte Leserbriefschreiber, die fragten: «Was ist denn schon dabei?», und feststellten: «Die wird schon ihren Busen rausgehängt haben.» Heidi Marks bekam Drohbriefe, es würde «etwas passieren», wenn sie in Eschenau bliebe, hieß es. Also beschloss Heidi Marks, in die USA zurückzukehren. Sie hinterließ eine wütende Gemeinde und ihre Eltern, die den Zorn der Nachbarn zu spüren bekamen.

Auf dem Land gelten eigene Gesetze. Was nicht zur Fassade der heilen Welt passt, wird unter den Teppich gekehrt.

Dabei ist die Hierarchie des Wissens streng geordnet und wie die Schale einer Zwiebel geschichtet: Was in der Familie bleiben kann, bleibt in der Familie, was ins Dorf dringt, bleibt im Dorf. Egal ob es sich um den arbeitslosen Sohn, um Schulden, einen Suizid oder eben um sexuelle Gewalttaten handelt. Die Dorfgemeinschaft ähnelt einem Geheimbund, der sein Ansehen um jeden Preis gegen die sündige Welt da draußen aufrechterhalten will. Im Notfall durch Wegschauen.

Protestiert wird erst, wenn es zu spät ist. Doch dann zeigen sich die gutbürgerlichen Dorfbewohner umso aggressiver. Ein Jahr lang sind die ehrenwerten Bürger von Randerath, irgendwo zwischen Mönchengladbach und Geilenkirchen, jeden Tag mit Schubkarren und Plakaten zu einem Haus gepilgert, in dem ein freigelassener Sexualverbrecher bei seiner Familie Unterschlupf suchte. Sie haben mit Trillerpfeifen und Schlachtrufen gegen den Mann protestiert, der angeblich ihre Kinder und den Seelenfrieden des Dorfes gefährdete. Doch der Täter verbarrikadierte sich und blieb. Nach einem Jahr verlief sich der Protest. Zuvor hatten die Randerather allerdings noch Funk und Fernsehen mobilisiert, um der ganzen Welt von RTL, SAT.1 & Co. zu zeigen, dass sie keinen Straftäter in ihrem sauberen Dorf dulden.

Ein wesentlicher Grund für sexuelle Extreme in deutschen Provinzen ist die Demographie. Während Männer ihrer Heimat und dem Landleben weitgehend treu bleiben, tendieren die Frauen dazu, in die Städte zu ziehen. Sie sind im Durchschnitt besser gebildet als die Männer und heiraten in der Regel «nach oben». Für sie ist die Großstadt kein Moloch, sondern ein gigantischer Arbeits- und Heiratsmarkt. Die Städte bieten ihnen Chancen, die sie auf dem Land nicht mehr haben: Kindergärten, Schulen und kulturelle Angebote werden abgebaut, und Frauen, die sich Familien wünschen, sehen keine Zukunft auf dem Land. Sie lassen die frustrierten jungen Männer allein zurück – und deren Testosteronspiegel findet keinen Ausgleich.

In einem Artikel für den Spiegel hat Jochen Bölsche vorgerechnet, dass in den neuen Ländern auf 100 Männer nur etwas mehr als 80 Frauen kommen – im Ilm-Kreis in Thüringen geht bereits fast jeder vierte Mann leer aus. Ähnlich ist die Situation in den Ostseegebieten von Mecklenburg-Vorpommern, wo der Männerüberschuss durch zahlreiche Kasernen noch potenziert wird, in denen Soldaten nach Dienstschluss eine Freizeitbeschäftigung suchen. Man könnte dieses Phänomen belächeln. Tatsächlich aber handelt es sich um einen dramatischen Prozess.

«Nirgendwo auf der Welt ist die überproportionale Abwanderung von Frauen so groß wie in Ostdeutschland», sagt der Greifswalder Professor Wolfgang Weiß, und Reiner Klingholz vom Berlin-Institut redet gar von einem «historisch einmaligen Phänomen». In der gesamten Geschichte der Menschheit haben stets die Männer die Vorhut der Völkerwanderungen gebildet – und nicht die Frauen. Die Landflucht in Deutschland ist in Wahrheit die erste Massenflucht der Frauen vor dem modernen Elend in der Provinz. In den neuen Bundesländern und zunehmend in den ländlichen Regionen des Westens setzt sich fort, was in der DDR bereits begonnen hatte: Die intellektuellen Eliten verlieren das Vertrauen in ihre Heimat und fliehen. Zurück bleiben die sogenannten «ugly citizens», die hässlichen Bürger, mit denen kein Staat zu machen und kein Land zu gewinnen ist.

Görlitz nennt sich zwar «Die Perle der Lausitz», hat aber seit der Wende über 20 000 Menschen an den Westen verloren – die Mehrzahl von ihnen waren Frauen. Die Tendenz ist steigend. Inzwischen sind ganze Landstriche weitgehend unfruchtbar, und Männer finden hier höchstens noch im Internet oder im Fernsehen sexuelle Ersatzbefriedigung. In Sachsen-Anhalt beträgt der Fernsehkonsum 275 Minuten täglich, das bedeutet: Im Durchschnitt werden 2,3 Monate eines Lebensjahres vor der Glotze verbracht.

Doch der sexuelle Notstand ist nur eine Folge der weiblichen Landflucht. Eine andere ist die gesteigerte Bereitschaft zur Gewalt und zu politischen Extremen. Jeder Mann wird als Feind im Kampf um die wenigen Frauen verstanden – besonders wenn er von außen ins Dorf kommt oder offensichtlich fremd aussieht. Schon aus diesem Grund scheitern politische Überlegungen, die Provinzen durch eine geplante Ansiedlung von Immigranten zu beleben. Die deutschen Männer sehen sie als Feinde im Kampf um ihre eigene Männlichkeit. Ganz abgesehen davon, dass selbst Ausländer nicht aufs Land ziehen wollen, sondern die Großstädte bevorzugen, in denen sie qualifizierte Jobs und ein weltoffenes Klima finden.

Für viele Gemeinden mit Männerüberschuss bleibt das Ausland trotzdem die letzte Hoffnung. So stellte Sachsen-Anhalt auf seiner Homepage zwar fest, dass dem Bundesland rund 70 000 Frauen zwischen 18 und 40 Jahren fehlen würden, um gleichzeitig damit zu werben, dass es im benachbarten Westpolen immerhin einen erheblichen Männermangel gebe. Diese Kampagne sollte besonders Männer anregen. Ob die Werbung mit dem Sextourismus nach Polen wirksam ist, darf bezweifelt werden. Deutsche Frauen werden sich durch derartige Kampagnen wohl kaum anlocken lassen.

Vor Ort:

Wenn der Sklave einmal klingelt

Die Spuren einer Sexanzeige führen auf den Dachboden einer Reihenhaussiedlung.

Lena wohnt mit ihrem Mann in einer Neubausiedlung an der Bergstraße, irgendwo zwischen Darmstadt und Heidelberg. Der Vorgarten des Hauses ist mit einem Jägerzaun begrenzt, auf der kleinen Rasenfläche stehen Gartenzwerge neben den Oleanderbüschen. An der Tür hängt ein rundes Holzschild, das die Besucher mit einem «Herzlich Willkommen» empfängt.

Ich habe Lena im Internet ausfindig gemacht, wo sie sich «Lena32» nennt und folgende Anzeige geschaltet hat: «Suche einen Sklaven, der mir zur Verfügung steht, während mein Mann zuschaut. Du wirst mir gehorchen. Treffen bei mir. Erwarte ausführliche Bewerbung mit Bild von Deinem Gesicht. Schreib mir Tabus, aber keinen Wunschzettel. Ich bestimme, was passiert!»

Lena hat Fotos von sich hochgeladen. Auf jedem Bild trägt sie ein anderes Outfit, mit Vorliebe kurze schwarze Röcke mit Springerstiefeln und Strapsen. Ihre Bilder sind so bearbeitet, dass man nur Teile ihres Körpers sehen kann, ihre Hände, ihre Augen, ihre Füße und immer wieder ihre langen roten Haare. Auf einem Foto sehe ich ihre rasierte Scham.

Ich habe Lena auf ihre Anzeige geantwortet und wollte wissen, ob sie es ernst meint. Wer sich bei ihr meldet und ob die Nachbarn von ihrer Vorliebe wissen. Noch am selben Tag hat sie zurückgeschrieben: «Zu viele Fragen. Ich mache mir keine Gedanken darüber. Hauptsache alle haben Spaß.»

In meiner nächsten Mail habe ich ihr über dieses Buch erzählt und gefragt, wie sie ihre Lust im Alltag lebt. «Du willst das alles wissen und darüber schreiben?», fragte sie nun zurück. «Okay, dann komm und schau es Dir an. Nur eine Bedingung: Wir sind nicht krank, sondern leben unsere eigene Lust im Einverständnis mit anderen. Keine SM-Klischees bitte! Und alles muss anonym bleiben. Wenn Du das akzeptierst, kannst Du kommen.» Sie hat ihre Telefonnummer mitgeschickt, und wir haben einen Termin ausgemacht.

Das «Herzlich Willkommen»-Schild wackelt, als Lena die Tür öffnet. Es ist schon sehr ungewöhnlich, dass man die Intimzonen einer Frau gesehen hat, bevor man ihr persönlich gegenübersteht.

Sie öffnet die Tür: Jeans, Bluse mit Rüschen und Schlappen an den Füßen. Ihre Stimme ist dünn und trotz ihrer kecken Worte etwas unsicher: «Na? Hast dich also doch getraut?» Das hört sich ein bisschen an, als würde sie sich selbst Mut zusprechen. Oder als würde sie mit dem Milchmann reden.

Eigentlich heißt Lena nicht Lena, und sie ist auch nicht 32, sondern etwas älter. «Das machen schließlich alle so», sagt sie. «Man muss im Internet einfach fünf Jahre und 10 Kilo draufrechnen, dann weiß man ungefähr, mit wem man es zu tun hat.»

Lena bittet mich ins Wohnzimmer. Neben dem gläsernen Esstisch steht eine schwere Ledergarnitur mit Holztisch, darauf ein Teller mit Keksen und ein Stövchen mit Tee. In der massiven Schrankwand sind ein großer Flachbildschirm, Pokale und Reitsportmedaillen angeordnet und einige Porzellanpuppen. An der Wand hängt ein gekreuztes Paar Samuraischwerter – eine krude Mischung. Aus dem Fenster schaut man auf die Terrasse, die Plastikmöbel sind ordentlich an den Tisch gekippt, und hinter einer Buchsbaumhecke beginnt bereits die nächste Reihenhauszelle. Der Nachbar hat eine Deutschlandfahne gehisst.

Lena ist im Rathaus angestellt, über ihre Internetaktivitäten weiß hier niemand Bescheid. «Das ist Privatsache», sagt sie. «Vielleicht hat jemand mein Profil gesehen, aber dann war er auch auf dieser Seite.» Nur ihrer besten Freundin wollte sie einmal Details erzählen, «aber die wollte das gar nicht wissen. Sie fand es eklig, und seitdem ist das Thema unter uns tabu.»

Ich will wissen, was passiert, wenn sie eine Anzeige geschaltet hat. Lena lacht. «Erst einmal bekomme ich Bilder von 1000 Schwänzen geschickt. Und Mails, in denen steht: ‹Besorg es mir, Fotze›, oder: ‹Mach mich fertig, Herrin›, oder: ‹Ich will nur Ihnen gehören – bedingungslos.›» Das sei schon ganz schön nervig, weil sich viele Irre im Netz tummelten, sagt Lena. «Die meisten meinen es nicht ernst. Die schauen sich die Bilder an, lesen die Anzeige, und sofort springt ihr Kopfkino an. Dann geilen sie sich auf – und fertig.» Aber es gibt eben auch einige, die es ernst meinen. Lena holt ihren Laptop und zeigt mir ihre Mails. Junge Kerle und ältere Männer haben ihr geschrieben, mit einigen hat sie sich ausgetauscht. «Es ist alles dabei: vom Arbeitslosen bis zum Lehrer, vom Single bis zum Familienvater, von Leuten aus der Stadt bis zu Menschen aus Käffern wie unserem.»

Bei Lena hat «das mit dem SM» vor sechs Jahren begonnen. Durch Zufall hat sie entdeckt, dass Klaus sich Bilder im Internet angesehen hat, Fotos von Dominas. Klaus, das ist Lenas Mann. «Ich habe ihn zur Rede gestellt und selbst ein bisschen recherchiert. Dann habe ich gemerkt, dass mich das erregt. Irgendwann haben wir angefangen zu spielen. Erst nur ein bisschen – dann immer mehr. Irgendwann hatte er die ersten Striemen auf dem Arsch. Ich fand's großartig.» Vor einem Jahr hat Lena die erste Anzeige aufgegeben.

«Damals lief es bei uns nicht mehr. Ich wollte Abwechslung. Und wir haben beschlossen, dass wir eine offene Beziehung führen.»

Als der erste Sklave an ihrer Reihenhaustür klingelte, hat Klaus bei einem Freund geschlafen. «Er war noch nicht so weit, um das zu verkraften. Irgendwie habe ich ihn mit meiner Lust wohl überholt», sagt Lena. Die beiden haben nie über die fremden Besucher geredet. Bis Klaus gesagt hat, dass er es aufregend fände, dabei zu sein. Da haben sie eine neue Anzeige geschaltet. Und seitdem tun sie es regelmäßig. Manchmal sucht Lena nur für sich, manchmal für Klaus und sich zusammen. Ungefähr einmal im Monat laden sie einen Gast aus dem Internet ein. Manche kommen nur einmal, zu anderen hat sich eine dauerhafte «Spielbeziehung» entwickelt.

Lena fragt mich, ob ich ihr «Spielzimmer» anschauen will. Wir steigen die Treppe hinauf bis zum Dachboden. Der Giebel ist mit Holz getäfelt, die Wände sind aus alten Ziegeln gemauert. Kein anderes Zimmer des Reihenhauses ist so perfekt eingerichtet. In der Mitte steht ein großes Himmelbett, dahinter ein mit Leder bezogenes Andreaskreuz. Auf einer Stange an der Wand hängen unterschiedliche Peitschen, Seile, Handschellen und Fesseln. «Diese Sachen kriegt man hier nirgendwo. Bei uns in der Nähe gibt's nur einen Sexshop – aber das ist was für Kuschelsex. Für so ein Equipment muss man schon nach Frankfurt fahren, nach Hamburg oder nach Berlin. Aber dort ist es schweineteuer. Wir bauen das meiste selbst.»

Lena sagt, dass Klaus ein begabter Handwerker ist und sich Aluminiumrohre und Lederstücke beim Baumarkt kauft, um daraus seine Peitschen zu bauen. «Die sind besser als all der Schrott im Sexshop.» Auch das Andreaskreuz und den schwarzlackierten Strafbock hat Klaus selbst gebastelt. «Ich finde es eine schöne Idee, dass der Sklave seine eigenen Folterwerkzeuge herstellt», sagt Lena. Der Strafbock ist schon einige Jahre alt, Klaus hat ihn nackt gebaut, und sie hat ihn bei der Arbeit «angetrieben».

«Tja, das hier ist unser heimliches Reich der Lust.» Lena prüft, ob ich erschrocken bin, bevor sie weiterredet. Aber wirklich erschreckt mich höchstens die Pierrot-Marionette mit der türkisen Träne unter den schwarzen Augen, die am Bettpfosten hängt – der Einbruch des Spießertums in die perfekte Sadomaso-Welt. «Wer mir gefällt, darf hier leiden», sagt sie. In der Regel werden die Sklaven schon im Flur empfangen. «Ich habe es gern, wenn sie erst einmal kochen. Nackt.» Während der Gast serviert, thront Lena am Glastisch, Klaus kniet zu ihren Füßen und frisst aus einem silbernen Hundenapf. «Das ist oft ein flirrender Moment, weil jeder den anderen erst einmal beobachtet. Wie es weitergeht, bestimmen dann meine Lust und meine Phantasie.»

Manchmal fesselt Lena Klaus unter dem Wohnzimmertisch und geht mit ihrem Sklaven nach oben. «Dort vergnüge ich mich dann. Er darf meine Füße verwöhnen, ich hänge ihn ans Kreuz und sehe, was mir einfällt. Das ist bei jedem individuell. Am meisten Spaß macht es mir, wenn ich sehe, dass der Sklave seine Grenzen erreicht – durch Schmerzen oder durch Demütigungen. Das ist ja bei jedem anders.» Einige Männer, die Lena gefallen, dürfen sie auch berühren. «Aber nur wenn ich weiß, dass das für Klaus in Ordnung ist.» Nach einer Pause fügt sie hinzu: «Oder wenn ich weiß, dass er es in diesem Moment selbst gern mit mir treiben würde.» Sie lacht. Hin und wieder bleibt auch mal ein Gast über Nacht. «Aber das Bett ist tabu für die Sklaven.»

Für Lena ist ihr heimliches Lustreich auf dem Dachboden ein Ort, «an dem authentischer Sex» stattfindet. «Das ist anders, als wenn die Leute zu einer Domina gehen. Sie spüren, dass ich es freiwillig mache, dass ich Spaß daran habe, sie zu quälen. So etwas kriegt man im Großstadtpuff nicht – oder es ist sehr teuer.»

Tagsüber gehen Lena und Klaus arbeiten. Am Wochenende oder am Abend sind sie im Sportverein oder mit Freunden unterwegs. «Die anderen ahnen nichts», sagt Lena, «und das ist auch besser so.» Aber sie glaubt, dass ihre Phantasien nicht ungewöhnlich sind: «Ich habe den Eindruck, dass jeder ein bisschen SM-ler ist. Letztlich würde ich wahrscheinlich jeden rumkriegen. Aber die meisten trauen sich damit nicht an die Öffentlichkeit – erst recht nicht auf dem Dorf. Wir ja auch nicht. Ist vielleicht auch besser so.»

Manchmal «spielen» Lena und Klaus auch draußen: «Dann fahren wir in den Wald, aber nicht in der Nähe, sondern dorthin, wo uns keiner kennt.» Hier führt sie Klaus an einem Halsband «gassi». Hin und wieder zieht es die beiden auch in die Städte, nach Frankfurt oder Berlin. Dort besuchen sie SM-Feten. «Aber das ist anders», sagt Lena. «In der Stadt, und besonders auf SM-Partys, ist unsere Lust normal. Da fehlt der Kick. Früher bin ich mal zu einem SM-Stammtisch in Heidelberg gegangen. Bis ich gemerkt habe, dass dort die gleichen Regeln gelten wie im Kegelklub. Die reden über Peitschenmodelle wie andere über ihre Kinder. Das ist nichts für mich.»

Im Wohnzimmer erzählt Lena mir, dass sie sich noch nicht entschieden habe, welchen Sklaven sie nächstes Mal einladen wird. Die Entscheidung wird wohl zwischen einem Familienvater aus der Nähe fallen oder auf einen älteren Single aus Frankfurt. «Bei den Leuten aus der Nähe ist es sicherer, dass sie auch kommen», sagt Lena.

Als ich mich verabschieden will, kommt Klaus von der Arbeit. Lena hat ihm erzählt, dass ich sie besuchen würde. Er gibt mir die Hand und fragt, ob wir schon fertig seien. «Ja», sage ich, «eine spannende Welt habt ihr euch da gebaut.»

Klaus nickt still und schaut auf das Nachbarhaus. «Muss ja nicht jeder wissen», sagt er. Er legt den Arm um Lenas Schultern, die beiden winken mir und verschwinden hinter der Reihenhaustür mit dem «Herzlich Willkommen»-Schild.

Auf dem Weg Richtung Weinstraße ist Deutschland besonders idyllisch: viele kleine Dörfer, viel Natur – und viele Neubausiedlungen mit Reihenhäusern.

Als ich einige Tage später im Internet auf Lenas Profil schaue, hat sie unter ihre Anzeige geschrieben: «Wir haben vorerst gefunden. Danke an alle Bewerber. Vielleicht habt Ihr nächsten Monat mehr Glück. Dominante Grüße, Lena.»

VIII. Das Verbrechen

> «Wir alle wissen, dass diejenigen, die für die schweren Verletzungen meines Sohnes und die des Doktors verantwortlich sind, hier unter uns, in diesem Raume sitzen. Ich werde es nicht dulden, dass Taten wie diese ungesühnt bleiben.»
>
> *Der Graf in «Das weiße Band»*

Roman:

Worüber Überall schweigt

Achtes Kapitel, in dem erzählt wird, warum Dorothea nach Überall zurückgekehrt ist. Und warum die Vergangenheit nicht aufhört.

Der Pfarrer hat Wort gehalten, das Kreuz in die Luft geschlagen und seinen Segen über Dorothea gesprochen. Dann ist er hinter der Linde in Richtung Wetterhahn verschwunden. Dorothea ist allein und fühlt sich müde. Sie lässt sich auf einen kleinen Moosteppich am Uferrand nieder und schließt die Augen. Sie muss nicht lange warten, bis jene Szene ihr erscheint, die sie noch einmal sehen will, bevor sie Überall für immer verlassen wird.

Dorothea sieht, wie sie als Mädchen mit ihrem gelben Kleid, das sie gemeinsam mit ihren Eltern in der Stadt gekauft hat, durch die Maisfelder rennt, den anderen hinterher. Ihr Gesicht ist verzerrt, ihr Mund aufgerissen, und ihre roten Locken wirbeln durch die Sommerluft. Sie ruft den anderen zu: «Lasst ihn! Ihr seid feige! Lasst ihn!» Ulrich hat ihren Bruder am Lindenweiher auf den Boden gerungen und würgt ihn, Stefan reißt einen Strauch Brennnesseln vom Ufer. Als Dorothea sich auf Ulrich stürzt, kann sie ihren Bruder nicht befreien. Erst als sie in seinen Unterarm beißt, lässt er mit einem lauten Schrei von ihrem Bruder ab. Ulrich bekommt Dorotheas Arm zu fassen, dreht ihn hinter ihren Rücken, sodass sie sich nicht mehr bewegen kann, und schreit: «Du Schlampe!» Dann senkt er seine Stimme und flüstert mit bebendem Atem: «Gut, dann nehmen wir eben dich.» Mit einer weiteren, schmerzvollen Handbewegung dreht er Dorothea auf den Rücken und sitzt plötzlich auf ihrem Bauch. Er zerreißt ihr neues Kleid, sodass ihre Brüste zu sehen sind. «Seht mal an, welch schöne Dinger!», ruft Ulrich und wischt sich mit dem Arm den Schweiß aus dem Gesicht.

«Ulli, lass das!» Stefans Rufe scheinen Ulrich zu beflügeln. Als hätte ein Dämon Besitz von ihm ergriffen, schreit er den anderen entgegen: «Sie wollte es so, die kleine Schlampe. Stefan, bist du ein Mann oder nicht? Los, halt sie fest.»

Stefan zögert, und Dorothea erkennt, dass Frank sich herangeschlichen hat und von hinten auf Ulrich stürzt, ihm den Arm um den Hals legt und versucht, ihn zu würgen. Doch Ulrich gelingt es, Frank zu packen. Er schleudert ihn in einem Bogen über seinen und Dorotheas Kopf. Frank bleibt regungslos auf dem Waldboden liegen. Als er sich wieder besonnen hat und zum nächsten Angriff ansetzt, sieht er, dass Ulrich ein Messer aus seiner Tasche holt. Ein großes schwarzes Klappmesser mit silberner Klinge, das er Dorothea an den Hals setzt: «Seid ihr Männer oder nicht?», ruft er. «Sie wollte es so. Ihr habt es gesehen. Nun stellt euch nicht an wie Memmen. Los, Frank, du bist doch ihr Geliebter, küss sie!» Als Frank sich nicht bewegt, ruft Ulrich noch einmal: «Los, küss sie. Ist doch deine Tussi. Seit einem halben Jahr hat sie dich nicht rangelassen. Nun mach schon.» Als Frank sich noch immer nicht bewegt, schreit Ulrich: «Küss sie, oder ich steche sie ab!»

Frank kniet sich zu Dorothea und beginnt sie vorsichtig zu küssen – seine Lippen berühren ihre Stirn.

«Richtig, mach schon. So eine Chance bekommst du nie wieder», schreit Ulrich, der jetzt hinter Dorotheas Kopf kniet, sie mit seinem Arm würgt und mit der anderen Hand das Messer an ihren Hals hält. «Nimm ihre Titten, los.»

Dorothea hört Franks Atem, hört, wie er flüstert, dass es ihm leidtue, und merkt, wie seine Lippen von ihrem Gesicht über ihren Körper wandern, über ihre Brüste und ihren Bauch.

«Na, sag ich doch. Macht Spaß, oder?», sagt Ulrich. «Aber nun lass auch mal die anderen ran. Los, Stefan, zieh deine Hose runter. Das ist kostenlos!»

Stefan steht versteinert vor Dorothea. Sie schaut ihm in die Augen und meint, Mitleid in ihnen erkennen zu können. Doch wieder herrscht Ulrich ihn an: «Mach schon, oder ich schneide ihr die Kehle durch.» Stefan beginnt, sich die Hose aufzuknöpfen, und Dorothea sieht, dass er erregt ist. Dann wirft er sich unter Ulrichs Schreien wie besessen auf sie. Als er fertig ist, ruft Ulrich nach Tim, der auf dem Stamm der Linde sitzt und weint. «Los, Brüderchen, nun du!» – «Lass sie! Lass sie! Lass sie!», schreit Tim. «Ich renne zu meinen Eltern!»

«Ich warne dich, Kleiner. Ich bringe sie um. Los, fass sie an, deine kleine Schwester.» Ulrich schreit noch einmal: «Los!» Mit zitternden Händen kniet sich nun auch Tim vor Dorothea und beginnt, sie anzufassen. Erst nur ihr Gesicht, dann ihren Oberkörper und ihren Schoß. Er scheint sich zu vergessen. Als Dorothea seinen Namen wimmert, hält Ulrich ihr den Mund zu.

Am Ende nimmt sich Ulrich selbst, was er will. Als er fertig ist, bleibt Dorothea am Boden liegen. Sie kann sich nicht bewegen, kann nicht einmal weinen. Sie spürt keinen Schmerz, keinen Hass – nichts. Es war der einzige Augenblick in ihrem Leben, in dem sie wirklich nichts gespürt hat. Erst mit Ulrichs Stimme hält die Welt wieder Einzug: «Wenn einer von euch irgendetwas sagt – denkt dran: Ihr wart alle dabei! Los, jetzt nichts wie weg!»

Als Dorothea niemanden mehr hört, steht sie langsam auf. Ihr Kleid ist zerrissen, ihr Körper beschmutzt. Sie spürt nichts. Nicht einmal ihren eigenen Willen. Sie beobachtet sich selbst dabei, wie sie in den Lindenweiher steigt, die Beine, den Bauch und dann den Kopf abtaucht und mit ausgestreckten Armen auf dem Wasser treibt.

Zu Hause will sie sich die Treppe hinaufschleichen, als ihr Vater sie abfängt. Warum sie nicht mit Tim nach Hause gekommen sei. Und was mit ihrem Kleid passiert sei, will er wissen. Das hätten sie doch gerade erst gekauft.

Als Dorothea in Tränen ausbricht, sagt ihr Vater, dass sie sich nicht anziehen solle wie eine Hure. Sie geht in ihr Zimmer und beschließt, am nächsten Tag mit Pfarrer Witte zu reden.

Jetzt ist Dorothea aus ihren Erinnerungen aufgewacht. Sie beschließt zu tun, was sie damals tat. Sie streift ihr Kleid vom Körper, taucht in den Lindenweiher, zieht sich wieder an und geht durch die Büsche in Richtung Autobahn. Seitdem hat niemand sie mehr in Überall gesehen.

Zur Lage:
«Normal ist Ich!»

Hinter der bürgerlichen Fassade tobt die Gewalt – und die ist meist blutig.

Einige Orte der Provinz haben einen guten Namen. Sommerloch in der Nähe von Bad Kreuznach ist so ein Dorf. In Zeiten der Nachrichtenflaute steht es regelmäßig im Mittelpunkt der Medien. Jugendliche lieben es, die unschuldige Gemeinde Fickmühlen bei Flögeln auf der Landkarte zu suchen, und zu Weihnachten redet alle Welt von Himmelreich, einem Ort in der Nähe von Freiburg. Doch es gibt auch in der Provinz Ortsnamen, die für immer mit Blut befleckt sind. Rotenburg an der Fulda zum Beispiel, wo der «Kannibale» Armin Meiwes einem Siemens-Angestellten zunächst das Glied abtrennte, um ihn dann zu töten und sein Fleisch zu essen. Die Band Rammstein besang diesen sexuellen Gewaltexzess im Song «Mein Teil», Igor Bauersima verarbeitete das Verbrechen in seinem Theaterstück «69», und der Comiczeichner Wittek malte die Geschichte des «Kannibalen von Rotenburg» unter dem Titel «Hunger». Die abgelegene Odenwaldschule in Heppenheim sorgte für Aufsehen, weil hier, mitten in der Provinz, Internatsschüler sexuell missbraucht wurden. Die Gemeinde Eschenau wurde in die Medien katapultiert, weil ein ganzes Dorf jahrzehntelang zwei Vergewaltiger deckte. Und die Stadt Euskirchen ist bekannt geworden, weil der Schulbusfahrer Erwin Mikolajczyk das Amtsgericht mit einer Pistole stürmte und es in die Luft sprengte – sieben Menschen wurden damals getötet. Das absurde Tatmotiv (eine Geldstrafe von 7200 Mark, weil Mikolajczyk seine Frau geschlagen hatte) und der Gummistiefel-Fetisch des Täters inspirierten Peter Keglevic zu seinem Film «Tag der Abrechnung» mit Oscarpreisträger Christoph Waltz. All diese Orte haben durch eine einzige Gewalttat einen schlechten Namen bekommen.

Verbrechen in der Provinz geben Einblicke in die dunkle Seele hinter der polierten Dorffassade. Sie zerstören die hübsche Umgebung durch Gewalt. Die Orte Eppstein-Vockenhausen, Erfurt, Coburg, Emsdetten, Brannenburg, Meißen, Ansbach und Winnenden sind ebenfalls zu Mahnmalen eines gesellschaftlichen Versagens auf dem Land und in der Kleinstadt geworden. Sie waren Tatorte von Amokläufen. Überall wurde die Frage gestellt, warum die Gewalt in die vermeintliche Idylle eindringen konnte und wie aus scheinbar normalen Schülern Massenmörder wurden.

In Hamburg, Berlin, Frankfurt oder München gab es bislang keine Amokläufe. Und auch in den USA, in Großbritannien oder Frankreich sind die erschreckenden Ausraster von Jugendlichen hauptsächlich Phänomene der Provinz. In der Öffentlichkeit werden nach jedem Amoklauf Debatten um das Verbot von Killerspielen geführt oder um strengere Regeln für Schusswaffen. Das Phänomen der Provinz spielt kaum eine Rolle, und nur selten dringt die Ursachenforschung zu tieferen Fragen vor. Zu offensichtlich scheinen die Muster bei Amokläufern, von denen viele in Verbindung zu Schützenvereinen standen und Killerspiele auf ihren Computern hatten: Robert S., der 2002 ins Gutenberg-Gymnasium in Erfurt stürmte und 12 Lehrer, eine Sekretärin, zwei Schüler und einen Polizisten tötete, liebte Shooterspiele und war Mitglied im Schützenverein. Auch Tim K., der 2009 in der Albertville-Realschule in Winnenden 15 Menschen tötete und 11 verletzte, spielte Killerspiele und hatte die Waffe von seinem Vater geklaut, einem passionierten Sportschützen. Doch schon bei Bastian B., der 2006 an der Geschwister-Scholl-Realschule in Emsdetten wahllos auf Schüler schoss, dabei fünf Personen verletzte und sich anschließend selbst tötete, liegt die Sache ein wenig anders: Er hatte sich seine Waffe im Internet besorgt. Georg R., der 2009 im Gymnasium Carolinum in Ansbach 16 Menschen verletzte, drei von ihnen schwer, kam ganz ohne Schusswaffe aus – er bediente sich einer Axt.

Abgesehen davon, dass Schusswaffen auch in Städten leicht zu besorgen sind, wird der Waffenmissbrauch auf dem Land durch das Sportschützentum eventuell gefördert. Gleichzeitig argumentieren Schützenvereine aber zu Recht, dass sie in vielen Gemeinden eine der wenigen Institutionen sind, die sich noch um die Kinder kümmern. Viel interessanter als die Nähe der Amokläufer zu Schützenvereinen und Shooterspielen scheint eine andere Parallele zu sein. Sie alle haben vor ihren Taten weitgehend unauffällig in der deutschen Provinz gelebt, auf Dörfern, in Kleinstädten oder in den Speckgürteln der Städte. Obwohl die Gemeinschaft gerade in der Provinz enger gestrickt zu sein scheint, haben ihre Mitschüler, Lehrer oder Eltern keinen Verdacht geschöpft.

Gerade die intime Gesellschaft auf dem Land scheint mit psychologisch auffälligen Schülern überfordert zu sein, und die wachsende Zahl von Amokläufen könnte auch eine Folge davon sein, dass die pädagogische und moralische Infrastruktur auf dem Land radikal abgebaut wird. Dorfschulen werden zugunsten von großen, oft anonymen Schulkomplexen in den Kreisstädten geschlossen, Kirchen und Sportvereine lösen sich auf. Und so fehlt es in der Provinz an geübten sozialen Mechanismen, während das Frustpotenzial wächst. Anders als in den Problemvierteln der Großstädte, die mit einem dichtgesponnenen Netz aus Sozialarbeitern und Psychologen ausgestattet sind, ist die schulpsychologische Betreuung in der Provinz eher eine Ausnahme.

In Wirklichkeit scheinen Pädagogen und Familien in der Provinz mit Problemfällen überfordert zu sein, auch weil sie zulassen – und vielleicht sogar erwarten –, dass Jugendliche ihr Frustpotenzial unter den frischgesaugten Wohnzimmerteppich kehren, da es in der Dorfgemeinschaft besser ist, mit seinen Sorgen nicht aufzufallen. Tim K. lebte bis zum Tag des Amoklaufes weitgehend unauffällig, sein Vater war Geschäftsführer einer Firma für Lohnverpackungen, Montage- und Nacharbeiten und fuhr einen Porsche. Tim wurde Dritter bei der Bezirksmeisterschaft im Tischtennis. Dass er in der Schule eher mittelmäßig und bei seinen Mitschülern nicht sonderlich beliebt war, dass er gern mit seinem Taschengeld prahlte, sich meist in die letzte Reihe setzte und wenig redete, schien nicht merkwürdig zu sein. Doch gerade der Rückzug in die innere Emigration und das Vortäuschen der heilen Welt nach außen ist ein typisches Phänomen der Provinz – nicht nur bei potenziellen Amokläufern.

In den Tagebüchern von Sebastian B. aus Emsdetten ist der Kampf eines Jugendlichen mit dem Anderssein in einem genormten, provinziellen Umfeld nachzulesen:

«Wieso fällt es Menschen so schwer, Dinge so zu nehmen wie sie sind, ich meine warum akzeptieren meine Eltern, meine Tante oder sonst wer meinen Iro nicht? Wieso akzeptieren Leute mein Aussehen nicht? Sie denken sich: ‹Kann der nicht einfach normal rumlaufen?› Ja was bitte ist denn ‹normal›? Gibt es irgendwo ein Buch oder eine Homepage, wo befohlen wird, sich normal zu verhalten, eine Erklärung dafür, was ‹normal› ist? WOHL KAUM! ALSO HÖRT AUF MIT EURER HARDCORE-KONSERVATIVEN Einstellung und seht es endlich ein: ‹Normal› ist Ich! Jeder definiert ‹normal› anders, jeder definiert es für sich selbst!»

Während die Selbstverwirklichung als Punker, als Hippie, als Autonomer oder eben als Spießer in den Städten zur Normalität gehört, fällt jedes Anderssein im Dorf sofort auf. Und so ziehen es Jugendliche auf dem Land vor, sich zu verstecken und zu verstellen. Der genormte Alltag macht ihnen dieses Versteckspiel leicht, denn sie müssen sich lediglich den offensichtlichen allgemeinen Regeln anpassen. So werden sie zu Wölfen in Schafspelzen, zu Zeitbomben, deren Ticken niemand wahrnimmt.

Bei WikiLeaks ist das erschreckende Abschiedsvideo von Sebastian B. zu sehen. Es zeigt einen nervösen Jungen in schwarzem T-Shirt, der mitten im Wohnzimmer seiner Eltern (Ledercouch, Stofflampe, Blick in den Garten) Hasstiraden in englischer Sprache brüllt. Sebastian B. wollte, dass die ganze Welt seine Tat versteht, und redete sich mitten in seinem Dorf in den Wahn einer globalen Mission. Dabei spricht aus seinem Tagebuch ein ganz anderer Mensch:

«Dies ist der letzte Abend, den ich erleben werde, ich sollte glücklich sein, aber irgendwie bin ich es nicht. Es ist wegen meiner Familie. Sie sind alle gute Menschen, und ich werde ihnen morgen wehtun. Es ist traurig, dass ich sie nach morgen früh nicht mehr wiedersehen werde. Zu denen, die ich liebe, sage ich: Dies alles tut mir so leid.»

Die Zerrissenheit zwischen dem Außen und dem Innen, zwischen der Familie und dem Dorf, dem Dorf und der Welt, zwischen Größenwahn und Intimität scheinen die extremsten Widersprüche des Provinzlebens zu sein, die Sebastian B. für sich nur noch gewalttätig auflösen konnte. Sein Amoklauf lässt sich als erweiterter Suizid verstehen, als letzter Ausweg, um der Enge seiner Umgebung zu entkommen. Gleichzeitig versuchte er, ihn als gesellschaftliche Großtat zu legitimieren. Er war hin- und hergerissen zwischen weltöffentlicher Propaganda in eigener Sache und intimer Nähe zu seiner Heimat und seiner Familie, die ihm heilig war – allerdings nicht heilig genug, um sie nicht zu verletzen. Er schien vorauszuahnen, dass seine Tat sie innerhalb des Dorfes zu Außenseitern machen würde, und tatsächlich haben die meisten Familien von Amokläufern nach der Tat ihre Heimat verlassen, auch weil sie nicht von der Gemeinschaft aufgefangen wurden.

Auf dem Land werden Sorgen gern tabuisiert, und die große Bedeutung des äußeren Bildes führt dazu, dass Probleme, Ängste und Unwohlsein versteckt werden. Von diesem psychologischen Überdruck erzählen viele Dorfgeschichten in der Literatur. Romane wie «Tannöd» oder Filme wie «Dogville» handeln von verdrängter Lust, von Ängsten und Nöten, die durch die allgemeine Norm gedeckelt werden, bis sie irgendwann explodieren.

Ein Ursprung ländlicher Gewalt ist das Prinzip des Wegschauens. Dorfgemeinschaften entwickeln oft ihre eigenen Regeln von Schuld und Sühne. Und so entstehen jenseits der offiziellen Rechtsprechung Grauzonen. Diese intime Moral funktionierte lange, weil die Instanzen von Kirche und Schule größere Grenzüberschreitungen verhindert haben. Inzwischen aber gibt es für viele kleinere Delikte kein Korrektiv mehr. Leichte sexuelle Übergriffe oder die Keilerei unter Jugendlichen werden stillschweigend hingenommen, und die schleichende Gewalt bekommt einen legitimen Rahmen, der erst durch Taten gesprengt wird, bei denen man nicht mehr wegschauen kann. Irgendwann wird jedes Tabu gebrochen, oft auf sehr brutale Art.

Die Kriminalität auf dem Land unterscheidet sich grundlegend von der Kriminalität in der Großstadt. Auffällig ist, dass die Kriminalität auf dem Land sich dabei meist gegen die eigene Gemeinschaft, gegen Mitschüler oder die Familie wendet, während Gewalttaten in der Stadt eher an Außenstehenden verübt werden.

Laut Kriminalitätsstatistik stehen in den Städten Betrug, Diebstahl und Rauschgiftdelikte im Vordergrund, während auf dem Land Brandstiftungen und sogenannte «Straftaten gegen die Umwelt» die Rangliste anführen. Während bei der städtischen Kriminalität die Maximierung des eigenen Gewinns im Vordergrund steht, sind auf dem Land oft der Frust oder existenzielle Not Anlass für Straftaten. So werden Brandstiftungen entweder begangen, um die Versicherung zu betrügen (ein Hinweis auf die wachsende Verarmung der Landbevölkerung), oder sie werden von Pyromanen verübt, die in der Regel ebenfalls Außenseiter sind und gegen gesellschaftliche Normen protestieren und verstoßen. Inzwischen steigen aber auch die Zahlen anderer Straftaten auf dem Land, etwa die von Alkoholdelikten. Oft ist das Frustsaufen die erste Stufe für weitere kriminelle Eskalationen. So verzeichnet die Polizei eine wachsende Zahl von Schlägereien und Vergewaltigungen nach Dorffesten.

Studiert man die Kriminalfälle aus den Boulevardblättern, fällt ein weiterer Unterschied von Stadt und Land ins Auge. Während Eltern in der Stadt ihre Kinder in Kühltruhen stecken, sie verhungern lassen oder töten, weil sie mit der Erziehung überfordert sind, bringen Kinder auf dem Land eher ihre Eltern um, weil sie mit den Erziehungsmethoden und ihrer Anpassung an die allgemeinen Konventionen nicht umgehen können. Oft wird innerhalb der Familien schon aus nichtigen Anlässen gemordet. So hat der 28-jährige Jurastudent René aus Rathenow in Brandenburg seinen Vater erstochen, seine Mutter erschlagen und die beiden dann mit einer Motorsäge in 20 Zentimeter kleine Stücke zersägt und in Plastikfässer gestopft. Anlass war ein Streit über die berufliche Karriere des Musterschülers. René wollte sein Studium abbrechen und sich als Finanzberater in Hamburg niederlassen. In der Verhandlung stellte sich heraus, dass die Eltern ihren Sohn von der Außenwelt abgeschottet hatten, weil er mit einem Klumpfuß auf die Welt gekommen war und sie das Gerede im Dorf vermeiden wollten.

In Malsch bei Heidelberg übergoss ein 38-jähriger Mann seinen Vater mit Benzin und zündete ihn auf offener Straße an. In einem Dorf vor Würzburg stach ein Jugendlicher auf seine Mutter ein, nachdem die beiden sich über den Mopedführerschein gestritten hatten. Nachdem der Sohn seiner Mutter das Messer in den Rücken gerammt hatte, sagte er: «Ich will dich sterben sehen.» Dann ging er in sein Zimmer und schaute fern. Die Mutter konnte sich auf die Straße retten, wo sie von Nachbarn entdeckt und gerettet wurde. In Eislingen hat ein 18-Jähriger gemeinsam mit seinem Freund seine Eltern und Schwestern mit 30 Schüssen hingerichtet. Die Hintergründe der Tat sind weitgehend ungeklärt, ein Tatmotiv allerdings könnte eine homoerotische Beziehung der beiden Jungen gewesen sein.

Fälle wie diese geben einen erschreckenden Einblick in die dunkle Seele der vermeintlich heilen Provinz und erreichen regelmäßig ein fassungsloses Zeitungs- und Fernsehpublikum. Dabei hat die Gewalt jenseits der Städte durchaus erkennbare Ursachen: Während die Armut in den Dörfern steigt, verschwinden die sozialen und moralischen Institutionen. In Großstädten wird vieles getan, um Gewaltpotenziale früh zu entdecken und Hilfsangebote bereitzustellen, doch in den Dörfern werden die Menschen mit ihren Ängsten, ihrem Anderssein und ihrem Landfrust weitgehend alleingelassen. In seinem Tagebuch beschrieb Sebastian B. die

Leere, die er vor seinem Amoklauf empfunden hatte, und eine Gemeinschaft, in der er niemandem mehr vertraute:

«Guckt man sich die Menschen heute an, sieht man leere Körper, aufgetakelt und rausgeputzt bis zum geht nicht mehr. Doch all das ist alles nur die Hölle. Innen drin ist es leer. Man lebt nur noch, um sich zu produzieren. Wer da nicht mitzieht, steht allein da. Ich sage ‹Fickt Euch!›»

Vor Ort: Turbulente Tage in Oberbayern

Die Pressemeldungen der Polizeidirektion Oberbayern klingen nüchtern – aber hinter jeder verbirgt sich ein kleines oder großes Drama.

Polizeiberichte sind nüchterne Bilanzen des Verbrechens. Egal, wie grausam ein Ereignis ist, wie groß die Gefühle der Betroffenen sind, wie viel Hass oder Mitleid eine Tat hervorruft – in den Polizeiberichten werden alle Kriminalfälle auf bloße Fakten reduziert. Doch manchmal reicht schon das Extrakt der Ereignisse aus, um sich ein Bild auszumalen, wie kaputt die Welt der Provinz in Wirklichkeit ist. Auf einer meiner Reisen durch das Internet bin ich zufällig auf der Internetseite der Polizei in Oberbayern gelandet. In Oberbayern, das muss man wissen, ist Deutschland so, wie sich die meisten Deutschen ihr Land vorstellen: von der Residenzstadt Eichstätt bis ins Alpenidyll von Bad Reichenhall. Doch der Blick auf die Polizeiberichte zeigt, dass die dunkle Seele auch in Deutschlands Paradiesen nistet. Allein für die drei Tage vom 3. bis 5. November 2010 ist hier vermerkt:

- Bad Heilbrunn: Zündelnde Buben fackeln Feldstadel ab. Fraunberg: Vermisster 17-Jähriger tot.
- Oberhachingen: Oberhachinger Gemeinderat als Bankräuber.
- Schwabhausen: Knecht sticht mit Mistgabel auf Bauer ein.
- Neuenburg an der Donau: Sattelzug schleift Radfahrer 500 Meter mit.
- Rosenheim: ‹Rosenmord›, Geldprobleme als Motiv.
- Erding: Motorradfahrer rast in Radlergruppe.

Vielleicht war es die fast poetische Qualität der Nachrichten, vielleicht die abstruse Mischung der Delikte, vielleicht die bayerischen Worte in den Meldungen, die mich interessiert haben. Auf jeden Fall bin ich nicht nur im Internet nach Oberbayern gesurft, sondern habe diese Gegend auch auf meiner Deutschlandreise durchquert. Ich bin von Garmisch-Partenkirchen über Heilbrunn und Holzkirchen bis nach Rosenheim gefahren, von den Alpen durch die saftig grüne Hügellandschaft. An den Straßenseiten habe ich Höfe gesehen, Kirchen, Dörfer mit Fachwerkhäusern und einige Neubaugebiete.

Im Norden Rosenheims steht ein großer Gebäudekomplex, in dem die dunklen Seiten des Regierungsbezirkes dokumentiert werden. Hier hat das Polizeipräsidium Oberbayern-Süd seinen Sitz. Die Polizei teilt Oberbayern in zwei Polizeibezirke auf – in Süd und Nord. Zusammen haben sie 16 500 Quadratkilometer, auf denen 2,5 Millionen Menschen leben. Rund 4700 Polizisten sind für diese Fläche zuständig. Einer von ihnen ist Franz Sommerauer. Er ist Sprecher des Polizeipräsidiums Oberbayern-Süd. Ein pragmatischer Mann mit bayerischem Akzent.

«Sicherlich, die Kriminalität verändert sich dauernd», erklärt er mir, «in der Stadt wie auf dem Land.» Und dann räumt er erst einmal mit dem Mythos der heilen Provinzwelt auf: «Aus dem Bauch heraus würde ich sagen, dass sich die Kriminalität zwischen Dorf und Stadt nicht sonderlich unterscheidet – jedes Delikt, das in der Stadt vorkommt, gibt es auch irgendwo auf dem Land.» Natürlich räumt Herr Sommerauer ein, dass in München Delikte wie Fischwilderung eher selten zur Anzeige kommen und dass die Struktur eines Raumes auch dessen Kriminalität bestimmt. «Aber abgesehen davon, dass ein Streifenpolizist in der Stadt davon ausgehen kann, mindestens einmal am Abend in eine Wirtschaft gerufen zu werden, um einen Streit zu schlichten, und ein Wachtmeister auf dem Land damit rechnen muss, dass er zu einem Verkehrsunfall ausrücken muss, unterscheidet sich die kriminelle Energie der Menschen nicht sonderlich.» Ja, es gibt sogar die gleichen Mode-Delikte. Sowohl in München als auch im schönen Oberbayern sei zu beobachten, dass die Häufigkeit von Alkoholexzessen steige. «Man kann das auf die einfache Formel bringen: Die Altersstufe geht nach unten, die Promillezahl nach oben.»

Ganz besonders würde das für Dorffeste und Konzertveranstaltungen gelten. Die Polizei auf dem Land beobachtet diesen Trend seit über 10 Jahren und reagiert darauf: «Besonders bei wiederkehrenden Veranstaltungen wie Volksfesten oder Konzerten versuchen wir im Vorfeld zu agieren», erklärt der Pressesprecher. «Entweder wir bieten eine verstärkte Polizeipräsenz auf, um die Jugendlichen abzuschrecken, oder wir setzen zivile Polizisten ein, die sich unter die Volksfest- oder Konzertgäste mischen, um mögliche Straftaten zu verhindern.» Außerdem wird von der Polizei verstärkt auf Prävention durch Aufklärung gesetzt.

Als ich durch Oberbayern gefahren bin, habe ich an den Räuber Hotzenplotz gedacht – und an Hauptwachmeister

Dimpfelmoser. In meiner Kinderwelt habe ich gelernt, dass der Polizist in einem Dorf Recht und Ordnung fast im Alleingang durchsetzt. Dass er gern bei der Großmutter einen Kaffee trinkt und – wenn es richtig ernst wird – auf die Hilfe von Kasper und Seppel setzen kann. Später wurde Otfried Preußlers Bild in der Literatur und in Filmen bestätigt, in denen der Dorfpolizist mindestens so wichtig ist wie der Dorfpfarrer oder der Dorflehrer. Aber wieder zerstört Herr Sommerauer einen Mythos: «Mit Verlaub, all das ist absoluter Schmarrn», sagt er, «den Dorfpolizisten gibt es nur in der Literatur.» Sicherlich, es gebe einige Beamte, die sich besonders intensiv um die Bürger und das Gemeinwohl kümmern, und natürlich gehöre es auch zu den Pflichten der Polizisten auf dem Land, in die Schulen zu gehen und den Kindern die Wichtigkeit von Katzenaugen zu erklären – aber letztlich sei die Arbeit eines Wachmanns, auch auf dem Dorf, an Richtlinien gebunden. Und eine der wichtigsten sei, dass der Polizist nicht als Privatperson in Erscheinung tritt, sondern dass die Bürger sich an die jeweiligen Polizeidienststellen wenden müssen. In der Stadt ebenso wie auf dem Land.

Immerhin gibt es einen Trost. Während die Pfarrer, die Lehrer und die Ärzte vom Land abgezogen werden, bleibt die Polizei vor Ort – auf jeden Fall in Oberbayern. Hier ist es noch nicht zur Schließung einer Dienststelle gekommen. «Im Gegenteil», erklärt Sommerauer, «dort, wo wir einen Bedarf erkennen, eröffnen wir auch neue Dienststellen.» Gerade erst wurde ein Polizeirevier in Dobenreuth aufgebaut – einem kleinen Ort, der bislang vom benachbarten Grosberg verwaltet wurde. Sommerauer muss allerdings einräumen, dass einige der Polizeidienststellen nicht mehr rund um die Uhr besetzt sind. «Dazu fehlt uns das Personal. Aber es ist in diesen Orten meist auch nicht so viel los, dass die Kollegen in der Nacht nicht von Polizisten aus dem Nachbarort vertreten werden könnten.»

Unter den Polizisten gibt es eine Hierarchie – und die Wachmänner, die auf dem Dorf Dienst schieben, stehen am unteren Ende. Sie sind für den sogenannten Ersteingriff zuständig. Sie sichern den Tatort und leiten weitere Maßnahmen ein. Wenn es sich um ein kleineres Delikt handelt oder um einen kleineren Unfall, bearbeiten sie den Fall bis zum Ende – ansonsten müssen sie die Sache an die Kriminalpolizei übergeben, die ihren Sitz in den größeren Städten hat. Dann dürfen die Dorfpolizisten bei der Aufklärung nur noch assistieren. Die gleiche Rangfolge gilt übrigens auch bei den Pressemitteilungen: «Ein Autounfall mit Sachschaden wird von den Kollegen vor Ort bekannt gegeben», sagt Sommerauer, «aber wenn es sich um einen Schulbus mit verletzten Kindern handelt oder um einen Mord, dann geht natürlich alles über uns.»

Vor einigen Tagen war wieder so ein großer Fall in Oberbayern – einer, zu dem Herr Sommerauer die Pressemitteilung geschrieben hat. Es war die Nachricht mit dem Titel «Rosenheim: ‹Rosenmord›, Geldprobleme als Motiv».

«Das war schon eine große Sache», sagt der Polizeisprecher. Und wie groß sie war, hört man nicht nur an seiner Stimme, sondern man kann es auch daran erkennen, dass in der Pressemitteilung ein Wort aufgenommen wurde, das wochenlang durch den Zeitungsboulevard gegeistert ist. Die Journalisten haben den Namen «Rosenmörder» erfunden. Der Mann aus Rosenheim hat ganz Deutschland in Aufregung versetzt – nach ihm wurde sogar bei «Aktenzeichen XY» gefahndet.

Der Mann hatte seine 51-jährige Frau zunächst in der Badewanne ertränkt und sie danach auf dem Ehebett auf einem Meer von Rosen aufgebahrt. Dann ist er geflüchtet. Auf der Flucht schieb er einen Brief an die Rosenheimer Polizei und machte sie auf seine Tat und den Fundort der Leiche aufmerksam. Außerdem drohte er, sich umzubringen. Zwei Wochen lang blieb er spurlos verschwunden. Die Sendung «Aktenzeichen XY» brachte 20 Hinweise – aber keiner half den Ermittlern weiter. Eher zufällig erkannte ein Autofahrer das Fahrzeug des Mörders und rief die Polizei an. Als die Streifenwagen eingetroffen waren, hatte ein Polizist, der gerade vom Dienst kam, den Mann bereits dingfest gemacht. Im Verhör gestand der «Rosenmörder» seine Tat – er hatte sich vor dem Mord mit seiner Frau über die gemeinsame finanzielle Lage unterhalten. Nachdem er sie auf Rosen gebettet hatte, irrte er ziellos durch Österreich und Bayern und war gerade wieder auf dem Weg Richtung Rosenheim – angeblich um sich selbst in einem See zu ertränken.

Aber auch die kleinen Meldungen, die ich im Internet gefunden habe, werfen Fragen über das Leben auf dem Land auf: Die «Buben aus Bad Tölz» etwa, die ein Feuer in einem Stall angezündet hatten, das auf die Erntevorräte übergriff und den gesamten Stadel niederbrannte, waren erst sieben und acht Jahre alt. Die beiden konnten sich retten und ihre Eltern informieren – der Schaden betrug rund 50 000 Euro.

Jemand wie Franz Sommerauer weiß, dass die Medien nicht nur über große Straftaten berichten, sondern auch über die eher amüsanten kleinen Delikte. So wie die Geschichte des Knechtes, der nach einem Streit mit seinem Bauern entlassen werden sollte. Der Angestellte schlug zunächst auf den Bauern ein, dann holte er eine Mistgabel und stach zu. Der Bauer konnte in sein Haus flüchten und die Polizei benachrichtigen. Die nahm den Täter fest. Der Chef kam mit leichten Verletzungen ins Krankenhaus, der Knecht wurde wegen versuchten Totschlags angeklagt, und die Zeitungen hatten eine knackige Überschrift: «Knecht sticht mit Mistgabel auf Bauer ein.»

Das Erstaunliche an den sieben Pressemitteilungen, die das Polizeipräsidium in Oberbayern während der drei Novembertage ins Internet gestellt hat, war ihre Unterschiedlichkeit. Neben den alltäglichen Verkehrsunfällen und dem «Rosenmörder» wurde auch die Leiche eines 17-jährigen Jungen gefunden. Seine Geschichte lief ebenfalls bundesweit im Fernsehen. Gemeinsam mit zwei Freunden war er nachts um zwei Uhr nach Hause gegangen, kehrte ohne Grund um – und verschwand. Es wurden Suchtrupps ausgesendet und Hubschrauber mit Wärmekameras eingesetzt. Schließlich wurde die Leiche von Tauchern in dem Bach Strogen entdeckt, der auf dem Heimweg des Jungen liegt. Nach Angaben der Polizei hat es sich um einen Unfall gehandelt – ein Fremdeinwirken konnte nicht festgestellt werden.

Wirklich provinziell, aber ebenfalls tragisch löst sich die Nachricht über den Gemeinderat als Bankräuber auf: Der 60-jährige Norbert J. war ein beliebter Politiker und Unternehmer in Oberhachingen. Nach einer Kunstschmiedelehre wurde er zunächst Einkäufer, dann Vertriebsassistent in einer Warenhauskette. Später machte er sich mit einer Werbeagentur selbständig. Was niemand ahnte: die Geschäfte des stets gutgelaunten Mannes liefen schlecht. Norbert J. hatte sich verschuldet. Er war so verzweifelt, dass er sich zu einem dilettantischen Banküberfall hinreißen ließ: Er parkte seinen Wagen vor einer Bank im Baden-Württembergischen Lonsee, krempelte den Kragen seines Pullovers hoch, setzte sich eine Sonnenbrille auf und wickelte sich seinen Schal um das Gesicht. Mit einer Bombenattrappe betrat er die Filiale und rief: «Ich kann das hier alles explodieren lassen!» Die Angestellte händigte ihm sofort das Geld aus und löste gleichzeitig den Alarm aus. Norbert J. floh so überstürzt, dass ein Passant irritiert war und das Autokennzeichen notierte – wenig später wurde der Gemeinderat von der Polizei festgenommen. Die markierten Geldscheine und einige gestohlene Autokennzeichen wurden in seinem Wagen gefunden und beschlagnahmt. In Oberhachingen löste die Nachricht keine Empörung, sondern Mitleid aus. Der Täter war beliebt, hat eine Familie – und seine Tat stürzte alle in Ratlosigkeit. «Ich bin total erschüttert, weil ich ihm das niemals zugetraut hätte», gab ein Kollege aus dem Kreistag gegenüber einer Zeitung zu Protokoll. Norbert J. rief noch aus der Untersuchungshaft beim Oberhachinger Bürgermeister an und legte offiziell alle öffentlichen Ämter nieder. Angeblich ist ihm dabei fast die Stimme gebrochen.

Über all das schweigt der Polizeibericht natürlich. Bei Leuten wie Franz Sommerauer dürfen Gefühle im Dienst keine Rolle spielen. Ihr Job ist es, die Verbrechen der Provinz zu dokumentieren. Auch wenn es sich um drei besonders aufregende Tage in Oberbayern handelt.

IX. Die Hoffnung

«Auch für Verliebte bietet Füssen mit seinem romantischen Flair und seiner historischen Vergangenheit ein ganz besonderes Ambiente. Sie möchten Ihren Tag der Tage unvergesslich machen? Das Standesamt Füssen berät Sie gerne.»

Aus einer Werbebroschüre der Stadt Füssen

Roman:

Überall putzt sich heraus

Neuntes Kapitel, in dem sich die Bürger von Überall herausputzen, weil das Fernsehen zu Gast ist.

Hans hat das Radio eingeschaltet und sitzt auf der Eckbank in der Küche. Er sortiert die Aufzeichnungen seiner Überaller Chronik und hat Tim gebeten, sich zu ihm zu setzen. Gemeinsam schauen sie sich die Bilder von Tims Großvater an, aus der Zeit, als er die Praxis eröffnet hat. Alte Fotos von einer Fronleichnamsprozession und von anderen Feierlichkeiten im Dorf. Dann zeigt Hans Tim die kleinen, vergilbten Bilder von Männern aus dem Dorf, die mit Stahlhelm und Waffe vor dem Eiffelturm zu sehen sind. «Vergiss nicht, das zu erzählen, Tim», mahnt Hans seinen Sohn. «Während die meisten von ihnen in Russland gefallen sind, durfte Franks Großvater bei seinen Kühen bleiben. Weil er die Mühlen-Juden verraten hat. Das interessiert die Fernsehleute bestimmt, die sind ganz heiß auf solche Geschichten. Aber sage ihnen auch, dass die Überaller von nichts wussten.

Von nichts, hörst du? Hier, schau, ich habe im Archiv der Stadt einen Beweis gefunden: einen Brief an Franks Großvater, in dem ihm ein SS-Orden für seine ‹vaterländischen Verdienste› verliehen wird.» Hans öffnet eine kleine silberne Kassette und holt die Kopie eines Briefes heraus, auf dem ein Hakenkreuz prangt.

«Ja, Papa, ich weiß. Aber Frank, er ist mein Freund ...»

«Dein Freund – dass ich nicht lache. Er lässt dich für einen Hungerlohn arbeiten. Und das soll ein Freund sein? Die Geschichte, Tim, sie wird dir helfen, eine kluge Frau zu finden. Lass dir sagen, dass Frauen solche Männer mögen: echte Forscher. Und vergiss Frank, die Geschichte wird ihn immer wieder einholen. So oder so.»

Als Tim seinem Vater vor einigen Tagen von seiner Bewerbung bei «Landwirt sucht Dame» erzählte, war Hans' erste Reaktion, seinem Sohn eine Ohrfeige zu geben. Doch dann hat er sich besonnen: Man könnte die Sache ja auch nutzen. Wenn sich schon die Gelegenheit bot, dass Überall ins Fernsehen kam, wäre es besser, die Dinge selbst in die Hand zu nehmen, als seinem trotteligen Sohn die Show zu überlassen.

Gemeinsam mit Pfarrer Witte hat Hans eine Sitzung im Gemeindehaus einberufen. Hier haben die Überaller besprochen, wie sie sich auf die Leute vom Fernsehen vorbereiten wollen. Günter und Gertrud haben erklärt, dass sie eine neue Speisekarte für den Hirschen zusammenstellen werden. Highlight soll der «Kirchteller» werden, eine bunte Mischung unterschiedlicher Fischarten, serviert mit einem Glas Kirschwasser. Ulrich hat angeboten, die Karte auch ins Englische zu übersetzen. So etwas würde die Weltoffenheit der Überaller zeigen, hat er gesagt. Außerdem wollte er mit den Fernsehleuten zu seiner Tankstelle fahren, schließlich sei das Benzin hier billiger als in der Stadt.

Fritz und Waltraud haben sich vorgenommen, das Schaufenster ihres Lebensmittelladens neu zu dekorieren. Waltraud hat vorgeschlagen, Bilder von den Überaller Hobbymalern aufzuhängen. So würden die Fernsehleute sehen, dass es in ihrem Supermarkt um mehr als um Wurst und Käse geht – anders als beim Supermarkt an der Autobahn. Außerdem wollte sie ein ganzes Regal für Franks Milch ausräumen und ein Schild darüberhängen: «Vom Bauern unseres Vertrauens». Inge war begeistert und hat sofort versprochen, ein Aquarell für das Schaufenster beizusteuern. Sie wollte den Lindenweiher malen.

Nach der Diskussion darüber, ob Hans einen Teil seiner Chronik auf Papptafeln ausstellen dürfe, kam es zu keinem abschließenden Ergebnis. Aber alle Überaller haben versprochen, dass sie – sollten sie gefragt werden – Hans' Chronik erwähnen würden.

Außerdem haben die Überaller an diesem Nachmittag beschlossen, gemeinsam den Wetterhahn von der Kirchturmspitze zu nehmen und ihn zu polieren. Denn im Laufe der Zeit ist er doch etwas angelaufen und strahlt nur noch matt über die Wipfel des Waldes. Dass jeder noch einmal Hand an den eigenen Vorgarten anlegen sollte, brauchte nicht besprochen zu werden. Das war Ehrensache.

In der folgenden Woche war in der Hauptstraße ein Treiben zu beobachten, als hätte sich die Gemeinde beim Wettbewerb «Unser Dorf soll schöner werden» angemeldet.

Tim bekam die neue Stimmung besonders zu spüren. Die Leute waren plötzlich nett zu ihm, grüßten ihn, wenn er auf die Straße ging. Günter hatte beim letzten Mal sogar zwei Bier kostenlos auf den Tresen gestellt, und als Tim sein Geld im Supermarkt vergessen hatte, schenkte Inge ihm das Brot und die Marmelade, die er kaufen wollte.

Auch Ulrich war nett zu ihm. Er nannte ihn neuerdings

immer «mein Freund» oder «unser Fernsehstar». Tim gefiel das. Nur dass sein Vater ihm immer wieder die alten Bilder zeigte, ihm die Geschichte über die Juden von Überall erzählte und den Mythos vom Bau der Kirche, die von den Vorfahren der Überaller Bürger in eigener Arbeit errichtet worden war, begann ihn zu nerven.

«Hast du auch Bilder von Doro, Papa?»

«Ich will den Namen in diesem Haus nicht mehr hören, Tim! Hast du verstanden? Sie kommt und verschwindet – so geht man nicht mit der Familie um. Nie! Hast du das verstanden?»

Als Tim aufsteht, um die Eckbank zu verlassen, hält Hans ihn am Arm: «Warte, Junge – ich mein es doch nicht so. Verstehe doch, sie kommen nur wegen dir. Und du kannst es schaffen, dass alle im Dorf stolz auf dich sind. Erzähle ihnen die Geschichte von Überall. Ich bin stolz auf dich.»

Als Tim nickt, verschließt Hans seine Dokumente wieder in der silbernen Kassette, und sein Sohn verlässt die Küche. Tim hat Frank versprochen, am Nachmittag beim Melken zu helfen. Als er in den Stall kommt, sitzt Frank bereits bei den Kühen. «Ah, du kommst doch noch. Ist sich der Fernsehstar also doch nicht zu schade für die Arbeit?»

«Natürlich nicht», sagt Tim, «ich werde auch noch bei dir arbeiten, wenn ich eine Frau gefunden habe.»

«Und du glaubst wirklich, dass du eine Frau findest?»

«Die finden alle eine Frau – die schicken so viele, bis man eine hat.»

«Ja, und bis dahin stellen sie das ganze Dorf auf den Kopf. Aber eines sage ich dir – ich mache da nicht mit! Was für eine Frau suchst du überhaupt?»

«So eine wie die Doro.»

«Ja, die Doro – davon gibt es nicht viele. Sag mal, das mit meinem Großvater, das lässt du da aber raus, oder?»

«Versprochen, Frank. Ich werde schweigen. Aber der Papa, der will das unbedingt erzählen. Der hat sogar einen Brief mit einem Hakenkreuz gefunden.»

«Das kann doch nicht sein. Dein scheiß Vater! Tim, du musst mir diesen Brief besorgen. Ich will ihn haben.»

«Aber ich kann doch nicht ...»

«Vergiss nicht: Ich bezahle dich, ich bin vielleicht dein einziger Freund im ganzen Dorf. Ich bin der Einzige, der Doro versteht. Tu's für mich.»

«Gut, Frank, ich werde es versuchen.»

Frank nickt, dann raunzt er Tim an, sich endlich einen Schemel zu nehmen und zu melken.

ZUR LAGE:

Auf der Spaßrutsche ins Landsterben

Die deutsche Provinz muss sich zu Tode sparen, um zu überleben. Schuld ist die mangelnde Flexibilität der kommunalen Haushalte.

Die traditionsreiche Messer- und Klingenstadt Solingen steht vor dem Bankrott. Zwischen Einnahmen und Ausgaben klafft ein Loch von 85 Millionen Euro, allein die Altschulden betragen 64 Millionen. Der Gesprächsmarathon, den Bürgermeister und Kämmerer im Hochsommer 2010 mit den Interessensgruppen der Stadt geführt haben, dauerte viele Wochen. Sie haben den Sportvereinen erklärt, dass die bisherigen städtischen Unterstützungen in Zukunft so nicht mehr möglich seien. «Geht nicht» haben sie der Bibliothek gesagt, «geht nicht» den Gewerkschaften und «geht nicht» den Schulleitern. In Solingen bedeutet Politik machen schon lange nicht mehr, die Entwicklung der Stadt zu gestalten, sondern die eigene Heimat Stück für Stück aufzugeben. Wenn Solingen nicht einen radikalen Sparkurs einschlägt, droht den 162 000 Einwohnern, dass ihr gewählter Bürgermeister entmachtet und die Stadt durch einen Abgesandten der Landesregierung regiert wird.

Um die Bürger von den Sparmaßnahmen zu überzeugen, haben die Politiker die Bürger im Internet und in der Lokalzeitung aufgerufen, Streichvorschläge einzureichen – die Internetseite hatte mehr als 20 000 Besucher. Aber jeder Vorschlag stieß auf Gegenwehr. Der Bürgerhaushalt spaltete die Stadt. Dass gespart werden musste, haben alle verstanden. Doch jeder wollte am liebsten beim anderen sparen.

Seit Jahren beklagen Städte und Gemeinden, dass sie ihre Dörfer nicht mehr schöner machen können, dass ihnen die Mittel fehlen, der Landflucht entgegenzuwirken, dass sie ihre Unabhängigkeit und Gestaltungskraft verlieren. Die Kämmerer stehen vor dem Problem, dass der größte Teil ihrer Etats an Lohnzahlungen und Sozialleistungen gebunden ist. Letztere müssen verpflichtend gezahlt werden – und das in steigendem Maße. Während Städte und Gemeinden 2002 noch mit 28 Milliarden Euro für Sozialleistungen ausgekommen sind, betrug die Summe 2010 bereits 42 Milliarden. Außerdem müssen die Kosten für Gesetze, die in Berlin beschlossen werden, etwa für das Recht auf Kindergartenplätze, die Integration von Behinderten oder die Pflicht für Sozialtransfers, vor Ort erbracht werden. Nötige Investitionen in Schulen, Sportvereine und Kulturangebote, um die Bevölkerung in der Provinz zu halten, bleiben dabei auf der Strecke.

Ein Großteil der kommunalen Haushalte ist also unantastbar, und mögliche Sparmaßnahmen bringen nicht die gewünschten Effekte. Dass Solingen schon seit Jahren an seiner Straßenbeleuchtung spart, kann die wachsenden Sozialausgaben nicht kompensieren. Zudem sind die Einnahmen aus Gewerbe- und Einkommensteuer nicht erst seit der Wirtschaftskrise gesunken und die städtischen Einnahmen durch Gebühren nur marginal steigerungsfähig. Jede Anhebung von Grund- und Einkommensteuer vertreibt weitere Unternehmer und Bewohner. Manche Gemeinden suchen ihr Heil bereits darin, Betriebe von der Gewerbesteuer zu befreien und stattdessen konkrete Zuwendungen für die Infrastruktur von ihnen zu fordern. Sie argumentieren, dass es unmöglich sei, eine Kuh zu melken, die nicht da sei, und nehmen lieber geringere Einnahmen in Kauf, als ganz auf Arbeitsplätze zu verzichten. In dieser Maßnahme sehen sie die einzige Chance, ihre Dörfer und Städte nicht der sozialen Schieflage und der Abwanderung in Ballungsräume preiszugeben.

In ihrem Sparhaushalt für 2010 haben die Solinger Politiker 248 Posten zur Disposition gestellt. Der Bürgermeister will möglichst wenig an der Bildung sparen, und so fallen auch besonders liebgewonnene Einrichtungen dem Rotstift zum Opfer. Zwei Hauptschulen werden geschlossen, ein Schwimmbad ist bereits zu, ein weiteres soll von einem Verein übernommen werden. Im Bürgerbüro wird nur noch einer – statt bisher vier Angestellte – arbeiten, und zehn Prozent der Beamtenstellen sollen ebenfalls gestrichen werden. Die Stadtbibliothek muss sparen, die Festhalle steht in Frage, das Sportstadion wird geschlossen, die Zuschüsse für die Eishalle werden gekürzt. Solingen spart sich tot, um zu überleben. Und Solingen ist keine Ausnahme. Nach einer repräsentativen Umfrage der Wirtschaftsprüfungsfirma Ernst & Young unter 300 Kommunen planen 60 Prozent der Kommunen, Leistungen zu reduzieren. Zugleich wollen 84 Prozent Steuern und Gebühren erhöhen.

Die Situation wird um so absurder, da die Städte, Gemeinden und Kommunen auf der einen Seite die Sparvorgaben des Bundes umsetzen müssen und nicht mehr selbst in die kulturelle Vor-Ort-Entwicklung investieren, auf der anderen Seite aber Unterstützung für Großprojekte von Bund und Ländern bekommen: für Wellnessoasen, Winterskihallen und Musicaltheater. So wird das eigentliche Landleben abgeschafft und die Provinz zum metropolitanen Eventraum verwandelt.

30 Millionen Euro Fördergelder haben Bund, Land und Gemeinde in die größte deutsche «Karibik-Oase» Tropical Island in Krausnick investiert. In der alten Halle des Cargolifters, die ebenfalls staatlich finanziert wurde, stehen nun Palmen und Strände mitten in Brandenburg. Vor seiner Eröffnung rechnete das gigantische Spaßbad mit 2,5 Millionen Besuchern pro Jahr. Tatsächlich kommen gerade einmal 900 000. Ein Grund des Flops ist die Konkurrenz: Die Lagune Cottbus, das Thermalbad Templin, das Badeparadies Lübbenau und mehr als 90 andere Spaß- und Erlebnisbäder buhlen allein in den neuen Bundesländern mit dem Fun-Faktor um Tagestouristen. Dabei hat die BAT-Stiftung in einer Studie zum Freizeitverhalten der Deutschen herausgefunden, dass Wellness, Camping und Fitnessstudio die Liste jener Dinge anführen, denen sich viele Bürger eher selten widmen. So kommt es zur absurden Situation, dass hoch subventionierte Spaßbäder, die weder signifikante Arbeitsplätze vor Ort schaffen noch den Tourismus beflügeln, aus der ländlichen Erde wachsen und alte Hallenbäder trotz ihrer regelmäßigen Stammbesucher vor der Schließung stehen.

Das Land wird zum Spaßparadies, und unsere Dörfer werden nicht schöner, sondern gigantischer. Der BUND Oberrhein warnt längst vor der «Verhässlichung des Schwarzwaldes» und davor, dass der eigentliche Wert der Provinz – ihre

Landschaft und Lebenskultur – durch virtuelle Spaßbetriebe gefährdet wird: «Wenn der Europapark in Rust seine Fläche verdoppelt und sich bis zur Autobahn ausdehnt», heißt es in einer Petition, «dann zeichnet sich nach und nach ein neues Bild von Heimat. Das ehemals Reale verschwindet im Heimatmuseum und Micky Maus bricht aus ihrem Käfig aus. McDonald's, Euro-Maus und eine Vielzahl von Fernsehprogrammen, die große Illusionsmaschine, überdecken auf beiden Rheinseiten vordergründig die Wunden der Zerstörung.»

Während immer neue Disneyländer in der Provinz entstehen, schaffen viele Länder es nicht mehr, ihre wahren Baudenkmäler instand zu halten. Sachsen musste feststellen, dass es sich seine Denkmalpflege nicht länger leisten kann, und hat über 80 Prozent der alten denkmalgeschützten Gebäude aus der Fürsorgepflicht des Landes entlassen.

Das Schloss Neuschwanstein ist ein bewährter Stopp für japanische Touristenbusse und orientiert sich schon lange an Disneyworld und nicht an der Kultur von Märchenkönig Ludwig II. Die nahe Stadt Füssen hat sich auf den Publikumsverkehr eingestellt, buhlt mit japanischen Restaurants, japanischen Speisekarten, japanischen Preislisten und empfängt seine Besucher mit einem japanischen Begrüßungsschild. Die historische Stadt ist zur Hure der Tourismusindustrie geworden und hat einen Großteil ihres alten Charmes verloren. Höhepunkt der «Investitionitis» war das Musicaltheater, in dem japanische Touristen mit japanischen Übertexten das Leben des Märchenkönigs vorgesungen wurde. Doch die märchenkönigliche Stadtpolitik entpuppte sich schnell als Finanzfiasko.

Derweil werden gerade in der Provinz staatlich subventionierte Bühnen geschlossen, die, anders als Musicaltheater, durch abwechslungsreiche Programme für ein kulturelles Klima sorgen, das bis in die Dörfer strahlt. Sie machen die Provinzen lebenswerter und bieten feste Arbeitsplätze vor Ort. Doch das Schauspielhaus in Wuppertal soll 2012 dichtgemacht werden, und das einst preisgekrönte Essener Aalto-Theater steht zur Disposition. Die Theater Görlitz und Zittau sind zusammengelegt worden, ebenso wie Stralsund und Greifswald, die in der Theater Vorpommern GmbH fusionierten. Diese Gesellschaft soll 2011 aufgelöst und durch eine größere ersetzt werden. Das neue Großtheater Vorpommern-Ostmecklenburg soll dann alle Bühnen zwischen Putbus und Neustrelitz unter einem Dach vereinen. Auch die Theater in Oberhausen, Hagen, Moers, Essen, Schleswig, Dessau und Neubrandenburg sind akut bedroht. Die kulturelle Götterdämmerung ist in der Provinz längst aufgezogen.

Großprojekte scheinen nur dann erfolgreich zu sein, wenn sie privat und ohne Subventionen gemanagt werden. So hat Dietmar Hopp das sportliche Leben in der Provinz Hoffenheim durch Millioneninvestitionen gefördert. Und dem Intendanten des Baden-Badener Festspielhauses, Andreas Mölich-Zebhauser, ist es gelungen, die kriselnde Kurstadt zur Kulturstadt umzudeuten. Der Intendant, der weitgehend ohne Subventionen auskommt, warnt aber auch vor einem weiteren Abbau der Kultur in der Provinz: «Nur wenn wir in die Kultur in der Fläche investieren, ist eine Leuchtturmkultur möglich – ohne kleine Stadttheater würden uns sowohl die Künstler als auch das Publikum fehlen.»

Während private Investoren klug nach Angebot und Nachfrage kalkulieren, bleiben Bundes- und Landesinvestitionen in Großprojekte auf dem Land in der Regel erfolglos. Über 1,3 Billionen Euro sind seit der Wende in die Infrastruktur und die Sozialleistungen für die neuen Bundesländer geflossen. 20 Jahre nach dem Mauerfall stellt sich heraus, dass ein Großteil des Geldes versickert ist. Inzwischen wohnen zwei Millionen Bürger weniger in Ostdeutschland als 1989, kein einziges der 100 größten deutschen Unternehmen hat seinen Firmensitz in den Neuen Ländern, und die Gemeindestrukturen auf dem Land zerfallen. Weder überdimensionierte Flugplätze wie in Stralsund noch Shoppingcenter in den Außenbezirken der Städte oder Spaßbäder haben diesen Trend stoppen können. Während zahlreiche Städte nach der Wende aufwendig restauriert und erweitert wurden, erwarten sie heute einen Bevölkerungsrückgang – in Stendal zum Beispiel rechnet man mit einem Schwund von mindestens 15 000 Bewohnern bis 2020. Die Stadtplaner kümmern sich derzeit darum, die Großprojekte der letzten 20 Jahre rückzubauen. Die neue Devise für die Provinz ist: kleiner statt größer.

Die Stärkung liegt nicht in einer aufgeblasenen Vergrößerung, sondern in der beherzten Provinzialisierung. Eines der besten Beispiele ist die hessische Stadt Frankenberg. Sie liegt abgeschieden von jeder Autobahn, und das geflügelte Wort der Einwohner lautet: «Frankenberg ist dort, wo nichts ist.» Trotzdem hat Frankenberg, anders als benachbarte Gebiete in der hessischen Provinz, nicht mit einer Flucht seiner Bürger in die Großstädte zu kämpfen. Das Geheimnis ist der selbstbewusste Umgang mit der Abgeschiedenheit: Kein einziges Weltunternehmen hat in Frankenberg seine Filiale aufgeschlagen, und dennoch prosperiert der Ort, weil sich zahlreiche mittelständische Betriebe hier jenseits der Einflüsse von außen seit Jahrzehnten entwickeln. Als eine leichte Abwanderung von Akademikern in Frankenberg festgestellt wurde, haben die Politiker sofort reagiert und in Bildung und Familienpolitik investiert. Inzwischen wurde Frankenberg sogar als «Familienstadt mit Zukunft» ausgezeichnet.

Frankenbergs Wirtschaft funktioniert, weil sie an die Tradition des Landes anknüpft. Sie ist eine wirkliche Zukunftsperspektive, ähnlich wie die sogenannten «Industrial Districts». Damit werden in der Wirtschaftssoziologie Regionen beschrieben, in denen mittelständische Unternehmen einen speziellen Nischenmarkt besetzen, sich vernetzen und so eine überregionale Strahlkraft entwickeln. Vorbild dieser «Industrial Districts» sind die Schuhmanufakturen im sogenannten «Dritten Italien», einer einst wirtschaftsschwachen Region im Nordosten Italiens, die aufgeblüht ist, weil sie ein vergessenes Handwerk neu und kreativ belebt hat.

Kaum eine vom Bund oder Land finanzierte Rieseninvestition hat derartige Entwicklungen gefördert oder es geschafft, die Provinz zu beleben und die Abwanderung zu stoppen. Umso tragischer ist es, dass Städten wie Solingen ausgerechnet das Geld fehlt, das anderenorts von Bund und Ländern für Freizeitoasen ausgegeben wird. Dabei ist das Landleben in Deutschland nur zu retten, wenn die Städte, Gemeinden und Kommunen ihre Gestaltungsspielräume zurückbekommen. Sie wissen am besten, was ihre Region braucht, um eine Überlebenschance zu wahren. In der Regel sind das mehr Schulen, eine größere Förderung des sozialen Lebens und eine Stärkung der Gemeinschaft durch Kultur. Neue Spaßbäder haben sich längst als Weg in die freudlose Provinz erwiesen.

Vor Ort:

Mein Dorf soll schöner werden

Wie ein Inder die ostdeutsche Provinz mit deutschen Tugenden rettet.

Am Anfang der folgenden Geschichte steht das großstädtische Vorurteil eines Westdeutschen. Auf einer Feier philosophierte ich über den Niedergang der ostdeutschen Provinzen: über desillusionierte Rentner, frustrierte Nazis, den Abbau von Schulen, über innere Emigration und gewalttätigen Frustabbau. Doch dann erzählte Maria aus ihrer Kindheit. Sicher, es gebe in Mecklenburg, in Brandenburg und überall im Osten kritische Zonen, gestand sie ein, aber ihr Altlandsberg gehöre nicht dazu. Maria wuchs in einem DDR-Dorf auf, in dem jeder jeden kannte, in einem Idyll, in dem sich alles um den Bäcker, die Lehrer, den Kleinhändler, die Schulfreunde drehte – eben um die wirklich wichtigen Dinge des Lebens. Mir kam das vor, als schilderte sie ein Brandenburger Bullerbü! Sie erzählte von ihrem Hausarzt Doktor Gujjula, einem Inder, der aus Liebe zu einer Landwirtschaftsstudentin in Altlandsberg gestrandet war. Maria sagte, dass er nach der Wende die Nazis aus ihrer Heimatstadt vertrieben und das Städtchen zur Vorzeigegemeinde des Ostens gemacht habe und dass es blödsinnig sei, ganz Ostdeutschland über einen Kamm zu scheren. Ich habe ihr versprochen, den Arzt und seine Stadt aufzusuchen.

Am Ende Berlins türmen sich im Osten die Plattenbauten von Marzahn zu riesigen Wohngebirgen auf. Jeder Betonblock sieht aus, als wäre er eine eigene deutsche Provinz, mit unterschiedlichen Ethnien, eigenen Regeln, eigenen Dekorationsvorschriften und eigenen Geschichten. Hier wohnen die Menschen so dicht beieinander, als ob die Erde hinter Marzahn den Schlund der Hölle öffnete. Dabei erschließen sich einem hinter dem Stadtteil aus Beton in Wirklichkeit paradiesisch weite Wiesen. Landstraßen winden sich durch blühende Rapsfelder, und an den Straßen locken Hotels mit bunten Plakaten und Billigpreisen automobile Vertreter an, denen das Hotel Vier Jahreszeiten am Gendarmenmarkt zu teuer ist. Am Autobahnring der A 10 liegt die Grenze der Hauptstadt, hinter ihr beginnt die Brandenburger Speckgürtelprovinz.

Das gelbe Ortsschild von Altlandsberg steht auf der Landstraße hinter einem abgewrackten Mühlenanwesen, auf dem Haus, Gehöft, Erlengrund und Mühlenteich verwuchern und auf einen Prinzen zu warten scheinen. Daneben feiert ein Plakat den Einzug der Handballfrauen in die zweite Bundesliga.

Maria hat mir verschwiegen, dass die Geschichte von Altlandsberg bereits im Mittelalter beginnt und von beiläufigen Eroberungen, von Landfluchten und radikalen Verwüstungen erzählt. Fast scheint es, als hätten die Altlandsberger in der Weltgeschichte nichts anderes getan, als ihre Heimat neu aufzubauen, seit Burg, Stadtkirche und die Stadtmauer im 13. Jahrhundert errichtet wurden.

Nach dem Teltow-Krieg 1245 gehörte das Dorf zur Mark Brandenburg und entwickelte sich prächtig, die Altlandsberger durften eigene Märkte abhalten, und ein Kloster siedelte sich an. Doch der schnelle Aufstieg weckte Begehrlichkeiten, und 1432 überfielen die Hussiten die Gemeinde und brannten sie nieder. In einem weiteren Feuer wurden 1537 das Rathaus und sämtliche Urkunden vernichtet. Aber es kam noch dicker: Die Pest tobte, und im Dreißigjährigen Krieg brannte Altlandsberg erneut ab.

Erst als der kurfürstliche Minister Otto von Schwerin das

Schloss und die Stadt kaufte, um ein neues Barockschloss zu errichten und die ersten Hugenotten ansiedelte, blühte Altlandsberg wieder auf. Die Hugenotten wanderten allerdings schnell in die Metropole ab, wo sie die Privilegien einer französischen Kolonie genossen. Das multikulturelle Berlin lockte schon damals die Eliten aus der Provinz.

Als die Spitzenverbände der Roten Armee 1945 in Altlandsberg einzogen, errichteten sie hier die letzte Station vor der Belagerung der Hauptstadt. Doch dieses Mal blieb das Dorf unverwüstet. Bis zur deutschen Vereinigung 1990 führten die Bürger ein ruhiges Dasein im Schatten des DDR-Machtzentrums.

Regelmäßig fuhr irgendein Altlandsberger mit einem großen Bestellzettel nach Berlin, um die Volksgenossen mit Dingen zu versorgen, die es auf dem Land nicht gab: Berliner Bier für den Bauern und H-Milch für den Landarzt. Der Bürgermeister kam aus der Block-CDU, war aber genau so machtlos, Altlandsberg gegen den Willen der Staatsmacht zu sanieren wie seine Vorgänger aus der SED. Es ging mal wieder – wie so oft zuvor – bergab: 1963 wurde die alte Kleinbahn stillgelegt, die seit 1897 verkehrte, der Bahnhof zu einem Parkplatz umgewandelt und das Dorf von Berlin abgeschnitten. Nach der Gebietsreform von 2002 wurden die umliegenden Dörfer eingemeindet, und heute ist Altlandsberg mit seinen 7000 Einwohnern eine echte Stadt.

Noch bevor man den Stadtkern erreicht, passiert man die Plattenbausiedlung mit dem proletarischen Kampfnamen «Straße des Friedens», die moderne Seniorenresidenz und das prunkvolle Rathaus, das 1912 als Königlich Preußisches Amtsgericht samt Gefängnistrakt im Stil der Neorenaissance erbaut wurde. Ein Werbeprospekt wirbt mit Trauungen im historischen Ambiente: «Gönnen Sie sich etwas Besonderes, eine Trauung im altehrwürdigen Rathaus Altlandsberg».

Die Stadtverwaltung bietet den Hochzeitspaaren folgende Arrangements an: «Sägebock, freie Musikauswahl (auch eigene Tonträger). Blumen und Reis streuen sind erlaubt! Auf Wunsch Sekt für Sie und Ihre Gäste (kostenpflichtig).»

Der Publikumsverkehr im Rathaus ist rege. Die Stadt scheint sich gegen den Überalterungstrend der neuen Bundesländer zu stemmen. Es werden auffällig viele Kinderwagen hinein- und herausgeschoben. Doch das hat nicht nur mit Anträgen für Kindergeld und Geburtsurkunden zu tun, es liegt auch an dem kleinen Schild, das an der Rathausfassade prangt: «Ravindra Gujjula. Arzt für Innere Medizin».

Die Praxis liegt hinter schweren Holztüren im Untergeschoss. Marias ehemaliger Hausarzt ist ein kleiner, sehr dunkelhäutiger Mann mit wenigen schwarzen Haaren und einem auffallend ernsten Blick. Sein Büro ist eine Mischung aus Bollywood und Biedermeier: indische Skulpturen, ein Puttingset für Bürogolf, und im Fenster stehen leicht verwelkte Blumen in einer Sektflasche. Die Liege ist quietschgelb bezogen und unauffällig in der Praxisecke positioniert. Das Sprechzimmer erinnert mit seinem großen, schweren Schreibtisch eher an ein Audienzzimmer als an einen Untersuchungsraum. Dass der Doktor im Rathaus praktiziert, war besonders praktisch, als Ravindra Gujjula zum ehrenamtlichen Bürgermeister gewählt wurde – als erster ausländischer Bürgermeister in ganz Deutschland. Inzwischen ist er Ortsvorsteher von Altlandsberg.

Ravindra Gujjula kam 1973 in die DDR. Sein Vater war prominenter Funktionär der indischen Gewerkschaft, und die DDR versprach dem jungen Mann die Verwirklichung seiner politischen Ideale. Gujjula studierte in Greifswald, zog nach Berlin und verliebte sich. An seine ersten Monate in Altlandsberg erinnert er sich genau: «Ich war wahrscheinlich der erste Dunkelhäutige, den die Menschen hier gesehen haben. Die Kinder haben zu ihren Müttern gesagt: ‹Guck mal, ein schwarzer Mann.›» Heute ist der schwarze Mann im weißen Kittel bekannt wie ein bunter Hund.

Gujjula ist ein zuvorkommender Mensch und kann es kaum erwarten, über seine Stadt zu reden, weil dieser Ort für ihn zu einem Stück heile Welt geworden ist. Heiler als die DDR, von der er das eigentlich erwartet hatte. Heil auch deshalb, weil er selbst diese Welt mit gestaltet hat. Man könnte ohne Übertreibung sagen: Das heutige Altlandsberg ist Dr. Gujjulas Lebenswerk.

«Wissen Sie, die eigentliche Wende war gar nicht der Fall der Mauer», sagt er. «Dass ein neues politisches System kommen würde, war klar – aber das hat die Gemeinschaft in Altlandsberg nicht wesentlich beeinflusst. Erst nach der Währungsreform und der Einführung der Deutschen Mark ist alles anders geworden. Plötzlich war es so, dass viele sich ein Auto gekauft haben und jeder selbst nach Berlin fahren konnte, um die Dinge zu kaufen, die er brauchte. Das alte Modell der Solidargemeinschaft war über Nacht verschwunden», erinnert sich Gujjula. Und das war nur der Anfang: «Einige Menschen, die sich gestern geduzt haben, fingen plötzlich an, sich zu siezen.» Langsam drohte die Stimmung zu kippen. Manche Altlandsberger fühlten sich zu extremen Parteien hingezogen, besonders die Republikaner fischten damals nach desillusionierten ostdeutschen Wählern. «Die Geschichte zeigt, dass nach einer Diktatur oft anarchische Verhältnisse herrschen», versucht der Ortsvorsteher das Phänomen zu erklären, sagt aber auch: «Ich war Arzt und wusste, dass alle Menschen, egal, welche politischen Vorlieben sie haben, Menschen sind. Ich kannte die Eltern und die Großeltern einiger radikaler Jugendlicher – hätte ich sie nicht behandeln sollen?» Statt die Neonazis zu ignorieren, hat er versucht, mit ihnen ins Gespräch zu kommen, während er sie behandelte – nachzufragen, worin ihre Unzufriedenheit bestand. Schnell stellte der Arzt fest, dass es gegen Rechtsradikalismus keine Medizin gibt; er musste Überzeugungsarbeit leisten.

Auch das soziale Gleichgewicht in der Gemeinde änderte sich. Während Gujjula als Arzt in der DDR mit 700 Ostmark weniger verdiente als ein Handwerker, gehörte er nach der Wende zu den Besserverdienern. «Spätestens da stellte ich mir die Frage, ob ich mich nun zurücklehnen oder mich gesellschaftlich engagieren soll.»

Der Inder ist kein Landarzt aus einem Rosamunde-Pilcher-Roman, und seine Gewissenhaftigkeit war oft deutscher als die seiner deutschen Mitbürger. Die Altlandsberger wussten das. Ihr Arzt hatte sich immer schon zuverlässig um ihre Bauchschmerzen und Heiserkeit gekümmert, und er hatte die Politik bereits zu DDR-Zeiten als Stärkung des Allgemeinwesens und nicht als Ideologie verstanden.

Kurz vor dem Mauerfall wollte Gujjula zum ersten Mal Bürgermeister werden, was nach dem DDR-Wahlgesetz auch möglich war. Es reichte, fünf Jahre lang in der DDR zu wohnen, um sich aufstellen zu lassen. Doch Gujjula wurde nicht zugelassen: «Du bis der einzige Ausländer in Altlandsberg», erklärten ihm die Parteikader, «wen willst du schon vertreten?» Der Doktor war wütend, schrieb einen Protestbrief nach Berlin, und die Partei reagierte prompt: Der Arzt bekam Arbeitsverbot.

Nach der Wende wurde die Wahl wiederholt. Damals galt noch das DDR-Wahlrecht, und er durfte endlich kandidieren. Als der parteilose Kandidat Gujjula die Stichwahl erreichte, geschah etwas Absurdes. Vertreter der rechtsradikalen Republikaner besuchten ihn und erklärten: «Wir haben lange diskutiert und haben beschlossen, dass wir Sie unterstützen wollen.» Der Inder war verdutzt und erwiderte, dass er diese Unterstützung nicht brauchte. Heute lächelt er über diesen Zwischenfall: «Ich bin inzwischen sicher, dass ich diesen Leuten meine Wahl zum Bürgermeister zu verdanken habe.» Ganz überzeugen konnte er die Rechtsextremen bis heute nicht, noch immer erzielen sie rund sechs Prozent der Wählerstimmen. Aber nicht sie haben ihre Stadt geprägt – das war Ravindra Gujjula.

Er hat die Zeichen des Wandels früh erkannt und sich intuitiv um wirkliche Zukunftsvisionen gesorgt, während andere Gemeinden auf überdimensionierte Großprojekte mit westlichen Investoren setzten. Gujjulas Hauptziel war es, die Landflucht aus Altlandsberg zu verhindern. «Die Überlegungen waren simpel», sagt er, «das Erste, was wir getan haben, war, die Schule mit Hilfe von privaten Investoren zu sanieren. Denn ohne Schule gibt es keinen Anreiz für junge Familien, sich bei uns niederzulassen.» Außerdem hat Gujjula wie ein Wilder Vereine gegründet: «In der DDR war es so, dass man in die Vereinskultur gezwungen wurde, ich selbst musste sogar im Krankenhaus dem Verein für Deutsch-Sowjetische Freundschaft beitreten. Aber nun, da die alten Strukturen aufgelöst waren, mussten wir einen freiwilligen Verbund herstellen – das ging nur mit den neuen Vereinen.» So wurden in Altlandsberg vom Heimatverein bis zum noblen Lions Club unterschiedliche Gruppen gebildet, in denen Gujjula selbst Vorsitzender wurde. Er beschloss, eine Allzweckhalle für Stadtfeste und Großereignisse zu bauen, und auch hier setzte er nicht auf westdeutsche Investoren, sondern gewann die Jugendlichen in Altlandsberg dafür, selbst Hand anzulegen. «Mir war sehr wichtig, dass alle mitmachen, denn nur so konnte ich sicher sein, dass unsere neue Halle nicht ein Jahr später mit Graffiti beschmiert ist.» Das ist sie bis heute nicht.

Danach kümmerte sich der Bürgermeister um das kulturelle Erbe seiner Stadt, das in der DDR vor sich hin rottete: das Scheunenviertel, die Ruinen des alten Schlosses, die Kirchen und der Stadtturm mussten saniert werden. Aber die Altlandsberger hatten mit den historisch wertvollen Privathäusern angefangen. Gujjula bemühte sich erfolgreich um Millionengelder aus dem Wiederaufbaufonds und nahm die Besitzer und die Kaufinteressierten sofort in die Pflicht: «Nur wer Geld in die historisch korrekte Sanierung seiner Immobilien investiert hat, bekam von uns ein Haus und das Grundstück.»

«Wir können uns das ja mal ansehen», sagt der Doktor, so als wenn er mir eine besonders schöne Schürfwunde zeigen will. «Kommen Sie, ich fahre Sie.» Auf dem Parkplatz hinter dem Rathaus steht sein alter schwarzer Mercedes. «Nehmen Sie die Sachen einfach vom Sitz, das ist mein Büro», sagt er, und ich lege die Patientenmappen, die Parteipapiere (der Ortsvorsteher ist inzwischen SPD-Mitglied) und allerhand Stifte auf den Rücksitz und komme mir ein bisschen vor wie neben einem indischen Taxifahrer in Kreuzberg. Der Doktor sitzt stolz hinter dem Lenkrad und erzählt zu jedem Haus eine Geschichte: «Hier, die haben durch die Wirtschaftskrise einen Engpass gehabt, aber jetzt sanieren sie den Giebel zu Ende. Schön!» Auf dem Marktplatz erklärt er, dass es einen kleinen Aufschrei gab, als das Denkmal für die sowjetischen Befreier abgerissen wurde. «Aber so ist es doch viel schöner, oder?» Nur der vietnamesische Imbiss ärgert den indischen Ortsvorsteher. «Da wird auch Alkohol aus dem Fenster verkauft – zieht die Penner an. Nicht so schön.»

Als wir eine Stelle passieren, an der die penibel restaurierten historischen Fassaden plötzlich abbrechen, sich eine Baulücke öffnet und im Garten hinter einem Drahtzaun ein verrostetes Auto zu sehen ist, erklärt der Arzt: «Das war ein schweres Stück Arbeit. Jahrelang eine offene Wunde der Stadt. Der Besitzer hat immer wieder versprochen, etwas zu tun. Aber es bewegte sich nichts. Nun habe ich ein größeres, schöneres Grundstück für ihn gefunden, außerhalb des Stadtkerns. Ich glaube, er ist einverstanden. Dann kann hier jemand hin, der auch etwas tun will.»

Wenn man sich vom stolzen Ravindra Gujjula durch Altlandsberg fahren lässt, wird einem klar, dass Erfolg oder Misserfolg ländlicher Kommunen manchmal nur von einem einzigen engagierten Bürger abhängt.

Heute ist Altlandsberg eine ostdeutsche Vorzeigegemeinde: Hier wird die geringste Kriminalitätsrate in ganz Brandenburg verbucht, die Stadt schrumpft nicht, sondern wächst in einem gesunden Maße. Die Alten bleiben, und Junge kommen. «Es ist sehr wichtig, dass wir trotz aller Schönheit nicht zu einer Berliner Wochenendstadt werden. Deshalb achten wir schon darauf, dass Interessenten nicht nur ihre Häuser bauen, in denen sie von Freitag bis Montag wohnen, sondern dass sie in Altlandsberg leben und zum Teil der Gemeinschaft werden.»

Also alles perfekt? Fast. Bei seinen Hausbesuchen draußen auf dem Land bittet Gujjula die Kranken am Telefon bis heute, das Licht anzuschalten. «Wenn ich ehrlich bin, ist mir im Dunkeln manchmal schon etwas mulmig.» Er weiß, dass sein Engagement und sein Erfolg nicht jedem gefallen. Neulich, am Himmelfahrtstag, ist der Arzt mit einigen Freunden auf Vatertagstour gewesen und wurde in einer Kneipe angepöbelt. Ein Mann regte sich über Gujjulas Satz auf, dass es noch immer Nazis in Altlandsberg gebe, und schrie ihn an: «Ey, Inder, du sagst Scheiße über uns im Fernsehen.» Der Bürgermeister gibt zu: «Das war eine sehr unangenehme Situation, aber sofort sind andere aufgestanden und haben den

Mann beruhigt.» Der Landarzt ist sicher, dass seine Altlandsberger sich im Notfall solidarisch mit ihm erklären.

Aber solche Geschichten muss man Ravindra Gujjula fast aus der Nase ziehen. Denn er sitzt lieber in seinem Mercedes und schwärmt von seinen nächsten Plänen, um seine Stadt noch etwas schöner zu machen. Über die dunkle Seele der Altlandsberger redet er nur beiläufig. Etwa wenn er erzählt, dass sein Telefon jedes Jahr zu Hitlers Geburtstag klingelt und am anderen Ende jemand schreit: «Buba-buba-buba! Verpiss dich nach Indien!» Auch Briefe mit rassistischen Beschimpfungen sind für Gujjula gang und gäbe. «Ich bin deshalb nie zur Polizei gegangen», sagt er, «nur einmal, als meine Sekretärin zufällig einen dieser Briefe geöffnet hat, war sie so erschrocken und rief die Polizei. Die hat festgestellt, dass ein Brief mit Blut geschrieben war.»

Der Arzt hat aber Wichtigeres zu tun, als sich darüber den Kopf zu zerbrechen. Er will seinen Teil Deutschlands ein bisschen schöner machen, für sich und die anderen Deutschen, egal, woher sie kommen. «Ich kann mir gar nicht vorstellen, dass jemand aus Altlandsberg solche Briefe schreibt. Hier können doch alle mit mir reden», sagt er noch. «Die meisten Briefe wurden in Rostock, Magdeburg oder in den alten Bundesländern eingesteckt. Nicht hier. Nicht in Altlandsberg.»

X. Die Rituale

«In Ermangelung von Dämonen war die Jagd auf die eigenen Leute im Laufe der Zeit zur Hauptsache geworden.
Nun erschreckten die Klausen die braven Bürger. (...)
Und später war das rabiate Bürgerschrecken noch einmal geschrumpft zu dem, was es heute war: losziehen und kreischende Frauen jagen.»

Wolfgang Büscher über die Nacht der Klausen in «Deutschland, eine Reise»

Roman:

Schützenfest in Überall

Zehntes Kapitel, in dem Hans fast zum Schützenkönig wird – wenn nicht etwas dazwischengekommen wäre.

Um ein eigenes Schützenfest zu feiern, ist Überall zu klein. Deshalb richten die Überaller dieses Ereignis gemeinsam mit den Nachbardörfern aus. Dieses Jahr wird der Schützenkönig in Nirgendwo gekürt, einem etwas größeren Dorf als Überall, auf der anderen Seite der Autobahn. Obwohl die gemeinsame Planung des Schützenfestes meist amüsant und feuchtfröhlich verläuft, gehört es zum Ritual echter Nirgendwoer und echter Überaller, ihre Konkurrenz zu pflegen. Beide Dörfer sind stolz, dass noch nie eine Ehe zwischen einem Überaller und einer Nirgendwoerin zustande gekommen ist. Und das, obwohl beide Dörfer dem gleichen Sportverein angehören und – wenn man ehrlich ist – öfter gemeinsam jubeln, als sie es je zugeben würden. Im Mai versuchen die Jungen der beiden Dörfer, sich gegenseitig den Maibaum zu stehlen, und natürlich ist es auch beim Schützenfest Ehrensache, die Schießfreunde der Nachbargemeinde zu schlagen.

Der beste Schütze in Überall ist Hans. Er hat den Titel bereits viermal gewonnen. Die Holzplaketten des Siegers hat er am Giebel der alten Arztpraxis angebracht. Letzten Sommer hat Frank das Schützenfest gewonnen. Er hat die Schützenplakette allerdings nicht an seinem Haus. Das sei etwas für Leute, die es nötig hätten, meint er.

Auch in diesem Jahr dauert die Veranstaltung wieder drei Tage. Gestern wurde das Schützenfest mit einem großen Fackellauf eröffnet, bei dem alle Bürger der zwei Dörfer auf den Festplatz marschiert sind. Hier wurde das Schützenfest dann offiziell mit Böllerschüssen und einem kleinen Feuerwerk eröffnet. Auch heute herrscht schon reger Betrieb auf dem kleinen Platz im Wald vor Nirgendwo. Das Festkomitee hat ein Karussell für die Kinder gemietet, und die Gastwirte der beiden Ortschaften sorgen für Speisen und Getränke. Besonders beliebt ist dieses Jahr der Stand von Gertrud und Günter, die Überaller Kirschwasser ausschenken und zum ersten Mal ihren «Kirschteller to go» anbieten: geräucherten Aal, Lachs und Makrelenfilets. Dazu ein Kirschwasser.

Der Wettbewerb verläuft ganz im Sinne der Überaller. Am Abend liegt Hans in der Wertung vorn, gefolgt von Frank. Wolfram, ein junger Schütze aus Nirgendwo, belegt erst den dritten Platz. Beim Schützenball am Abend trinkt Hans, entgegen seiner Gewohnheit, keinen Schluck Alkohol. Er will das Finale morgen früh auf keinen Fall aufs Spiel setzen, schließlich würde eine vierte Plakette an seinem Giebel auch die Leute vom Fernsehen beeindrucken.

Vom Rest des Schützenfestes wäre eigentlich nichts weiter zu berichten, wenn sich nicht dieser Vorfall beim Tanz der Schützen ereignet hätte. Traditionell muss der amtierende Schützenkönig den Ball eröffnen. Als Partnerin hat Frank sich dafür Inge ausgesucht, obwohl Hans lautstark dagegen protestierte. Aber Inge konnte ihren Mann beruhigen. Sie sagte ihm, dass sie es amüsant fände, erst mit dem alten und dann mit dem neuen Schützenkönig zu tanzen.

Während ein Alleinunterhalter am Synthesizer Frank und Inge auf das Parkett bittet und einen Walzer anstimmt, bilden die übrigen Festgäste einen Kreis und klatschen im Takt. Frank legt ein erstaunlich rasantes Tempo vor, drückt Inge an seine Brust und flüstert ihr schon nach den ersten Schritten ins Ohr, dass sie ihren Mann davon abhalten müsse, den Leuten vom Fernsehen irgendetwas von seinem Großvater zu erzählen. Es gehe schließlich auch um die Ehre des Dorfes. Einige Takte später flüstert Inge zurück, dass Frank keine Angst zu haben brauche, schließlich habe jeder eine Leiche im Keller. Und diese Geschichte sei doch nun wirklich verjährt. Sie fragt ihn, was so schlimm daran sei, wenn Hans diese alten Kamellen noch einmal herausholte – es könnte der Veröffentlichung des Buches guttun, und Frank selbst hätte doch wirklich nichts zu befürchten. Während sich die beiden weiter im Walzerschritt drehen und lächeln, droht Frank, dass er Tim umbringen würde, wenn Hans auch nur ein Wort sagte, und dass Inge darauf Gift nehmen könne. Dann öffnet er seine Arme, lässt Inge um ihre eigene Achse kreisen und drückt sie wieder fest an sich. Die Zuschauer applaudieren diesem außergewöhnlichen Tanzmanöver, das sie von Frank nicht erwartet hätten, und dann werden auch schon die anderen Paare auf die Fläche gebeten. Frank übergibt Inge an ihren Mann, und der Alleinunterhalter verkündet, dass der Schützenball jetzt offiziell eröffnet ist.

Die Schützenkönige der vergangenen Jahre sitzen gemeinsam mit ihren Frauen am Ehrentisch. Frank ist guter Laune. Er hat einige Biere getrunken und gibt sich zuversichtlich, morgen den Titel zu verteidigen: «Ich brauche nur zwei perfekte Ringe», sagt er, steht auf und entschuldigt sich: «Ich muss mal pissen.»

Hinter dem Festzelt sind einige Dixiklos aufgestellt. Als Frank fertig ist und die Plastiktür öffnet, spürt er das kalte Rohr einer Flinte an seiner Schläfe. «Ich warne dich, du Bastard – bedrohe meine Frau nie wieder. Nie wieder, verstehst du das?» Hans hat ihm aufgelauert. «Du willst mich erschießen?», fragt Frank mit ruhiger Stimme. «Nur zu – du Feigling!» Hans lädt die Flinte durch und fragt: «Wie sicher bist du dir, dass ich feige bin? Gut, spielen wir ein Spiel: Ich lasse dich laufen, du hast genau zehn Sekunden. Ich habe einen Schuss. Es wird aussehen wie ein Unfall. Glaubst du noch immer, dass ich zu feige dafür bin?»

Ohne zu antworten, reißt Frank sich los und rennt in Richtung Wald. Schon nach den ersten drei oder vier Schritten hört er, wie sich ein Schuss aus der Flinte löst. Aber Frank spürt nichts und rennt weiter, bis er die schützenden Bäume erreicht. Er hört ein lautes Schreien. Wolfram hat die Szene beobachtet und Hans die Flinte aus den Händen gerissen. Wahrscheinlich hat sich der Schuss im Handgemenge gelöst. «Bist du wahnsinnig, einfach in den Wald zu schießen? Was ist los mit dir, Hans?»

Noch am Abend beschließt das Schützenkomitee, Hans vom Finale auszuschließen, weil er gegen die Regeln verstoßen hat. Sein Einwand, dass es sich um ein Versehen gehandelt habe und die Flinte von allein losgegangen sei, nimmt ihm niemand ab. Von Frank redet keiner, auch Wolfram nicht. Die Schützenfreunde gehen davon aus, dass Hans willkürlich in den Wald gefeuert hat. Nach dem Urteil, das offiziell am Tisch der Schützenkönige gefällt wird, bittet der

Mann am Synthesizer zum Tanz. Hans und Inge gehen nach Hause.

Als die beiden die Tür der alten Arztpraxis öffnen, hören sie ein Geräusch. Sie erkennen einen Schatten, der sich aus der Küche schleicht. «Halt, stehen bleiben – oder ich schieße!», schreit Hans. Tatsächlich bleibt der Schatten stehen, reißt einen Arm nach oben, im anderen hält er einen Gegenstand. «Nein, nein, nicht schießen!» Als Hans das Licht anschaltet, erkennt er Tim, der die silberne Schatulle mit den Unterlagen für die Chronik in seiner Hand hält. «Du also auch! Mein eigener Sohn.» Hans holt aus und schlägt Tim ohne Zögern mit der flachen Hand ins Gesicht. Dann reißt er ihm die Schatulle aus der Hand und geht die Treppe hinauf. Inge nimmt ihren Sohn in den Arm und tröstet ihn: «Er meint es nicht so, Tim, das weißt du doch, oder?»

Zur Lage: «Wenns an Schnobi aufmochn –»

Ohne Rituale gerät das Landleben aus den Fugen. Oft gilt die Regel: Wer keinen Dialekt mehr sprechen kann, schlägt früher zu.

«A Lederhosn oder a Dirndl ham die junga Leid scho, aber oft is des nur a Maskerad, denn wenns an Schnobi aufmochn, dann heast den greisligen norddeitschn Slang.» Martin Bauer ist Vorsitzender des Fördervereins Bairische Sprache und Dialekte e.V., und ins Hochdeutsche übersetzt will er sagen, dass die Krachlederne bei jungen Bayern zwar zum angesagten Modeaccessoire geworden ist, die heutige Jugend aber kaum noch Bayrisch sprechen kann. Tatsächlich sterben die deutschen Dialekte aus. Zwar wird in einer kleinen neuseeländischen Kolonie das Bayrische gepflegt, seit 83 Bayern im Jahre 1863 hier strandeten, und selbst in Südbrasilien gibt es eine rund 1000 Mann starke Bayrische sprechende Gemeinde – nur die Bayern selbst verlieren ihre Mundart. Die UNESCO hat das Bayrische 2008 auf die Liste der vom Aussterben bedrohten Sprachen gesetzt. Und das, obwohl das Allensbach-Institut herausgefunden hat, dass Bayrisch der beliebteste deutsche Dialekt ist – und ein Großteil der Deutschen ihn sogar erotisch findet. Viele erinnert es an eine vergangene heile Welt, an intakte Dorfgemeinschaften und regionale Identifikation, an Kühe, Kuhglocken und Alpen. Doch die Begeisterung ist weitgehend nostalgisch.

Die Wahrheit ist, dass die deutschen Regionalsprachen aussterben. In München spricht heute nur noch jeder 100. Jugendliche unter 20 Jahren Bayrisch. Sprachforscher glauben, dass diese Quote zwei Generationen weiter für ganz Bayern gelten könnte. Dabei geht es dem Bayrischen von allen Regionalsprachen noch am besten: Niederdeutsch und Friesisch sind selbst in Schleswig-Holstein fast ausgestorben, das Sorbische in der Lausitz wird kaum noch gesprochen, und in den norddeutschen Bundesländern sind nur noch 12,5 Prozent der Menschen in der Lage, Plattdeutsch zu sprechen, vor 25 Jahren waren es doppelt so viel. Früher war die Sprache einer Region identitätsstiftend, am Tonfall konnte man die Bewohner einzelner Dörfer erkennen, der Akzent verkörperte die Seele der Leute, ihre Arbeit, ihr Gemüt, ihre Gemeinschaft, ihre Werte. Inzwischen orientieren sich die Dörfer an den Kreisstädten, die Kreisstädte an den Metropolen. Das verändert auch die Sprache. Dialekt wird in den Medien von Leuten wie Waldemar Hartmann oder Harald Schmidt höchstens noch augenzwinkernd als linguistisches Ausrufezeichen für die soziale Herkunft benützt. Als Gebrauchssprache wird er aber kaum noch gepflegt.

Nur 30 Prozent der Deutschen denken, dass eine Sprache wie Plattdeutsch unzeitgemäß sei. Einzelne Regionen kämpfen zwar noch immer einen aussichtslosen Kampf um die Erhaltung ihrer Sprachkultur, veranstalten Lesewettbewerbe an Schulen oder bieten Platt-AGs an. Trotzdem hat sie keine Chance gegen eine Politik der Metropolisierung. Selbst der im Norden bekannte Mundartdichter Karl Neuköther hat abgewinkt, als er an einer Schule Platt unterrichten sollte. «Das bringt doch nichts», erklärte er der Schulleitung, «Platt muss man im Alltag sprechen. Aber diejenigen, die das heute noch können, sind alt und grau.» Neuköther stellt illusionslos fest: «Meine Sprache ist zum Sterben verurteilt. Dass so viele kommen, wenn ich Platt lese, hat nur noch etwas mit Nostalgie zu tun – es ist vielleicht die letzte Möglichkeit, diese Sprache zu hören.» Die Dialekte sterben wie die ländlichen Lebenswelten selbst; die Provinz ist längst nicht mehr intakt, weil sie sich zunehmend an den Metropolen orientiert und keine neuen, eigenen Kräfte entwickeln kann.

Früher war das Schützenfest in Buchholz in der Nordheide ein traditionelles gesellschaftliches Großereignis. Die Stadt ist als Teil der Metropolregion Hamburg seit 1963 zwar von 10 000 auf 40 000 Einwohner gewachsen, aber das alte Schützenfest hat seine Besucher verloren. Auch die Zahl der Mitglieder im Schützenverein ist gesunken, und das nicht nur in Buchholz. Erwin Rose, Präsident des Bezirksschützenverbandes Lüneburg, erklärt: «Viele Vereine sind überaltert und haben das zu spät erkannt. Bei einem großen Teil gibt es nicht einmal mehr Majestäten, weder bei den Damen noch bei den Herren.» Einzige Hoffnung des Schützenvereins in Buchholz ist derzeit die neue Bogenschützengruppe. Nur sie verzeichnet noch Zulauf. Die Vereine müssen umdenken: In Dörfern und kleinen Städten wird heute lieber Karate erlernt als Turnen geübt, lieber mit dem Bogen geschossen als mit dem Luftgewehr, lieber herumgelungert als Fußball gespielt.

Einst waren die Sportvereine neben den Kirchen die Keimzellen des aktiven Landlebens. Es wurde nicht nur geturnt, die Vereine haben Dorffeste veranstaltet, Bierzelte aufgebaut, Kuchen gebacken und Würstchen verkauft. So wie die freiwillige Feuerwehr, die nicht nur Brände gelöscht hat, sondern eine Institution zur Förderung der Dorfgemeinschaft darstellte. Man wurde freiwilliger Feuerwehrmann, weil es der Großvater war und der Vater. Aber inzwischen lockt das Freizeitangebot in den Städten, und immer weniger Menschen wollen ihre Zeit in Dorfvereinen opfern. Bei der Frühjahrsversammlung der Freiwilligen Feuerwehr des Kreises Erdingen trat der Kommandant unter Tränen zurück: «Ich bin ausgezehrt», erklärte er seinen Kameraden. Rund 10 000 Feuerwehrleute auf dem Land schmeißen jedes Jahr das Handtuch. Sie haben neben ihren Jobs und dem Pendeln keine Lust mehr auf Übungen und verzweifeln an den immer neuen Dienstvorschriften. Die Professionalisierung der Feuerwehr verdirbt auch den letzten Interessierten den Spaß. Inzwischen überlegt Erdingen, die freiwillige Feuerwehr auf Grund des Mitgliedermangels gänzlich abzuschaffen. Und auch andere Vereine in der Provinz bangen zunehmend um ihre Zukunft.

Nach Statistiken des Forschungsinstituts für Soziologie in Köln gaben zwischen 2005 und 2008 über 40 000 Vereine in Deutschland auf. Und das ist nur der Anfang. Nach Angaben des Deutschen Olympischen Sportbundes kämpfen derzeit etwa weitere 40 000 Vereine gegen den demographischen

Wandel – die Hälfte aller Sportvereine in Deutschland. In den Neuen Bundesländern liegt die Quote sogar noch höher. Ihre Mitglieder vergreisen, und Nachwuchs ist nicht in Sicht. Und auch im Sport werden die Mitglieder durch bürokratische Hürden abgeschreckt: Die Bürokratie des DFB und des Steuerrechts sind inzwischen so groß, dass Kassenwarte und Vorsitzende verzweifeln. Freiwillige für diese Ämter sind kaum noch zu finden.

Noch versuchen die Vereine durch gezielte Werbekampagnen Mitglieder zu locken, aber das ist mittelfristig ein aussichtsloses Unterfangen. Denn abgesehen vom demographischen Faktor hat sich auch das Freizeitverhalten auf dem Land grundlegend verändert. Jugendliche kommen durch Ganztagsschulen in entfernten Orten meist erst spät in ihre Heimatdörfer zurück, verlieren viel Zeit beim Pendeln und betätigen sich – wenn überhaupt – eher bei privaten Anbietern. Sie kommen den alten Vereinen als Mitglieder abhanden und damit auch als aktive Posten in der Gestaltung des Dorflebens.

Der Schützenverein aus Nordhausen hat versucht, auf die neuen Gewohnheiten der Jugendlichen zu reagieren, und beauftragte das Team 412, das alte Schützenfest neu zu organisieren – normalerweise plant das Unternehmen Großveranstaltungen. Seither steht eine Party für die Jugend im Mittelpunkt des Nordhausener Schützenfestes, außerdem wird eine mobile Großraumdisco mit moderner Ton- und Lichttechnik aufgebaut. Tatsächlich ist das Schützenfest wieder besser besucht, aber mit dem Ritual des alten Dorffestes hat es nur noch wenig zu tun.

Überall in der deutschen Provinz tingeln heute die Schausteller durch die Dörfer, und die einst von Vereinen und ihren Mitgliedern organisierten Dorffeste sind inzwischen oft ebenso genormt wie die Fußgängerzonen der Kleinstädte.

Kartoffelsalat vom Turnverein und ein Bierzelt der Feuerwehr findet man immer seltener.

Das deutsche Dorffest hat sich von der gemeinschaftlichen Veranstaltung zum kommerzialisierten Rummelplatz entwickelt. Bürgermeister wollen nicht mehr in erster Linie die örtliche Gemeinschaft pflegen, sondern möglichst viele Gäste aus dem Umland anlocken.

Dabei kommen nicht selten ausgerechnet jene Besucher, die eigentlich keiner auf einem Fest haben will. Die Polizei verzeichnet in den letzen Jahren massiv steigende Zahlen von Alkoholmissbrauch und gewalttätigen Ausschreitungen. In St. Wolfgang bei Erdingen eskalierte das Dorffest auch deshalb, weil die Katholische Landesjugend, die das Fest organisiert hatte, einen Spirituosenhersteller als Sponsor gewinnen konnte, der seine Promotiongirls schickte, um kostenlose Alkoholproben zu verteilen. Nach den Ausschreitungen kündigte der Bürgermeister an, das Dorffest in St. Wolfgang künftig nicht mehr stattfinden zu lassen. Viel zu oft wollen dörfliche Institutionen das Image ihrer Gemeinde durch Volksfeste aufpolieren, die nur noch Halligalli bieten. So provozieren sie den Zerfall der Dorfgemeinschaft und verlieren gleichzeitig die Kontrolle über die Feiergewohnheiten einer zunehmend frustrierten Landjugend.

Im Internet kursieren unter Jugendlichen sogar «Gebrauchsanweisungen» für das «Trinken auf dem Dorffest». Unter anderem wird geraten: «Die Umstehenden nicht fragen, ob sie überhaupt noch ein Bier haben wollen. Saufen ist schließlich kein Spaß.» Der halbstarke Text wendet sich an Festbesucher, für die das Kampftrinken ein Hobby ist: «Klingt scheiße, aber Du wirst dankbar sein, wenn Dein Körper Dir das Geschenk macht, dass Du kotzen kannst. Du hast vielleicht sogar das Glück, dass Du die letzten zwanzig Bier noch erwischst, bevor sie Dein Gehirn erreicht haben.»

Und dann noch: «Die Letzten müssen aufpassen, dass keiner heimlich abhaut. Die Ersten sacken einfach so vor der Theke zusammen, damit sie nicht noch mehr saufen müssen. Vorteil dieser Phase des Dorffestes: Du musst nicht mehr extra nach draußen latschen für pissen und kotzen: geht jetzt alles vor Ort. Nach Hause fällt aus! Allein schaffst Du's nicht. Taxis gibt's nicht auf dem Land. Und wenn, würden sie Dich nicht mitnehmen. Deine Frau kommt nicht, um Dich zu holen, die ist froh, dass dieses Wrack nicht in ihrer Wohnung liegt und der Gestank in die Möbel zieht.»

Natürlich gab es auch früher bei Dorffesten Betrunkene und Schlägereien – aber sie dienten in der Regel dazu, die Reibereien des Alltags innerhalb der Dorfgemeinschaft aufzulösen. Heute werden sie zu Exzessen ohne Anlass. Nach einem Dorffest im niederbayerischen Leiblfing wurde ein 19-Jähriger totgeprügelt, bei anderen Festen kam es zu Vergewaltigungen, und in Seedorf las sich der Polizeibericht wie bei den Mai-Krawallen in Kreuzberg: Um 22 Uhr wurden Jugendliche von der Polizei beobachtet, als sie Bierflaschen auf der Straße zertrümmerten – sie wurden aufgefordert, die Straße zu reinigen. Um 22.40 Uhr fuhr ein betrunkener VW-Fahrer in einen Audi TT und beging Fahrerflucht – ihm wurde noch vor Ort der Führerschein abgenommen. Um Mitternacht meldete ein 16-jähriger Festbesucher den Diebstahl seines Mofas – die Polizei fahndete. Um ein Uhr schlug ein 21-jähriger Mann auf einen anderen Festbesucher ein, brach ihm Nase und Jochbein – er wurde wegen Körperverletzung angezeigt. Eine halbe Stunde später schlug ein stark alkoholisierter 16-Jähriger seinen 19-jährigen Freund, dabei wurde der Kotflügel eines Autos zerstört. Als ein weiterer Mann die Schlägerei schlichten wollte, wurde ihm ebenfalls die Nase gebrochen – er kam ins Krankenhaus. Um 2.45 Uhr schlugen sich zwei Männer, von denen einer zu Boden ging.

Der andere trat ihm mit den Füßen auf den Kopf – er wurde wegen gefährlicher Körperverletzung angezeigt.

Früher dienten Rituale auf dem Dorf dem Zusammenhalt der Gemeinschaft, heute wird höchstens noch der Ausbruch aus der Tristesse des Landlebens inszeniert. Dialekte ließen einmal die Zugehörigkeit zu einer bestimmten Region erkennen, Vereine und Dorffeste stärkten den Gemeinschaftssinn – heute existiert er kaum noch. Rituale und Merkmale, die auf die regionale Identität verweisen, sind gefährdet. Und wenn das Dorf einmal im Jahr Großstadt spielt, ist es bereit, alle Tugenden über den Haufen zu schmeißen.

VOR ORT:

Sehusafest und MTV

Einst war Seesen im Harz eine Hoffnung für die Region – heute kämpfen die Vereine um Nachwuchs.

Seesen ist einer der Orte, an denen man vorbeifährt, wenn man Deutschland auf der Autobahn von Norden nach Süden durchkreuzt – auch weil es keinen Grund gibt, hier abzubiegen, da kurz vor Seesen die Raststätte Harz zum Tanken einlädt. Ohne meine Frau wäre ich wahrscheinlich nie nach Seesen gekommen. Aber Seesen ist ihre Heimat.

Kurz nachdem wir uns kennengelernt hatten, feierte sie bei ihren Eltern Geburtstag. Die wussten noch nichts von unserer Liäson, und so trafen wir uns zunächst an der Tankstelle, gleich am Ortseingang.

Claudia hat mir viel von Seesen erzählt, vor allen Dingen

vom Männerturnverein und ihrem Sportlehrer, Reinhard Michalke. Der muss so etwas wie ein Allroundtrainer gewesen sein und hat das Training für Leichtathletik, Schwimmen, Turnen, Handball und Trampolin geleitet. Reinhard Michalke hat alle Kinder des Ortes in Augenschein genommen und sie in jene Gruppe gesteckt, die er für richtig hielt. Claudia kam über das Kunstturnen zum Trampolinspringen. Und mit elf Jahren verbrachte sie die meisten Nachmittage in der Sporthalle. Irgendwann wurde sie sogar Niedersächsische Landesmeisterin im Sechskampf und im Doppelmini. Reinhard Michalkes Instinkt stimmte. Aber für Claudia war der Trainer mehr als ein sportlicher Förderer. Er hat ihr die positiven Seiten von Ehrgeiz gezeigt und wie viel Spaß die Arbeit am eigenen Körper machen kann. Ganz nebenbei hat er sie auf ihren Ausflügen zu Wettkämpfen betreut und ihr so einen neuen Teil der Welt nähergebracht. Reinhard Michalke ist ein Beispiel für lebendiges Engagement im Verein.

Natürlich war Claudia auch im Harzklub. Er wurde 1886 von zwei vollbärtigen Harzern in Seesen gegründet: H.C. Huch und Albert Schneider wollten die Wanderwege des Mittelgebirges für den Tourismus zugängig machen und die Rituale der Heimat pflegen. Wenn Claudia heute darüber erzählt, weiß sie nicht genau, ob ihr das peinlich sein oder ob sie nostalgisch werden soll. Auf jeden Fall ist sie jeden Montag um 15 Uhr ins Bürgerhaus gegangen und hat gesungen, gejodelt und getanzt. Die Jungen haben dazu mit der Peitsche den Takt angegeben. Und natürlich hat sie als kleine Prinzessin von der «Harzuniform» geträumt: die Tracht aus rot-schwarzem Rock, Spitzenschürze, weißer Bluse und Weste. Das Halstuch musste die Mutter zu Hause selbst besticken. Der große Wunsch aller Harzklubmädchen war es, irgendwann eine Trachtenhaube zu bekommen. Sie tragen zu dürfen ist für Harzklubmitglieder ähnlich bedeutungsvoll, wie zur Konfirmation zu gehen, und symbolisiert das Erwachsenwerden. Aber so weit ist es bei Claudia nicht gekommen: Als die Pickel kamen und die Jungs vor der Türe standen, ist ihr das «Getanze» peinlich geworden, und sie ist einfach nicht mehr hingegangen. Heute erinnert sie sich gern an die Proben, die Showtänze in Bonn und den Besuch der Folkloregruppe aus Sizilien. Sie schwört Stein und Bein, dass es auf ihre Mitgliedschaft im Harzklub zurückzuführen ist, dass sie heute alle bekannten Weihnachtslieder auswendig singen kann.

Und dann war da noch der Schützenverein, eher eine Angelegenheit von Claudias Eltern. Nach dem Jahresschießen wurde ein Königsball veranstaltet, zu dem die Mitglieder in festlicher Robe erschienen. Die Siegerplaketten hängen bis heute im Treppenhaus ihrer Eltern – Claudias Mutter war sogar Kassenwartin.

Die letzte Seesener Tradition, von der Claudia immer wieder erzählt, ist das Sehusafest. 1975 (da war Claudia drei Jahre alt), feierten die Seesener zum ersten Mal das tausendjährige Bestehen ihrer Stadt. Die Malerin Elisabeth Paetz-Kalich hatte die Idee, das Stadtjubiläum mit einem historischen Umzug zu feiern – und schon bald wurde auf einem großen Fest die Stadtgeschichte nachgespielt. Die Handwerker aus Seesen zeigten, wie ihre Kunst im Mittelalter ausgesehen hat, es wurden Brote im Steinofen gebacken, Rüstungen und Schwerter nach alter Tradition geschmiedet und gehämmert. Elisabeth Paetz-Kalich wandelte mit roter Lockenpracht als «Mutter Sehusa» über den Markt und vertrieb jeden, der ohne mittelalterliche Kostümierung aufkreuzte. Am Tag des Festes waren Jeans in Seesen tabu. Claudia erzählt, dass beim Sehusafest jeder Seesener eine Rolle spielte: Die Handwerker kamen als Handwerksleute, die Unternehmergattinen als aufgetakelte Rokokodamen, die Arbeiter als

Musketiere und die ortsansässigen Spanier als Zigeuner. Das Sehusafest erzeugte ein kollektives Wir-Gefühl, spiegelte das Leben der ganzen Stadt. Es begann mit einem großen Umzug, der auf dem Markt fortgesetzt wurde und mit dem Gesang des Nachtwächters endete.

All diese Geschichten hat Claudia mir in Kneipen und Restaurants in Berlin erzählt – und später am Küchentisch unserer Wohnung. Allmählich kannte ich ihr Seesen und seine Rituale, den steilen Berg vor dem Haus von Oma Gerda, der direkt in den Harzwald führte, die großen Unternehmen des Ortes, den Verpackungshersteller Schmalbach und die Firma Züchner, wo Flascheninspektionsmaschinen, Glasbehälterverschlüsse und Verschließmaterial hergestellt werden. Claudias Bruder hat, wie ihre Großeltern, bei Züchner gelernt, ihre Schwester bei Schmalbach, wo auch ihr Vater gearbeitet hat. Schmalbach und Züchner waren die wichtigsten Arbeitgeber der florierenden Harzstadt in den achtziger Jahren. Claudia hat mir auch von Meineke erzählt, als wäre es das KaDeWe von Seesen – und von Schwager. Die beiden Händler haben sich in den Achtzigern erfolgreich dagegen gewehrt, dass «Karstadt» und «C&A» in die Stadt kamen. Und natürlich ist das Seesen in Claudias Erzählungen auch eine Kulturhauptstadt: Wilhelm Busch hat hier gelebt und liegt auf dem Friedhof von Mechtshausen begraben. Heinrich Engelhard Steinweg, der berühmte Klavierbauer, hat hier in einer Waschküche seinen ersten Flügel gebaut, bevor er einige Jahre später nach Amerika auswanderte und sich fortan Steinway nannte.

Als wir dann irgendwann gemeinsam nach Seesen fuhren, um ihre Eltern zu besuchen, war es für mich nicht immer leicht, das Seesen wiederzuerkennen, das ich nur aus Claudias Erzählungen kannte. Der steile Berg vor dem Haus von Oma Gerda stellte sich als seichter Hügel heraus, und in der Steinway-Kneipe stand nicht einmal ein Klavier. Andere Auffälligkeiten haben allerdings nichts mit Claudias kindlicher Wahrnehmung zu tun, die ihre Eindrücke geprägt haben. Die Seesener Innenstadt sieht heute aus wie die jeder anderen Kleinstadt auch: Schlecker, Grossmann, Ihr Platz und NKD haben sich hier niedergelassen. Der gigantische Gebäudekomplex von Meineke steht seit Jahren leer. Der Geschäftsmann hatte es zwar geschafft, Karstadt aus Seesen fernzuhalten, aber heute fehlt der kleinen Stadt die Kundschaft, um ein großes Warenhaus am Leben zu halten. Auch weil die Arbeitsplätze fehlen: Züchner und Schmalbach sind geschrumpft. Schmalbach wurde von Impress aufgekauft, dessen Firmensitz sich heute im niederländischen Deventer befindet. Der Umsatz beträgt rund 1,8 Milliarden Euro, und das Unternehmen beschäftigt 7600 Mitarbeiter an 57 Standorten – Seesen ist nur noch eine kleine Dependance.

Seit Claudia geboren wurde, hat die Stadt über 3000 Einwohner verloren. Heute leben hier noch 20 500 Menschen, inklusive der eingemeindeten Dörfer. Davon sind mehr als die Hälfte über 45 Jahre alt. Diese demographische Schieflage bestimmt natürlich auch das Freizeitangebot. Zu Claudias Zeit gab es in Seesen drei Diskotheken und zwei Kinos, inzwischen gibt es drei neue Altenheimbauten. Und die Überalterung Seesens hat natürlich auch Einfluss auf die Vereinskultur.

Der Harzklub hat sich mit der Wiedervereinigung Deutschlands grundlegend neu definiert. Er hat über 40 Zweigvereine im Harzgebiet der neuen Bundesländer gegründet und sich einen moderneren Namen gegeben. Als «Heimat-, Wander- und Naturschutzbund» hat der alte Harzklub seinen Sitz von Seesen nach Clausthal-Zellerfeld verlegt. Er stellt nicht mehr die Heimatpflege, sondern das Wandern und den Naturschutz in den Vordergrund. In

Seesen treffen sich nur noch knapp 20 Jugendliche, um zu tanzen und zu jodeln – zu Claudias Zeit waren es mindestens doppelt so viele. Claudia war eines von 2300 Mitgliedern des Männerturnvereins, heute hat er nicht einmal mehr 1900 Sportler. Viele Seesener Jugendliche assoziieren mit den Buchstaben «MTV» jetzt eher den Fernsehsender als den Sportverein. Und der Schützenverein, in dem Claudias Mutter Kassenwartin war, existiert gar nicht mehr. Erst hat der Besitzer die Schützenhalle und das Restaurant angezündet, um die Versicherung zu betrügen, später wurden die Mitglieder des Vereinslebens müde. Brandstiftungen sind in Seesen übrigens ein zeitloses Ritual: Claudia erzählt, dass das Haus eines türkischen Schulfreundes, eine Halle bei Züchner und der Berggarten angezündet wurden. Und gerade vor kurzem wurde ein 17-Jähriger überführt, weil er das Sägewerk und fünf andere Einrichtungen angezündet hatte. Das war bereits die zweite Brandserie innerhalb eines Jahres.

Das Sehusafest kannte ich aus Claudias Erzählungen als kleinstädtisches Gemeinschaftsfest. Heute ist es eines der größten Mittelalterfeste Norddeutschlands – und einer der wenigen überregionalen Events von Seesen. Über 40 000 Gäste kommen vorwiegend aus Goslar, Braunschweig und Göttingen. Und natürlich werden auf dem Sehusafest heute auch Jeans getragen. Elisabeth Paetz-Kalich geht zwar immer noch über den Markt, aber höchstens die alten Seesener wissen um ihre Bedeutung. Für die auswärtigen Gäste ist das Sehusafest zur Familiengaudi geworden. Hier geht es zwar nicht ganz so schlimm zu wie auf anderen Dorffesten, aber im letzten Jahr verzeichnete die Polizei immerhin ein zerkratztes Auto und eingetretene Haustüren.

Wenn man Seesen als Fremder kennenlernt, ist es keine aufregende Stadt. Man kann noch immer sehen, dass sie eine wirtschaftliche Hochburg des Harzes war und dass sie in den achtziger Jahren ihre beste Zeit hatte. Als Claudia und ich vor einem Jahr in das Haus meines Großvaters in einem Dorf bei Bremen gezogen sind, haben wir in der Küchenschublade eine Wanderplakette aus Seesen gefunden. Die Stadt, an der ich früher als Autofahrer nur vorbeifuhr, war für meinen Opa ein Erholungsort gewesen. Zu seiner Zeit galt die Heimat meiner Frau als beliebtes Ferienziel für norddeutsche Naturfreunde.

Man sieht heute, dass die Stadt im Harz unter der Landflucht leidet. Auch Claudias alte Freunde leben inzwischen nicht mehr in Seesen.

Ich habe den Eindruck, dass die lebhaften Schilderungen der Kindheit und Jugend meiner Frau bis heute vom gemeinschaftlichen Miteinander geprägt sind. Und wenn man ihre Erinnerungen an früher mit dem derzeitigen Vereinsleben vergleicht, zeigt sich, wie schnell die Rituale auf dem Land an Bedeutung verlieren. Seesen hat in den letzten 30 Jahren einen großen Teil seines Charmes verloren. Von diesem Ort zu lernen heißt zu erkennen, dass nicht nur die deutschen Dörfer bereits tot sind – die Rituale verschwinden auch in den kleinen Städten.

XI. Der Dorfheld

«Heinrichs Traum von der großen Liebe hat sich noch nicht erfüllt. Aber der 43-Jährige aus dem Sauerland hat die Hoffnung noch nicht aufgegeben.»

Moderationskommentar in der RTL-Sendung «Bauer sucht Frau»

Roman:

Überall liebt Tim

Elftes Kapitel, in dem das Fernsehen kommt und alle Tim ganz toll finden.

Einige Überaller haben sich den Aufmarsch des Fernsehens größer vorgestellt. Tatsächlich ist am Morgen nur ein silberner Kleinbus gekommen und hat vor dem alten Arzthaus an der Hauptstraße gehalten. Tim ist sofort aus der Tür gestürzt, und die Nachbarn konnten von ihren Fenstern aus erkennen, dass er mit den Fernsehleuten geredet und dabei mit dem Finger auf die einzelnen Häuser des Dorfes gezeigt hat.

Inzwischen gehen die Moderatorin, ein Kamera- und ein Tonmann gemeinsam mit Tim durchs Dorf. Die Journalistin ist eine etwas mollige Dame mittleren Alters mit blondgefärbten kurzen Haaren und einem für Überall fast provokanten roten Seidenkleid.

Auf Franks Hof soll Tim sich auf einen Schemel setzen und die Kühe melken. Frank sagt, dass Tim ein fleißiger Arbeiter sei, eine gute Seele – ein Mann, auf den man sich verlassen könne, einer, der sich nichts aus dem Dorfgeschwätz mache. Die Frauen sollten sich nicht wundern, dass er noch zu Hause lebe. Er sei kein Muttersöhnchen, im Gegenteil: Er biete seinen Eltern durchaus Paroli. Als die Fernsehleute Frank auf Dorothea ansprechen, ist der Bauer zunächst verwirrt. «Was hat Tims Schwester damit zu tun?», fragt er. Die Redakteurin erklärt ihm, dass sie alles über das Dorf, über Tim und seine Familie wissen wolle – und dass das meiste am Ende eh nicht gesendet würde. Frank ist beruhigt und erzählt, dass Dorothea eine ganz besondere Frau sei, dass es im Dorf aber einige merkwürdige Menschen gebe, mit denen sie nicht zurechtkam. «Vielleicht war sie zu gut für uns», sagt er. Und nach einer kurzen Pause fügt er hinzu: «Aber hier lebt auch niemand, vor dem Tims zukünftige Frau Angst haben müsste.» Die Moderatorin lächelt. «Gut gemacht», sagt sie, «ein echter Profi!»

Es hat sich gelohnt, dass Fritz und Waltraud das Regal mit den Überaller Spezialitäten aufgebaut haben. Als das Fernsehteam in ihren Markt kommt, soll Tim eine Milch von Franks Hof kaufen. Die Leute von «Landwirt sucht Dame» haben sich den Dialog zwischen Fritz, Waltraud und Tim schon ausgedacht. Waltraud soll Tim mit den Worten «Hallo, wie geht's deiner Schwester?» begrüßen. Und Tim soll sagen: «Ich weiß nicht, sie hat sich schon lange nicht mehr gemeldet.» Dann soll Tim bezahlen, und Günter soll zu Waltraud sagen: «Der ist lustig, kauft schon die Milch, die er selbst gemolken hat.»

Bevor es losgeht, fragt Waltraud noch, ob sie Tim nicht lieber nach Hans fragen solle, und sie schlägt folgenden Satz vor: «Und, kommt dein Papa mit der Chronik voran?» Aber die Moderatorin erklärt, dass Tims zukünftige Frau wohl kaum Interesse an seinem Vater habe, außerdem sei das eine Frage der Quote. Dann verspricht sie noch, sich später ausführlich mit Hans über die Chronik zu unterhalten und einen Dreh vom Schaufenster zu machen, in dem Inges Aquarell ausgestellt ist. Tim ist so aufgeregt, dass er seinen Einsatz dreimal verpatzt. Als endlich alles im Kasten ist, freuen sich Fritz und Waltraud, weil die Moderatorin ihnen verspricht, die Szene auf jeden Fall zu senden – weil sie zu schön sei!

Während der Kameramann noch einige Aufnahmen von der Dorfstraße, den Vorgärten, der Mühle und der Kirche macht, bittet die Journalistin Tim, ihr seine Freunde vorzustellen. Tim druckst ein wenig herum. «Meine Freunde, ja, also …» Da kommt Ulrich die Hauptstraße herunter und ruft: «Unser Fernsehheld! Tim, mein Freund – wie geht es dir?» Tim antwortet, dass es ihm gutgehe und dass er ein wenig aufgeregt sei. Die Leute von «Landwirt sucht Dame» fragen, ob Ulrich sie nicht an jene Orte begleiten wolle, an denen sie früher als Kinder gespielt haben. «Klar», sagt Ulrich, «wir können den Frank, den Stefan, die Micha und die Sanne ja auch mitnehmen – wir waren früher immerhin eine richtig gute Clique. Warum treffen wir uns nicht in einer halben Stunde am Lindenweiher?» Tim versucht zu protestieren, aber die Fernsehleute sind begeistert und versprechen Ulrich, später noch an seiner Tankstelle vorbeizuschauen. Dann lassen sie sich von Tim den Lindenweiher zeigen.

Als alle versammelt sind, befragt die Moderatorin sie über ihre Kindheitserinnerungen an Tim und über ihr jetziges Leben. Michaela ist erstaunlich aufgekratzt: «Der Ulrich, ja, der war schon immer der Anführer! Er war der coolste aus dem ganzen Dorf – der Erste mit einem eigenen Auto, mit toller Musik. Er war nicht wie die anderen, kannte die Welt da draußen, war nicht so, na ja, so provinziell. Heute haben wir zwei Kinder, die Sandra und die Jaqueline. Ich finde es gut, dass der Tim nun auch eine Frau sucht – dass er den Mut hat, ins Fernsehen zu gehen. Er ist ein Lieber. Früher hatte er es ja nicht so leicht. Vielleicht weil er zu lieb ist. Ich drücke ihm auf jeden Fall die Daumen.»

Die Moderatorin lobt Michaela. «Sehr gut», sagt sie, «und Sie, Ulrich? War Ihnen denn immer schon klar, dass Sie Michaela heiraten wollen? Sie waren mit Tim befreundet, war seine Schwester keine Alternative?» Obwohl die Journalistin lächelt, antwortet Ulrich mit ernster Stimme: «Ach, die Doro – nein, die ist nichts für mich, zu arrogant. Sie ist ganz anders als Tim. Der ist ein Netter, ein Gutherziger, alle mögen ihn. Seine Schwester hat nichts mehr mit dem Dorf zu tun. Sie denkt, sie wäre was Besseres. Umso schöner ist es, einen Freund wie Tim zu haben, der sich gegen ihre Flausen gewehrt hat. Er ist ein bodenständiger Typ, und ich hoffe, dass er eine gute Frau findet.»

Danach werden noch die anderen aus der Clique befragt, und schließlich darf Ulrich den Fernsehleuten seine Tankstelle zeigen.

«Der Tim, das ist ein Lieber», sagt auch Pfarrer Witte, «so gute Seelen wie ihn, die gibt es nur auf dem Land.» Für das Fernsehinterview hat er sich den Talar umgehängt und sitzt vor einer aufgeschlagenen Bibel am Schreibtisch seines Pfarrhauses. Er redet über die Schwierigkeiten seiner Kirche. Darüber, dass er schon lange mehrere Gemeinden betreue, dass an einen eigenen Kantor gar nicht zu denken sei, dass selbst die Fronleichnamsprozession inzwischen nicht mehr stattfinde – und dass die Tradition des Dorflebens auf dem Spiel stehe. Die Tugenden der Zurückgezogenheit, der liebenswerten Weltfremdheit, der Gemeinschaft, der Einfachheit, all das würde den dauernden Verlockungen der großen Städte geopfert werden und natürlich den Reizen des Fernsehens, sagt Pastor Witte. Aber für all diese Tugenden würde letztlich Tim stehen und es wäre für ihn persönlich auch ein

Zeichen der Hoffnung für Überall, wenn er eine gute Frau finden würde.

Am Abend kehren die Fernsehleute mit Tim in den Hirschen ein. Günter serviert den Gästen einen «Kirschteller», und nachdem sich die Journalistin mit Tim über seine Familie unterhalten hat, ruft sie bei Hans an und fragt, ob er nicht Lust hätte vorbeizuschauen. Er sei der Einzige, mit dem sie noch nicht geredet hätte. Wenig später sitzt der Vater mit seinem Sohn und den Fernsehleuten am Tisch. «Wissen Sie, ich schreibe gerade an der Überaller Chronik», sagt Hans, «und es gibt hier eine Geschichte, die für Sie sicherlich interessant ist.» Er kramt in der silbernen Schatulle und holt den Brief mit dem Hakenkreuz heraus. «Der Opa vom Frank – den Frank haben Sie sicherlich schon kennengelernt, oder? Also über seinen Großvater gibt es ein Geheimnis, das ich gelüftet habe.» Geduldig lässt die Moderatorin sich die Geschichte von Franks Großvater und den Mühlen-Juden erzählen. Sie stellt einige Fragen und wechselt dann das Thema. «Sie sind ja ein richtiger Historiker, Hans», sagt sie, «aber wie steht es um die Geschichte Ihrer Familie? Sind Sie einverstanden, dass Tim eine Frau im Fernsehen sucht?»

«Aber natürlich, wissen Sie, es ist nicht so leicht, hier auf dem Dorf eine Frau zu finden. Und wenn das Fernsehen Tim dabei hilft, warum nicht? Ich würde mich freuen. Er ist ein Lieber, vielleicht nicht immer der Hellste, aber – wie meine Frau sagt – ein Herzensguter.»

«Was für eine Schwiegertochter wünschen Sie sich denn?», will die Moderatorin wissen. «So eine wie die Doro, Ihre Tochter?» Hans lacht.

«Wie die Doro? Wie kommen Sie denn darauf?»

«Weil alle von ihr schwärmen, der Tim, der Frank ...»

«Ich habe Ihnen doch gesagt, was für eine Mischpoke die Familie vom Frank ist – geben Sie nichts drauf. Und lassen Sie die Doro aus dem Spiel. Nein, eine Nette soll der Tim haben, eine nette, bodenständige Frau. Eine Frau, die zu ihm passt.»

Tim sitzt neben seinem Vater und nickt schüchtern mit dem Kopf. Nach einem letzten Kirschwasser sagen die Fernsehleute, dass es ein schöner Drehtag war und dass Überall ein sehr sympathisches Dorf sei. Sie werden nun ins Studio fahren und die Bilder aufbereiten, «und bald wird ganz Deutschland dieses Dorf kennen.» Die Redakteurin erklärt, dass sie wiederkommen wird, um Tim die Bewerberinnen vorzustellen. Dann verabschiedet sie sich und verlässt mit ihrem Team den Hirschen. «Günter, noch zwei Kirsch», ruft Hans, «komm, mein Junge, darauf müssen wir einen trinken!»

ZUR LAGE:
Ausgezogen oder dageblieben?

Warum Dorfhelden nicht zu echten Helden taugen – und echte Helden ihre Dörfer verlassen.

Wenn man das Wort «Dorfheld» googelt, stößt man auf kleine, kitschige Porzellanfiguren, sogenannte Hummelfiguren. Das Modell Dorfheld trägt eine Lederhose, die Hände stecken lässig in der Tasche, das Gesicht ist in die Luft gereckt, die Lippen sind zum Pfeifen gespitzt: Ein junger Mann, der in jeder Großstadt als provinziell gelten würde, der aber durchaus frech, aufgeweckt und dadurch weltgewandt wirkt. Diese kitschig lackierte Porzellanfigur ist der Vorgänger des modernen Dorfhelden, der heute das schickste Mofa fährt, ein guter Tänzer ist, die Dorfdisco organisiert und als

DJ auflegt. Er verdreht den Frauen auf dem Dorf den Kopf, weil er sich an metropolitanen Moden orientiert und weil keiner ahnt, dass er mit seinem provinziellen Horizont in jeder Großstadt schnell an seine Grenzen stieße. Jeder, der in einem Dorf aufgewachsen ist, kennt einen dieser modernen Dorfhelden, hat ihn vielleicht sogar selbst einmal bewundert. Doch in der Regel hat der Dorfheld seine Heimat trotz vollmundiger Ankündigungen aus irgendwelchen Gründen nie verlassen, hat irgendwann geheiratet, ist inzwischen Familienvater und irgendwo angestellt, hat den Betrieb seines Vaters übernommen oder ist Besitzer einer Autobahntankstelle. Vielleicht trägt er noch ein Lederarmband, das an die guten alten wilden Zeiten erinnert. Aber in der Regel enden Dorfhelden im bürgerlichen Alltag ihrer Heimat.

Natürlich sind auch die Maibaumkletterer und die Melkmeister der Bundeswettbewerbe am «Fischgrät-Melkstand» und am «Karussell-Melkstand» Dorfhelden. Sie unterscheiden sich allerdings von den pubertierenden Dorfhelden, weil sie ihre Zufriedenheit nicht durch den Flirt mit der Welt, sondern in den Gepflogenheiten der Heimat finden. Eine Form des Glücks, die sie besonders für halbstarke Dorfhelden angreifbar macht.

Die Sucht nach Heldentum ist auf dem Dorf besonders ausgeprägt. Es verspricht eine Abwechslung zur Langeweile, die in der Provinz allgegenwärtig ist. Es ist erstaunlich, wie viele Jugendliche vom Dorf im Internet fragen, was sie tun könnten. Der User «Skilllord» hat folgendes Problem gepostet: «Also, ich bin 16 Jahre und wohne in einem kleinen Dorf, wo absolut gar nichts los ist, wir haben hier nicht einmal eine Kneipe oder einen Imbiss. Die nächste Stadt ist Kilometer entfernt. Nun ja, in letzter Zeit langweile ich mich sehr, denn in diesem Dorf kann ich echt nichts machen. Meine Zeit vertreibe ich mir mit Kraftsport, und einige Stunden verbringe ich vor dem Computer oder schaue fern. Oft denke ich darüber nach, wie gern ich abends mit Kumpels rausgehen würde, Party machen usw.» Das Rausgehen, die Party, die Stadt versprechen Verlockung. Auch weil viele Dorfjugendliche ihre heldenhaften Vorbilder heute in den Medien finden. Kein Wunder also, dass «Skilllord» Antworten bekommt, wie «Ich schaue gern fern» oder «Computerspielen ist doch geil!». Nur eine Forumsteilnehmerin empfiehlt ihm: «Versuch's doch mal mit einem Buch – bei mir hilft's.»

Das Internet ist zum Kommunikationsmittel der Provinz geworden. Es verspricht Zugang zur Welt, eine Möglichkeit, das eigene Dorf und sich selbst im Global Village zu präsentieren. Moderne Dorfhelden dokumentieren ihre Heldentaten gern im Internet, so wie die vier Jungs aus Zagelsdorf, die einen Film über ihre «Chillplätze» gedreht haben. Unter dem Titel «Wir leben am Arsch der Welt» zeigen sie ihre idyllische Umgebung: das Schachfeld auf der Terrasse, das Seil zwischen den Bäumen und den Dorfweiher.

Alexander nennt seinen Film, den er auf YouTube hochgeladen hat, «Dorfjugend aufmischen». Man sieht ihn gemeinsam mit seinem Freund und zwei Frauen, die sich auf dem Rücksitz schminken, mit aufgedrehter Stereoanlage durchs Dorf fahren. Eine ungewollte Dokumentation der gähnenden Langeweile in der Provinz und ein Beweis, was hier als Abenteuer verstanden wird. Andere Dorfheldenfilme zeigen Szenen wie «Halb fünf morgens auf einer Dorfdisco», in dem sich ein besoffener Jugendlicher grölend von der Bühne in die Arme seiner Kumpels stürzt, während einige angeschickerte Frauen im Hintergrund in engen Röcken und mit offenen Dekolletés Cocktails in der Hand halten, zuschauen und gackern.

In der US-Serie «Jackass» ist es Programm, die Langeweile auf dem Land durch halbstarken Quatsch zu vertreiben. Hier werden die absurdesten Mutproben bestanden: Junge Männer lassen sich in Dixiklos vom Berg rollen, fahren mit dem Fahrrad von Hausdächern oder prügeln aufeinander ein. Neben diversen «Jackass»-Filmen zeigt ein User bei YouTube seinen selbstgedrehten Film «Streit im Nachbarkaff». Ein Teenager legt sich hier auf offener Straße mit seiner Mutter und seinem Stiefvater an: Die Mutter schlägt den Sohn mit dem Kochlöffel, der schlägt ihr ins Gesicht, bis der Schwiegervater aus dem Haus kommt und schreit: «Hör uff, sonst schlag ich dir tot!» Doch der Sohn streitet weiter, zeigt auf seinen Schwiegervater und fragt seine Mutter: «Warum zahlst du dem Typen seine Computerspiele?» Die Mutter antwortet: «Das ist mein Geld!», und schubst ihren Sohn aus dem Weg. Am Schluss des Videos fragt der Sohn, zur Kamera gewendet: «Hast du alles?» Und der Videofilmer antwortet: «Ja, ich habe alles.»

Dorfhelden sind schon lange nicht mehr heldenhaft, sondern halbstark. In Bad Dürrheim beklagte die Polizei einen Schaden von 500 Euro, weil Jugendliche es sich zum Hobby gemacht haben, Stadtlaternen auszutreten, und in Mayen gehören das Frisieren von Mopeds und das Abhängen der Stadtpolizei zum Volkssport. Zwei Jungen, die ihre Maschine von 25 auf 90 km/h frisiert haben, sind bei einem Verkehrsunfall ums Leben gekommen. Trotzdem wird in Mayen weiter frisiert. Für echte Dorfhelden ist das Moped der Beweis für Mobilität, seine Geschwindigkeit Ausdruck von Männlichkeit. In Mecklenburg-Vorpommern haben Sozialpädagogen auf die Sehnsucht der Dorfjugend nach schnellen Zweirädern reagiert und einen Zweiradclub gegründet. Hier können Jugendliche kostenlos schrauben und crossfahren. Die Bauern-Zeitung lobte den Erfolg der Institution, deren Fördergelder allerdings gerade gekürzt wurden.

Auch wenn es um die Party in der nächsten Disco geht,

stehen Mopeds und Autos im Mittelpunkt. Drogen und Alkohol gehören inzwischen ebenfalls zu den Insignien echter Dorfhelden. Die meisten Jugendlichen, die in Deutschland auf der Heimfahrt von der Disco sterben, verunglücken auf dem Land – ein großer Teil ist alkoholisiert. Laut Unfallstatistik ist jeder fünfte Verletzte und Getötete auf deutschen Straßen zwischen 18 und 25 Jahre alt, dabei machen Jugendliche dieses Alters nur zwölf Prozent der Gesamtbevölkerung aus. Die neuen Helden unserer Dörfer sterben eben früh.

Dorfhelden orientieren sich immer weniger an den Werten ihrer Heimat, am Erfolg beim Melken oder beim Maibaumklettern oder an handwerklichen Tätigkeiten – für sie ist die Medienwelt zur neuen Orientierungsgröße geworden. Sie werden durch das Internet oder das Fernsehen inspiriert – und durch das Heldenbild, das dort gefeiert wird. DSDS-Juror Dieter Bohlen ist ein Vorbild für viele Dorfjugendliche. Er ist die Verkörperung des Klischees vom Dorfhelden, der mittlerweile etwas in die Jahre gekommen ist: etwas prollig, scheinbar sehr selbstbewusst und ein bisschen heimatverbunden. Einer, der es denen da draußen zeigt. Er hat seine eigene Kindheit in Ostfriesland in dem RTL-Comicfilm «Nichts als die Wahrheit» ironisch verarbeitet, in dem er als Streber zu sehen ist, der regelmäßig Keile von den Dorfrockern bekommt. Heute wohnt Dieter Bohlen wieder in einem kleinen Ort, in Tötensen bei Hamburg, das durch ihn zum Kult geworden ist. Fans haben sein Anwesen bei Google Maps markiert, und seine Villa ist zum Pilgerort geworden. In Tötensen selbst ist Dieter Bohlen allerdings nie richtig angekommen. Für ihn ist das Dorf ein Refugium, das Leben jenseits seiner Villa interessiert ihn kaum. Als der Spiegel einmal auf Spurensuche ging, hat der Friseur von Tötensen lakonisch erzählt: «Der Herr Bohlen scheint keinen Wert darauf zu legen, hier Fuß zu fassen. Dabei haben wir einen Schützenverein und ein reges Vereinsleben. Aber ob der Bohlen hier wohnt oder nicht – wirklich wichtig ist das nicht für mich.» Nur der Friseursohn macht sich hin und wieder einen Spaß daraus, an Bohlens Anwesen vorbeizufahren und die Mädchen zu ärgern, die vor der Villa auf ihren Helden warten. Ein Abstecher zu Bohlens Anwesen ist zur Mutprobe der Dorfhelden in Tötensen geworden.

Andere Stars aus dem Fernsehen feiern ihre Heimat wesentlich leidenschaftlicher als Dieter Bohlen.

Die Kleinstadt Nürtingen wirbt mit «drei Hs» auf ihrer Homepage, mit «Hölderlin, Härtling und Harald Schmidt». Sie alle sind ausgezogen und haben den Ruhm Nürtingens gemehrt. Auf dem Zenit seiner Karriere bestritt Harald Schmidt sogar eine ganze Sendung über den Nürtinger Bahnhof. Unter anderem hat er sich vor einem Miniaturmodell über den mageren Zugverkehr lustig gemacht: Über die morgendlichen Pendlerzüge nach Stuttgart («Die gleichen Menschen auf den gleichen Plätzen mit den gleichen Gesichtern – jeden Morgen.»), die Schulzüge aus der Provinz («Aussteigen und erst einmal eine Kippe auf dem Bahnsteig rauchen – selbst im Winter, wenn man trotz Muttis Mahnung die dicke Jacke zu Hause gelassen hat.»), die Nachmittagszüge für die shoppenden Ehefrauen («Schnell zum Breuninger, dann ein Kaffee und zurück.») und die Discozüge («Nürtinger erkennt man daran, dass sie die Disco um Mitternacht verlassen, weil dann der letzte Zug fährt.»). Inzwischen gibt's sogar einen «Lumpensammler» – Abfahrt von Stuttgart Hauptbahnhof um 1.17 Uhr.

Eigentlich hat Nürtingen nichts, was besonders wäre – und gerade das stellt Harald Schmidt als Image seiner schwäbischen Provinz heraus: eine urdeutsche Heimat mit urdeutschem Gagpersonal. Und seine Witze über Nürtingen haben ihn zum Dorfhelden gemacht. Wenn Harald Schmidt im Fernsehen vom Hutzelmännle-Grill an der Nürtinger Hauptstraße schwärmt, einer Nullachtfünfzehn-Würstchenbude, gleichen seine Worte einem Ritterschlag – der Hutzelmännle-Grill ist zum Pilgerort geworden.

Schmidt besuchte das Hölderlin-Gymnasium, schloss das Abitur mit 3,2 ab, spielte Orgel, statt Moped zu fahren, und baute kaum Mist, weil er Angst vor der Wut seiner Eltern hatte – sein Vater war Angestellter der Stadt Stuttgart. Schmidts Englischlehrer erinnert sich, dass sein Schüler höchstens mal «während des Unterrichts aufstand, ans Fenster stürzte, frische Luft schöpfte und anschließend sagte: ‹So, jetzt kann's weitergehen.›» Später hospitierte Schmidt in Stuttgart am Theater und musste wie alle Nürtinger den Mitternachtszug nehmen, um nach Hause zu kommen. In einem Interview mit der Zeit erzählte der Kabarettist, dass er wegen seiner Gesichtszuckungen einmal in die Tübinger Uniklinik überwiesen wurde: «Weil mein Vater meinte, das müsse untersucht werden, wurde ich in die Kinderpsychiatrie nach Tübingen gefahren. Für Nürtinger war Tübingen die Harvard-Klinik. Ich hatte schreckliche Angst, weil ich wusste, wenn über einen gesagt wird: ‹Sofort nach Tübingen!›, war der Krebs im Endstadium.»

Wahrscheinlich kann nur einer, der die Welt kennt, so liebevoll und schmunzelnd über seine alte Heimat reden wie Harald Schmidt. Während die Nürtinger zuweilen gern ein Stück Großstadt in die Provinz holen würden, feiert der Kabarettist die tägliche Routine seines Dorfes. Und wenn er das im Fernsehen tut, wird vielen Einwohnern erst der Charme ihrer Alltäglichkeit bewusst. Harald Schmidt jedenfalls erinnert sich gern an seine unauffällige Schülerzeit in Nürtingen, vermisst inzwischen allerdings auch die Unschuld der alten Tage. Für die Heimattage Baden-Württemberg hat er einige Zeilen über den traditionellen Nürtinger Maientag gedichtet:

[...] «Am Maientag selber herrscht auf gut Schwäbisch Heileif. Ab sechs Uhr morgens ist bei den Damenfriseuren keine Trockenhaube mehr frei ...» [...]«Der Maientagstrommler oder Stadtgardist ist verschwunden, in der Geisterbahn.» [...] «Griaß Gott, Herr Doktr ... So, semmr au bsoffa? Die Dunkelheit macht den Toilettenwagen überflüssig. So, no gammr hoim. [...] Schee wars. Mr braucht halt jeds Johr meh Geld.»

Für Menschen, die wie Harald Schmidt als Helden in ihre Heimat zurückkehren, ist der Provinzalltag etwas Besonderes. Der Zeit sagte Schmidt: «Vor einiger Zeit lag ich in der Badewanne bei meinen Eltern, es war Samstagabend, 18 Uhr, die Glocken läuteten wie vor 40 Jahren, und das hat mich in meine Vergangenheit zurückkatapultiert. Und ich dachte mir: Hat sich eigentlich alles nicht gelohnt. Das fand ich total entspannend. Man kennt jetzt Franz Beckenbauer, und Horst Köhler gibt einem die Hand, irgendwie schön. Aber: dafür der ganze Aufwand?»

Wer es draußen in der Welt geschafft hat, feiert zu Hause die Normalität und das letzte Stück Heimat. «Die sehen mich und sagen: ‹Servus, bisch mol wieder do?›», schwärmt Schmidt. «Komischerweise fall ich da sofort in die Zeit zurück, als wäre ich 15: Die Leute duzen mich, und ich sieze die natürlich. ‹Mir hend di fei gseha! Bring amol a Foto vom Beckenbauer mit.› Jeder wohnt noch da, wo er früher gewohnt hat, und ich kenn über meine Mutter auch die ganzen Krankheitsgeschichten.»

Ähnlich ging es dem Nürtinger Dichter Friedrich Hölderlin. In seinem Gedicht «Heimat» hoffte er, dass ihm das Schwabenland und Nürtingen am Ende seines Lebens die erhoffte Ruhe der Provinz bringen würden:

«Ihr teuren Ufer, die mich erzogen einst,
Stillt ihr der Liebe Leiden, versprecht ihr mir,
Ihr Wälder meiner Jugend, wenn ich
Komme, die Ruhe noch einmal wieder?»

Harald Schmidt und Hölderlin waren gerade deshalb erfolgreich, weil sie sich den Moden ihrer Heimat in der Jugend entzogen haben, weil ihnen die Kleinstadt schnell zu eng geworden ist. Während echte Dorfhelden sich in ihrer Provinz gern durch aufgesetztes Großstädtertum produzieren, genießen Helden, die ausgezogen sind, das Privileg der Rückkehrer und können ihre Heimat mit anderen Augen genießen. Heimat ist für einen Weltbürger gerade deshalb verträglich, weil sie nur in Häppchen genossen wird und keinen existenziellen Zustand bedeutet. Er muss sich die Krankheitsgeschichten der Nachbarn nicht jeden Tag anhören.

Harald Schmidt und Hölderlin sind Helden ihres Dorfes geworden, weil sie anders waren und sich den Konventionen ihrer Heimat entzogen haben. Ihnen reichte es nicht, im Dorf zum Helden zu werden und dort zu bleiben – sie sind weggegangen und haben erst in der Ferne ihre Liebe zur Heimat wiederentdeckt. Diese Erkenntnis macht sie in Nürtingen heute unantastbar – und unterscheidet sie von den Dorfhelden, die ihren Frust über die Langeweile an Straßenlaternen oder in der Dorfdisco abreagieren.

Vor Ort: «Ey, bist du nicht ein bisschen zu alt?»

Wie ein Dorfheld sein Revier verlässt – und plötzlich aus dem Rhythmus kommt.

Die erste Enttäuschung ist die Disco selbst, das Dropstone hat nur einen Dancefloor – das wusste ich bereits aus dem Internet. Aber wie trostlos die Nächte im Industriegebiet der niedersächsischen Kleinstadt Verden ablaufen, konnte ich mir beim besten Willen nicht vorstellen. Auf der Suche nach einem echten Dorfhelden habe ich mir bewusst ein Etablissement ausgesucht, um das es nicht rosig bestellt ist. Auf der Homepage des Dropstone wird mit Dumpingpreisen geworben: «Kein Geld mehr im Geldbeutel? Alle Mixgetränke, Salitos Ice und Kurze für zwei Euro. Happy Hour die ganze Nacht.» An einigen Wochenenden werden Damen von auswärts zum «American Tabledance» eingeladen, um die Dorfjugend bei Laune zu halten. Aber heute findet kein Themenabend statt. Auf dem Parkplatz vor der Disco stehen rund 30 Autos, viele getunte BMWs, fast alle mit Verdener Kennzeichen. Vor einigen Fahrzeugen stehen Jugendliche, haben Wodkaflaschen aufs Dach gestellt und glühen schon mal vor. Bereits auf dem Parkplatz fällt auf, dass die Männer und Frauen getrennt voneinander in Gruppen eintreffen. Die Kerle konzentrieren sich aufs Trinken, die Mädchen darauf, dass ihre Kleider, Röcke und Blusen so sitzen, dass möglichst viel, aber wenig genug zu sehen ist. An dieser Aufteilung wird sich auch im Verlauf des Abends nicht viel ändern.

Es ist Samstagnacht, ein Uhr. Am Eingang des Dropstone schiebe ich mich an einem hochgewachsenen, schlaksigen

Kerl vorbei, der so besoffen in der Gegend steht, dass er jede Sekunde umzukippen droht. Dann stehe ich vor dem Türsteher: ein bulliger Kerl in schwarzer Jacke mit «Security»-Aufschrift und Zopf. Statt mich zu mustern, lächelt er mir zu. An der Kasse zahle ich zwei Euro, bekomme einen Stempel auf die Hand und betrete die orangegetünchte «Tropfsteinhöhle». Wahrscheinlich wäre sie in den Achtzigern ein angesagter Ort gewesen, heute wirkt sie abgetakelt und anachronistisch. Ganz abgesehen davon, dass das Spiel mit der englischen Bezeichnung für «Tropfstein» die wahre Provinzialität der Disco beweist – die richtige Übersetzung lautet nämlich «dripstone».

Vor der Tanzfläche ist eine Bar in die Höhlenarchitektur geschlagen, zwei Frauen bedienen die eher gelangweilten Gäste: einen einsamen Mann und zwei toupierte Damen, die beim Baileys jeden Kerl mustern, der die Disco betritt. Daneben sieben oder acht Jugendliche, die frisches Jever ordern. Gute Laune sieht anders aus. Jungen und Mädchen ziehen in kleinen Gruppen aneinander vorbei. Die Kerle tragen Jeans und Pullis. Nur die türkischen Discogäste haben ihre Haare nach hinten gegelt, bevorzugen hautenge T-Shirts und – ich dachte, das gibt es gar nicht mehr – Goldkettchen. Die Frauen tragen durchsichtige Tigerkleider oder Röcke. Ein bisschen scheint es, als ob die Leute im Dropstone in anderen Discos nicht durch die Gesichtskontrolle gekommen wären.

Der DJ ist in die Jahre gekommen, etwas füllig und trägt ein ausgewaschenes, gestreiftes Poloshirt. Und so klingt auch seine Musik. Er spielt scheinbar zufällig gemischte Titel aus den Charts. Statt einer großen Lightshow wandern spärliche grüne, gelbe und rote Laserstrahlen über die leere Tanzfläche. Ein beleibtes Mädchen in schwarzen Jeans mit schwarzem Pulli hat offensichtlich Spaß an ihren Bewegungen und tanzt wie ein Tanzbär vor sich hin. Am Rande der Tanzfläche vergnügen sich zwei Mädchen, eines mit dunklen langen Haaren und einem «I love NY»-T-Shirt, das andere mit hochgeföhnter blonder Strähnenfrisur, Minirock und Handtasche. Die beiden tanzen sich gegenseitig an, fassen sich in den Schritt, fahren mit ihren Hände über ihre Brüste. In einem Meer der Trostlosigkeit scheinen sie die Einzigen, die sich fest vorgenommen haben, Gaudi zu haben. Im Dropstone scheint man die beiden zu kennen, lässt sie tanzen, ohne ihnen zu nahe zu kommen. Wahrscheinlich weil die Verdener Jungen wissen, dass sie sowieso keine Chance bei den beiden hätten.

Ein vermutlich türkischstämmiger junger Mann, der mit seinen Kumpels an einem Tisch steht, versucht es trotzdem. Mit fast comicartigen Balzschritten bewegt er sich in die Nähe der beiden, behält dabei stets Blickkontakt mit seinen Kumpels, so als ginge es um eine Mutprobe. Die Mädchen zeigen ihm die kalte Schulter, und er tanzt zurück zum Tisch, nimmt einen Schluck Salitos Ice und lässt sich von seinen Freunden auf die Schulter klopfen. Auf einen Spiegel an der Wand hinter ihnen hat jemand mit Edding geschrieben: «Kein Alkohol ist auch keine Lösung.» Die Gruppe zieht sich in den Raucherraum zurück, wo bereits andere Enttäuschte ihren Frust wegsaufen. Fahnen mit Jägermeisterhirschen dekorieren die Wand.

Meine zweite Enttäuschung an diesem Abend ist ein junger Kerl, der anders aussieht als die übrigen Gäste im Dropstone. Er trägt ein hautenges beiges T-Shirt und lässige Jeans, und statt Goldkettchen hat er Lederbändchen um den Hals. «Da ist er also, mein Dorfheld», denke ich. Er hat diesen typischen Gang, ein bisschen Gockel, aber nicht zu viel: die Brust breit, die Beine gespreizt, seine Hüfte wiegt fast unmerklich im Takt. Er schlendert an der Theke vorbei, nickt den Leuten zu, die ihn zu kennen scheinen, und geht zum DJ, um ihm die Hand zu geben. Vielleicht habe ich ihn ein bisschen zu lange angeschaut, vielleicht irritiert ihn das fremde Gesicht in seinem Reich. Auf jeden Fall kommt er auf mich zu, mustert mich und sagt: «Ey, bist du nicht ein bisschen zu alt für hier?» Dann geht er weiter, ohne meine Antwort abzuwarten. Er schäkert und checkt sein Territorium, geht zu den tanzenden Mädchen, bewegt sich mit ihnen. Er nickt den Türken zu, die inzwischen wieder am Nebentisch stehen, und die nicken brav zurück. Ich beobachte die Szene und mache mir Notizen.

Dann kommt er noch einmal an meinen Tisch. Dieses Mal fragt er: «Was machst du hier? Hausarbeiten?» Ich erzähle ihm, dass ich ein Buch schreibe und eher zufällig hier bin. Er scheint sich zu interessieren, verrät mir seinen Namen: Dirk, 19 Jahre alt, Fliesenleger. Am Wochenende ist er meistens mit seiner Clique hier. «Komm, ich zeig dir was», sagt er und führt mich hinaus. Vor einem schwarzen 3er BWW hält er an und begrüßt seine Kumpels: «Hey, der hier schreibt ein Buch. Gebt ihm doch mal einen Schluck.» Die Jungs erzählen, dass sie aus dem nahen Blender kommen, gemeinsam zur Schule gegangen sind und inzwischen fast alle arbeiten. Am Wochenende treffen sie sich, um gemeinsam zu trinken, zu tanzen – um abzuhängen.

Wir gehen wieder rein. Ich schaue mich noch einmal im Dropstone um. Einen langweiligeren und trostloseren Ort habe ich selten gesehen. Aber Dirk scheint sich zu amüsieren – weil er jeden kennt und jeder ihn. Das Dropstone ist seine Heimat. Hier ist er ein Held.

Ich gehe noch einmal zu ihm, inzwischen ist es zwei Uhr. Ich frage, ob er Lust hätte, mitzukommen. Ich habe im Internet noch eine andere Disco ausfindig gemacht, 30 Kilometer entfernt von Verden, etwas näher an Bremen, das Capitol in Oyten: drei Dancefloors und ein Nachtbus-Shuttle zum Bremer Hauptbahnhof. Eigentlich war ich sicher, dass Dirk ablehnen würde. Aber die Sache scheint eine Art Mutprobe für ihn zu sein. «Wenn Thommy mitkommt, warum nicht?», sagt er und haut seinem Kumpel auf die Schulter. Ich sage: «Okay», und die beiden überlegen, ob ich es ernst meine. «Du zahlst den Eintritt?», fragt Dirk, ich sage: «Geht klar.» – «Und wir kommen dann auch in deinem Buch vor?» Ich verspreche es. Danach verlassen wir das Dropstone. Sie fahren mit ihrem Wagen, ich mit meinem.

Nach 20 Minuten erreichen wir Oyten. Auch hier liegt die Disco in einem Industriegebiet. Aber mit dem Dropstone kann man das Capitol nicht vergleichen. Der Parkplatz ist voller, die Hälfte der Autos haben Bremer Kennzeichen, die andere Hälfte kommt aus dem Umland. Auch hier haben einige Besucher das Autodach zur Open-Air-Bar verwandelt. Vor dem Eingang der Disco steht ein Imbisswagen. Die Säulen des Discoportals leuchten rot. Das Capitol macht auf schick. Und seine Besucher auch. Dirk, dessen Outfit mir im Dropstone aufgefallen war, geht hier in der Menge gestylter Menschen unter. Dirk und Thommy kannten das Capitol nicht. «Nicht schlecht, Alter», sagen sie. Ich zahle den Eintritt, drei mal drei Euro. Gemeinsam erkunden wir die Räume. Die Disco ist eingerichtet wie eine alte römische Villa: Marmorfußböden, goldgerahmte Spiegel, goldene Lüster baumeln von der Decke. Moderne Lichtanlagen sorgen für Kontrast. Dirk und Thommy bewegen sich etwas schüchterner als im Dropstone, suchen nach vertrauten Gesichtern. Aber hier finden sie keine. Die beiden fangen an, Witze zu reißen: über die tanzenden Frauen und die besonders gut gewachsenen Kerle. Aber niemand beachtet sie. Im Capitol ist jeder mit sich selbst beschäftigt.

Auf dem hinteren Dancefloor wird Discomusik gespielt.

Es gibt durchaus Parallelen zum Schema der Verdener Disco: Auch im Capitol tanzen zwei exzentrische Mädchen miteinander. Sie tragen aufeinander abgestimmte Hüte, spielen – ebenso wie die Mädchen im Dropstone – mit der Erotik des Tanzes und signalisieren gerade dadurch ihre Unantastbarkeit. Dirk kennt das Spiel: «Da brauchen wir es gar nicht erst zu versuchen», sagt er.

Auf einem anderen, kleineren Dancefloor legen zwei DJs Black Music auf. Sie scratchen, lassen die Rhythmen im Nichts abtauchen und befeuern die Tanzfläche danach wieder mit fetten Beats. Zwei schlanke schwarze Frauen stehen auf den Lautsprecherboxen und tanzen über den Köpfen der Menschenmasse. Anders als in Verden signalisieren sie kein Spiel mit der Männerwelt, sondern befriedigen ihre Lust, sich nach der Musik zu bewegen. «Wow», sagt Dirk, und als ich meinen Block heraushole, fragt er mich: «Was schreibst du auf?» Ich antworte: «Ach, nur die Stimmung.» – «Das hier ist nichts für mich», sagt er. «Wir gehen mal auf den Hauptfloor.» Ich beende meine Notizen: «Merkwürdig, wie Musik die Menschen trennt. Zur Pop Music scheinen die Kinder der Reihenhausbesitzer aus den Speckgürteln zu tanzen, zur Black Music bewegen sich die Abiturienten und Studenten aus Bremen.» Ich stelle mich an die Bar und beobachte, wie aufgeschmissen Dirk und Thommy in dieser Umgebung wirken. Die Helden aus dem Dropstone sind hier so fremd, als hätte ich sie mit zu einer Opernpremiere genommen. Aber vielleicht blühen sie auf, wenn sie allein sind.

Ich beschließe, hinüber zum Hauptfloor zu gehen. Das Motto hier ist Techno, aber aus den Boxen dröhnen aktuelle Schlager, die mit wummernden Bässen unterlegt werden: «Schmeißt die Hände in die Luft. Mensch, das geht ab!» Dann singen alle mit: «Wir feiern die ganze Nacht!» Eine Art lauter «Ententanz», denke ich.

Dirk und Thommy haben sich an einen Tisch abseits der Tanzfläche bewegt und ein Bier bestellt. Auch sie singen mit: «Wir feiern die ganze Nacht!» Danach klopfen sie sich auf die Schenkel und lachen. Eine halbe Stunde später sind die beiden noch immer da.

«Ist nicht euer Laden, was?», frage ich. «Ist okay», sagen sie, «aber wir müssen erst mal die Lage peilen.»

Ich gehe nach draußen, esse eine Currywurst. Als ich wieder hineinkomme, sitzen Dirk und Thommy noch immer an ihrem Tisch. Ich frage, ob sie noch bleiben wollen. «Klar doch», sagen sie. Ich verabschiede mich und wünsche ihnen einen schönen Abend. «Alles klar, mach's gut.» Als ich mich noch einmal umdrehe, schauen sie in die tanzende Menge. Auf meinem Heimweg frage ich mich, was sie wohl nächste Woche im Dropstone von ihrem Ausflug ins Capitol erzählen werden.

XII. Die Welt da draussen

«Die Welt machte mich zu einer Hure,
nun mache ich sie zum Bordell.»
Friedrich Dürrenmatt,
«Besuch der alten Dame»

Roman:

Public Viewing im Überaller Hirschen

Zwölftes Kapitel, in dem die Überaller im Hirschen sitzen und fernsehen – allerdings ohne Happy End.

Wer erst jetzt, eine halbe Stunde vor der Übertragung von «Landwirt sucht Dame», in den Hirschen kommt, muss an der Theke stehen. So voll war es nicht einmal, nachdem die Fernsehleute Überall verlassen hatten und ein Überaller nach dem anderen auf ein Bier vorbeischaute, um zu erzählen, was er erlebt und gesagt hatte, und um zu hören, was die anderen zu berichten hatten. Damals waren sich alle einig, ein gutes Bild von sich abgegeben zu haben.

Nun sitzen sie wieder in der Gaststube und sind gespannt, was der Fernsehsender aus ihren Geschichten gemacht hat. Günter hat zwei Bildschirme aufgestellt, Fritz und Waltraud haben einen Stuhl für Tim geschmückt, auf den sie Herzen und den Satz «Die beste Frau für unseren Tim!» gemalt haben.

Als die Sendung beginnt, wird es still im Hirschen. Zunächst wird ein anderer Bauer vorgestellt, ein muskulöser, dauernd lachender Kerl, etwas älter als Tim – sein Alpendorf preist ihn als Schützenkönig und Kegelmeister, und man fragt sich, warum dieser Mann noch keine Frau hat. Nach dem Einspielfilm steht die Moderatorin plötzlich auf der Hauptstraße von Überall, und im Hirschen setzt ein Gemurmel ein, aus dem man die Worte «Jetzt» und «Da sind wir» und «Jawoll» heraushören kann.

«Überall liegt nicht in den Alpen», sagt die Moderatorin, «und es ist vielleicht auch kein Dorf, das man auf den ersten Blick als idyllisch bezeichnen würde. Aber wer einmal hier war, erkennt seinen Charme sofort – und vor allen Dingen: Dieses Dorf hat eine spannende Geschichte. Eine Geschichte, die wir heute zu Ende erzählen werden. Eine Geschichte, in der es um Verbrechen, um Mitleid und um Bewältigung geht ...»

Inge legt ihren Arm um Hans und flüstert ihm ins Ohr: «Siehst du, du hast sie überzeugt. Ich bin so stolz auf dich!» Frank schaut zu den beiden hinüber, überlegt einen Moment lang, ob er sich Hans vorknöpfen soll, wartet dann aber erst einmal ab.

«... und im Mittelpunkt dieser unglaublichen Geschichte steht ein sympathischer junger Mann», fährt die Moderatorin fort, «sein Vater war Arzt, er selbst arbeitet als Knecht auf dem Hof seines alten Freundes Frank. Und, liebe Frauen, nach einem so gutherzigen Bauern können Sie lange suchen.»

Im Hirschen wird geklatscht, Ulrich reckt seine Faust in die Luft und ruft: «Tim! Tim! Tim!», die anderen Überaller stimmen ein. Tim sitzt auf seinem Stuhl und strahlt.

Im Fernsehen werden nun Impressionen von Überall gezeigt, der frischpolierte, goldene Wetterhahn auf der Kirchturmspitze, die Vorgärten an der Hauptstraße, die alte Mühle und der Lindenweiher. Eine Stimme erzählt: «Ein Dorf wie Überall gibt es nirgendwo. Hier scheint die Zeit stehengeblieben zu sein: freundlich, ordentlich und gottesfürchtig.» Der kleine Bilderbogen endet bei Tim, der auf der Linde sitzt und sagt: «Hallo, ich bin Tim – und ich suche eine Frau. Sie sollte nett sein und treu und gut. Außerdem sollte sie Tiere mögen.» Im Hirschen wird wieder applaudiert und gejohlt: «Tim! Tim! Tim!»

Nun wird drei oder vier Minuten lang Tims alltägliches Leben in Überall gezeigt: Er melkt Franks Kühe, er kauft Milch im Lebensmittelmarkt, seine Freunde stehen am Lindenweiher und erzählen, was für ein sympathischer Mensch er ist. Nur die Geschichte mit Franks Großvater haben die Leute vom Fernsehen etwas gekürzt. Hans, der als «sympathischer möglicher Schwiegervater» vorgestellt wird, darf am Ende zwar erzählen, dass er an einer Chronik schreibt und dass Überall eine Geschichte hat, die sehr brisant ist, aber über die Mühlen-Juden fällt kein Wort. Inge freut sich trotzdem und streicht ihrem Mann über die Schulter, und Hans scheint ebenfalls zufrieden zu sein. Immerhin weiß nun jeder, dass er an einer Chronik schreibt. Und selbst Frank kann mit der Berichterstattung leben und prostet Hans zu. Die Leute vom Fernsehen scheinen ein Händchen für brisante Situationen zu haben.

Dann wird noch einmal die Moderatorin gezeigt, die nun auf der Hauptstraße Richtung Kirche geht. «Aber ich habe Ihnen ja noch eine spannende und dramatische Geschichte versprochen», sagt sie, «und die erzählt nun eine Frau, die nicht mehr in Überall wohnt. Dorothea – Tims bildhübsche Schwester …»

Im Hirschen wird es wieder still. «Was will die Alte denn im Fernsehen?», ruft Ulrich. Michaela versucht, ihn zu beruhigen, indem sie ihn vorwurfsvoll anschaut. Im Fernsehen laufen jetzt schnellgeschnittene Statements zu Dorothea: Frank, der sie als «besondere Frau» lobt, Ulrich, der sagt, dass sie nicht nach Überall passt, und Hans, der erzählt, dass er sich für seinen Sohn keine Frau wie seine Tochter wünscht, sondern «eine nette Frau. Eine, die zu ihm passt.» Schließlich sieht man, wie Tim an der Kasse des Ladens steht und Waltraud ihn fragt, wie es seiner Schwester geht. «Ich weiß nicht, ich habe sie schon lange nicht mehr gesehen», antwortet Tim.

Ulrich schreit: «Spinnen die?», und Fritz versucht zu erklären, dass die vom Fernsehen den Text erfunden hätten. Hans sinkt an seinem Tisch zusammen.

«Lieber Tim – wir haben eine Überraschung für dich», sagt die Moderatorin, die inzwischen vor der Kirche steht. «Hier ist deine Schwester.» Dann sieht man Dorotheas Gesicht. «Hallo, Tim», sagt sie, «ich hoffe, dass du eine nette Frau bekommst. Du hattest es nicht leicht in Überall, sie haben dich geärgert, sie haben dich geschlagen, sie haben sich über dich lustig gemacht. Aber, Tim, ich weiß, dass du eine gute Seele hast. Ich weiß, dass du ein guter Mensch bist. Tim, ich hab dich lieb – vergib mir, dass ich dir nicht helfen konnte, damals, und vergib mir, dass ich dir keine bessere Schwester bin. Tim, gehe deinen Weg und lebe wohl.»

Nach einer kurzen Pause zoomt die Kamera von Dorotheas Gesicht auf das Zimmer. Es ist mit rotem Plüsch eingerichtet. Sie trägt ihr gelbes Kleid, und eine Stimme aus dem Off erklärt: «Dorothea, Tims Schwester, hat Überall verlassen. Die Dorfgemeinschaft hat sie verstoßen. Sie ist in die Stadt gezogen – und hier arbeitet sie als Prostituierte.» Dann werden Dorotheas Lippen in Großeinstellung gezeigt. Sie sagen: «Ich hatte keine andere Wahl. Tim, bitte vergib mir. Ich werde nicht mehr lange leben. Ich habe in Sünde gelebt – und meine Strafe ist Aids. Leb wohl, Tim – vergib mir.»

Im Hirschen herrscht Totenstille. Günter schaltet die Fernseher aus, sodass die Überaller das Ende der Sendung nicht mehr mitbekommen. Hans, der vermutet, dass nun ein

Tumult ausbricht, ruft: «Ein Kirsch, Günter!» Die anderen schauen ihn schweigend an. Einige verlassen die Wirtschaft, andere folgen ihnen. Es ist eine gespenstische Stille. Nur Tim, der noch immer auf seinem Stuhl sitzt, steht auf und bittet Günter, den Fernseher wieder einzuschalten, er würde gern das Ende der Sendung sehen. «Das war das Ende», sagt der Wirt, «ich glaube, das war das Ende, Tim.»

Zur Lage:

Blick hinter die Schallschutzmauer

Wie das Dorf auf dem Land in den Normen der Welt verschwindet.

Wie die Welt hinter den Schallschutzmauern aussieht, kriegen wir kaum mit, wenn wir in gut sechs Stunden auf der A7 von Kiel nach München rasen. 12700 Autobahnkilometer durchziehen das Land, Deutschland hat nach den USA und der Volksrepublik China das weltweit drittgrößte Streckennetz. Einblicke in das Dorfleben jenseits der Trasse bekommt man höchstens zu sehen, wenn man zu einem der über 200 offiziellen Autohöfe abfährt – zum Tanken, zum Kaffeetrinken oder um die Toilettenanlagen von «Sani Fair» aufzusuchen. Die Dörfer an den Autobahnabfahrten unterscheiden sich höchstens dadurch, ob sie mit einem McDonald's oder einem Burger King ausgestattet sind, mit Beate Uhse oder einem anderen Sexshop und vielleicht durch die mittelständische Industrie, die sich hier niedergelassen hat. Während die Infrastruktur auf dem Land abgebaut, Bus- und Bahnlinien geschlossen werden, rückt die Autobahn selbst die kleinsten Käffer ins Zentrum der Republik und in den Mittelpunkt der Radionachrichten. Hilpoltstein und Allersberg, Gambach und Butzbach, Olpe und Freudenberg – diese Ortsnamen sind uns so vertraut, weil sie fast täglich in den Staumeldungen auftauchen. Und auch das hessische Kirchheim ist einer dieser Namen, mit denen wir Abgase statt Landluft assoziieren.

1906 wurde der erste Zuganschluss an die idyllische Knüllwaldbahn gefeiert, 1935 kam der erste Autobahnanschluss hinzu. Heute ist das Kirchheimer Dreieck einer der meistbefahrenen Orte Deutschlands. Hier kreuzen sich die A4 und die A7, außerdem kommt in Hattenbach noch die A5 hinzu. Kirchheim ist zum Knotenpunkt zwischen Ost und West, Nord und Süd geworden, zum Zentrum Europas zwischen Kopenhagen und Mailand, Warschau und Paris. Auf Postkarten von 1960 ist Kirchheim als idyllisch dunkles Bauerndorf zu sehen. Gerade einmal 1000 Einwohner lebten hier hauptsächlich von der Landwirtschaft. Nur an der kleinen Autobahnmeisterei ließ sich vielleicht erkennen, wohin die Reise gehen würde. Heute leben in Kirchheim fast 4000 Menschen. Die Stadt strahlt schon aus der Ferne neonbunt. Ein genormtes Kettendorf, in dem Rewe und Aldi sich niedergelassen, in dem Trigema, Lloyd und Puma ihre Outletcenter gebaut haben und in dem es sowohl Burger King als auch McDonald's gibt. Beide Schnellrestaurants sind übrigens auch Sponsoren des Online-Auftritts der Stadt, die in folgender Reihenfolge für sich wirbt: 1. Kirchheim am Kirchheimer Dreieck. 2. Kirchheim im Rotkäppchenland. 3. Kirchheim in Hessen.

Die wenigsten Leute kommen wegen der nahen Festspiele in Bad Hersfeld nach Kirchheim oder wegen der Kanufahrten auf der Fulda oder der «Schnupperkurse in Nordic Walking». Sie kommen wegen der Autobahn, und so ist es kein

Wunder, dass die Gemeinde auf ihrem Wappen zwei silberne Streifen durch eine grüne Fläche gezogen hat, die einen Wald andeuten soll – die beiden Autobahntrassen sind das eigentliche Herz des Dorfes.

So wie in Kirchheim bricht die Welt auch an anderen Autohof-Dörfern in das Idyll. Die Dorfjugend erhofft sich bei Burger und MTV ein bisschen Großstadtflair, oft sind die Tankstellen die einzigen Orte, an denen es die Süddeutsche, die FAZ und die Welt gibt, an denen Latte macchiato statt Filterkaffee gebrüht wird. Aldi und Lidl verdrängen die Bauern und Tante Emma. Und wenn die große Welt erst in die Provinz gekommen ist, nimmt sie keine Rücksicht mehr auf regionale Besonderheiten. Sie verbreitet ihre eigenen Normen. Und die werden von den meisten bankrotten Dörfern bereitwillig angenommen.

Auf seiner Internetseite wirbt Lidl gleich neben den aktuellen Wochenangeboten um das Interesse kleiner Gemeinden. «Wir suchen ständig Standorte und Ladenflächen», heißt es dort. Die strenge Lidl-Norm wird gleich mitgeliefert: Mindestens 5000 Einwohner am Kernort, 10 000 im Einzugsgebiet, die Grundstücksfläche muss mindestens 4000 Quadratmeter groß sein, über 100 ebenerdige Kundenparkplätze verfügen, außerdem ist eine Rampenanlieferung für Sattelzüge mit 40 Tonnen und 18,5 Meter Länge nötig. Viele Gemeinden sind bereit, dem Billiganbieter diese Rahmenbedingungen zu schaffen – schließlich zahlt er Steuern. Mit seinen 35 Regionalgesellschaften betreibt Lidl inzwischen über 3000 Filialen in Deutschland. Aldi Nord und Aldi Süd kommen zusammen auf rund 4300 Läden. Es gehört zur Strategie, dass Aldi seine Regionalzentralen in der steuerparadiesischen Provinz ansiedelt, wo Bürgermeister sich über jeden neuen Job freuen. Und so stehen die Aldi-Zentren in Bargteheide, Weyhe und Schwelm, in Aichtal, Langenfeld und

Wittlich. Die Welt da draußen hat die Dörfer längst als Billigstandorte ihres metropolitanen Marktes erobert. Produziert wird häufig in den Billiglohnländern China und Indien, vertrieben in der deutschen Billigprovinz.

Natürlich dringt die große Welt auch über die Datenautobahnen in die Dörfer ein: Internetleitungen werden allmählich ausgebaut, und der Fernsehkonsum, der auf dem Land – besonders in den Sommermonaten – traditionell geringer war als in der Stadt, steigt auch in der Fläche. Das Prinzip der multimedialen Kommunikationstrassen ähnelt dem der Bundesautobahnen: Urige Dörfer werden mit genormtem Mainstream überschwemmt. Auch auf dem Land hat der Privatsender RTL inzwischen mit den öffentlich-rechtlichen Sendern ZDF und ARD gleichgezogen, und in vielen Orten existiert das ländliche Leben nur noch als Fernsehformat im Wohnzimmer, während Aldi, Lidl & Co. die Bauernhöfe verdrängen. Trotzdem senden die dritten Programme ihre Regionaldokumentationen rund um die Uhr und zeigen traditionelle ländliche Lebensformen, als stellten sie die Regel und keine Ausnahme dar.

RTL hat das Kuhdorf bereits zur Showbühne verwandelt, über acht Millionen Menschen schalten bei «Bauer sucht Frau» ein. Ein flächendeckendes Erfolgsformat, das auch in der Provinz seine Zuschauer findet. Besonders wenn die Hauptdarsteller aus dem eigenen Dorf kommen. Schäfer Heinrich aus dem Sauerland hat sich mit seinen schrägen Schäferliedern deutschlandweit zum Kasper gemacht und freut sich hauptsächlich über die Begeisterung in seiner Heimat: «Am Montagabend werden Sie bei uns im Kreis nach 20 Uhr jedenfalls keinen mehr auf der Straße treffen. Die haben sich alle schon zum Fernsehgucken verabredet.» Auch über die Medienautobahnen werden die trostlosen Provinzen also mit virtuell genormten Bildern überschwemmt, die in den Metropolen entworfen werden, um den Dörfern zu verleihen, was sie längst verloren haben. Die Landwirte sind die wahren Bauernopfer dieser Entwicklung.

Das TV-Idyll, das Inka Bause mit Pathos und Musik aus der sterilen Soundfabrik präsentiert, ist zum großen Teil Lug und Trug. Eine Kosmetikerin, die sich als Frau für den Bauern beworben hatte, entpuppte sich als Prostituierte, einer der Bauern hatte sich den Fernsehhof lediglich von einem Freund geliehen, und Bauernpräsident Gerd Sonnleitner mokierte sich: «Mit der Realität hat das alles nichts zu tun. Die Bauern werden als einsame Trottel präsentiert, die nicht wissen, wie sie sich benehmen sollen.» Doch die Quote gibt dem Sender recht: Während die Provinz stirbt, lebt ihr Mythos im Fernsehen weiter. Die große weite Welt dringt in die Dörfer ein und vermarktet ein Klischee nach dem anderen.

Richtig bedrohlich wird all das allerdings erst, wenn die große Welt plötzlich ihr Interesse an den Dörfern verliert. Wenn sie die Orte, die sie auf den Kopf gestellt hat, einfach wieder verlässt. Kirchheim hat dieses Phänomen zu spüren bekommen, als die A9 ausgebaut wurde und der Verkehr sich plötzlich verstärkt durch die östlichen Provinzen bewegte. Die Zahl von 260 000 Besuchern, die hier jedes Jahr übernachteten, ist auf 180 000 Gäste gesunken.

Noch verheerender könnte die neue Politik der Bundeswehr für viele Gemeinden werden. In einigen ländlichen Gebieten wie Mecklenburg-Vorpommern ist sie nach dem Abzug der Schulen und Kirchen mit ihren Kasernen die letzte öffentliche Einrichtung, die die Region noch am Leben hält. Die Bundeswehrstandorte sorgten für Arbeitsplätze und spülten den oft notleidenden Gemeinden Geld in die Kassen. Doch nun zieht die Bundeswehr leise wieder ab und hinterlässt entvölkerte Regionen, die wie Mondlandschaften wirken.

Auch im Westen leben ganze Gemeinden von der Armee. Durch die Abschaffung der Wehrpflicht werden sie zum Umdenken gezwungen. Nach der Ankündigung von Verteidigungsminister Karl Theodor zu Guttenberg, die Truppenstärke zu verringern und Standorte zu schließen, zittern Bayerns Gemeindevorsteher. Der Einzelhandel zählt bereits seine letzten Tage. So wie Sedat Aydin, der einen Dönerimbiss auf dem Marktplatz von Pfreimd betreibt. Den größten Teil seiner Fleischbrötchen verkauft er an Soldaten, die ihm das schlechte Kantinenessen ins Geschäft treibt. «Wenn die Kaserne nicht da wäre – schlecht», folgert er und glaubt, dass er nicht der Einzige wäre, der aufgrund eines Truppenabbaus schließen müsste. Selbst Bayerns Ministerpräsident Horst Seehofer polterte schon lokalpatriotisch gegen den Verteidigungsminister aus der eigenen Partei: «Es geht in Bayern um über 40 Standorte und etwa 50 000 Dienstposten», sagte er. Die meisten der Bundeswehrsoldaten sind in der Provinz stationiert und halten mit ihrem Konsum das wirtschaftliche Leben aufrecht, das sich den Konsumgewohnheiten ihrer Hauptklientel marktgerecht angepasst hat. Wenn die Bundeswehr jetzt abzieht, wird sie aussterbende Dörfer hinterlassen.

Die große weite Welt nimmt keine Rücksicht auf die Bedürfnisse und Traditionen der Provinz. Erst verdrängt sie rücksichtslos, was dem schnellen Profit im Wege steht, dann verbreitet sie sich mit ihren Nullachtfünfzehn-Shops, um schließlich einfach weiterzuziehen. Für eine Rückbesinnung ist es in der Regel meist zu spät: Viele Gemeinden haben ihre traditionellen Werte längst verkauft, in der Hoffnung, ein Stück der größer werdenden Torte abzubekommen. Statt weltoffener zu werden, haben sie die Großstadt nur schlecht kopiert. Jetzt sterben sie einen einsamen Tod, weil die große weite Welt sich plötzlich wieder zurückzieht.

Vor Ort:

Weil es gut schmeckt?

So wird das Dorf zum Drive-in – eine Fahrt auf deutschen Autobahnen.

Rund 140 Autobahnkilometer liegen zwischen Gießen und Kassel, keine größeren Städte, dafür allerhand kleinere Hügel. Es ist Samstagmittag, der Nebel hängt schwer und nass in den Tälern, die Sonne hat es schwer durchzukommen. Aus irgendeinem Grund scheinen sich die Kilometer auf diesem Teil der Strecke besonders hinzuziehen. Ich habe hier noch nie angehalten, obwohl ich oft von Süden nach Norden gefahren bin. Heute soll sich das ändern. Ich habe mir vorgenommen, an jedem Ort zu rasten, der an der Autobahn mit einem Schnellrestaurant wirbt. So will ich mir die Zeit verkürzen und mir ein Bild machen von der durch Fast Food veränderten Idylle. Schließlich gehören McDonald's und Burger King mittlerweile zum Einheitslook der modernen Kleinstädte wie die Märkte von Lidl, Aldi & Co. Besonders wenn sie an der Autobahn liegen, wo sie Raser zu Rastenden machen und den zähfließenden nationalen Verkehr in die Provinzen locken. So wird das Dorf zum Drive-in.

Vorbei die Zeit der Kindertage, als man auf dem Weg in den Skiurlaub noch Landgaststätten ansteuerte, in denen es anständige Regionalgerichte zu fairen Preise gab, oder – wenn es schnell gehen musste – für eine Currywurst mit Pommes an der Raststätte gehalten hat. Heute sorgen Autohöfe dafür, dass die Trennlinie von Verkehr und Idyll durchlässiger wird. In den merkwürdig genormten Themenwelten der Burgerketten versammeln sich die hungrigen Einwohner der Provinz mit eiligen Weltbürgern.

Gleich hinter Gießen klotzt das McDonald's von Reiskirchen schon weit vor der eigentlichen Abfahrt mit einer gigantischen Leuchtwerbung. Auf einer steilen grünen Wiese, auf der tatsächlich Kühe grasen, erstrahlt die große rote Fläche mit dem gelben M. Das Burgerrestaurant teilt sich den Aufstellmast mit der Spielstation, einem Glücksspieltempel für Fernfahrer. Einige Hügel weiter leuchtet das gelbe M schon über einer Hügelkuppe in einer Kurve und signalisiert dem hungrigen Reisenden, sich rechts einzuordnen. Gleich nach der Abfahrt beginnt ein ausgelagerter, aus dem Boden gestampfter Shopping-Bezirk: Neukauf, Norma und Rewe buhlen um Kunden, daneben eine Apotheke und das Außenlager eines Rohrherstellers. Ich passiere die Spielstation und die Total-Tankstelle, biege links ab und komme am Ortseingangsschild vorbei. Hier stehen das McDonald's und das Gesundheitszentrum In Motion, außerdem hat die Spielstation neben dem Burgerrestaurant eine kleine Zweigstelle errichtet. Dahinter beginnen schon die ersten Wohnblöcke der Randbezirke von Reiskirchen.

Reiskirchen lebte jahrhundertelang von der Landwirtschaft, bis der Autobahnanschluss an die A5 kam und den Ort veränderte: Industrie siedelte sich an, die Einwohnerzahl stieg, und neben der historischen evangelischen Kirche im Ortskern erstreckt sich der Ort nun bis zur Shopping-Meile an der Autobahn. Auf dem McDonald's-Parkplatz fahren Kinder mit Rädern über die Stoppschwellen, und während ich mein Auto parke, stellt eine kleine Familie ihre Fahrräder vor dem Eingang ab: Es ist Mittagszeit.

Wenn man nach Bildern von Reiskirchen im Internet sucht, erscheint als Erstes die Fußballjugendmannschaft – sie wird von McDonald's gesponsert, und die Kinder tragen das Firmenlogo stolz auf ihren Trikots. Trotz der großen Autobahnwerbung sind die Durchreisenden im Restaurant in der Minderheit. McDonald's scheint ein beliebtes Ausflugsziel der Gegend zu sein – so wie früher die Eisdiele. Die Filiale ist klein und wahrscheinlich bewusst unmodern eingerichtet: Statt Bildschirmen hängen gelb-orange Gemälde an den Wänden. In einem Zeitungshalter baumelt der Gießener Anzeiger, außerdem gibt es ein kleines Spielparadies, in dem drei Jungen toben. Ihre Schuhe mit Klettverschluss haben sie ordentlich vor dem Kletterparcours abgestellt.

Die Tische sind voll besetzt, entweder mit Familien oder jeweils einem Mann und einem Kind. Eine türkischstämmige Großfamilie hat zweimal 20 Chicken McNuggets bestellt. Die Männer sitzen an der einen Tischseite, die Frauen mit Kopftüchern an der anderen. In Reiskirchen scheint McDonald's regionale Bodenständigkeit mit Durchreiseverkehr zu verbinden. Das passt zum Image, das sich die Fast-Food-Kette in der Werbung gibt: Kartoffeln von deutschen Feldern, Rinder aus deutschen Ställen, Salate aus deutschem Anbau – und das alles nach amerikanischen Geheimrezepten. Der globalisierte Markt hat das Regionale längst als Standortfaktor begriffen. Und die Menschen vor Ort gehören mit dazu.

Ich fahre zurück auf die Autobahn, nach 16 Kilometern erreiche ich Homberg (Ohm). 1065 hat König Heinrich IV. dem Kloster Hersfeld «zehn Hufen» im Ort «Hohunburch» geschenkt – das war die erste dokumentierte Besiedelung. Durch die A 5 ist Homberg strategisch noch wichtiger geworden. Der Stadtkern mit seinen alten Fachwerkhäusern liegt allerdings 10 Kilometer vom Autohof entfernt. Gleich nach der Abfahrt wirbt ein Turm aus Heuballen mit einem Schild «Blumen zum Selbstschneiden». Der Burger King, dessen große gelbe Krone auf dem Dach leuchtet, ist weitgehend leer. Der Maxi-Autohof scheint für die Homburger zu weit entfernt zu sein. An der Kasse stehen zwei Schlipsträger, Geschäftsleute auf Durchreise. Vier Jungendliche sitzen an einem Tisch und starren auf einen der beiden Großbildschirme, auf denen MTV läuft. Anders als McDonald's setzt Burger King nicht auf regionale Identifikation, sondern pflanzt seine Restaurants wie Satelliten ins Weltall: Das amerikanisch-kühle Design mit orangegelben Neonleuchten und Fotos von Los Angeles strahlt alles andere als Gemütlichkeit aus.

Nach 25 Kilometern erreiche ich den legendären Rasthof Pfefferhöhe bei Alsfeld. Früher war er mit seinem Hotel einer der ersten modernen Business-Treffpunkte Deutschlands. Menschen aus allen Teilen des Landes haben sich hier an der Autobahn zu Tagungen getroffen. Heute ist das Hotel mit seiner neongrünen Schreibschrift in die Jahre gekommen: Die Zimmer sind noch immer im Holzfurnierlook gehalten, und im Restaurant stehen die alten Stühle mit rotem Stoff und goldenem Plastikrahmen. Lohnend ist der Panoramablick über den hoteleigenen Teich bis zur alten Fachwerkstadt Alsfeld. Doch für Autofahrer ist das alles kaum noch attraktiv, seit das McDonald's direkt vor der Total-Tankstelle eröffnet hat. Der gleiche Bautyp wie in Reiskirchen verbreitet hier eine grundlegend andere Stimmung: Die Gäste nutzen vorwiegend den Drive-in, wenn sie von der Tankstelle rollen. Wer das Restaurant betritt, will schnell essen und weiterfahren, deshalb gibt es hier auch keine Lokalzeitung, sondern die Bild an der Kasse. Fast Food heißt auf der Pfefferhöhe: möglichst wenig Zeit verlieren.

Ich passiere das Kirchheimer Dreieck. Die beiden großen Burgerketten haben sich den Verkehrsknotenpunkt strategisch aufgeteilt: Wer nach Berlin will, fährt am Burger King vorbei, alle anderen am McDonald's.

Vor der Autobahnabfahrt Mahlsfeld ist die nächste große McDonald's-Reklame aufgestellt. Wieder wird im Verbund mit dem Spielland geworben. Dem Autofahrer wird nicht die nächste Ausfahrt nahegelegt (ein Rasthof mit Burger King), sondern die übernächste Abfahrt in Guxhagen. Hier lässt sich das McDonald's nur über die Aral-Tankstelle erreichen: ein modernes, auf alt getrimmtes Fachwerkgebäude, das seinem Stil auch im Inneren treu bleibt. Guxhagen ist der Megastore unter den McDonald's-Filialen an der Autobahn. Hinter einem Tresen, ebenfalls aus Fachwerk, befindet sich das McCafé, das in eine separate Lounge mit Flachbildschirmen übergeht. Links sind die normalen Burgerkassen angeordnet. Inzwischen ist es 20 Uhr, und die Jugendlichen aus Guxhagen bereiten sich auf den Discoabend vor. Die Jungen sitzen mit Baseballkappen, die Mädchen in aufgetakelter Abendrobe an Tischen, trinken Cola, beißen in Big Macs und betrachten dabei die Flachbildschirme, auf denen gerade die Nachrichten übertragen werden.

Die Filiale lockt nicht nur mit Rutsche und Spielparadies, sondern mit einem eigenen, abgetrennten Raum für Kindergeburtstage. An den Wänden hängen Fotos von Kindern aus der Region, die den McDonald's-Malwettbewerb gewonnen haben. Dieses Burgerrestaurant ist das Disneyland der Provinz, und Ronald McDonald ist hier sicherlich beliebter als Mickey Maus. An den Kassen werden Tom-und-Jerry-Gimmicks zu jedem Happy Meal verteilt.

Hier draußen in der kunterbunten Autobahnwelt erinnert nichts an die historische Tradition des Ortes, in dem bis heute die Gedenkstätte Breitenau gepflegt wird. Die Nationalsozialisten benutzten das alte Kloster an der Reichsautobahn von 1933 bis 1934 als Arbeitserziehungs- und Konzentrationssammellager. In der Dauerausstellung der Gedenkstätte ist ein Zeitungsausschnitt ausgestellt, in dem die Bevölkerung über das Lager informiert wurde: «Selbstverständlich sollen die Konzentrationslager keine Dauereinrichtung sein. Sie haben lediglich den Zweck, die unsauberen Elemente unschädlich zu machen und sie gegebenenfalls, das muss angestrebt werden, zu Staatsbürgern zu machen, die sich in die neue Form der Volksgemeinschaft willig einreihen.» Das Konzentrationslager von Guxhagen wurde später tatsächlich geschlossen und diente als Umerziehungs- und Arbeitslager. Heute ist hier die Geschichte zweier jüdischer Mitbürger aus dem Ort dokumentiert, die inhaftiert wurden, weil sie im Wald Beeren gesucht hatten. Sie wurden deportiert und schließlich ermordet. Von alldem kriegt man in der künstlichen Autobahnwelt natürlich nichts mit.

Bevor ich weiterfahre, muss ich noch tanken und halte bei Aral. Neben dem Kassenbereich existiert noch immer das alte Tankstellenrestaurant mit vergilbten Gardinen, schweren Holzstühlen und -tischen. Zu meiner Verwunderung ist es ebenfalls gut besucht. Doch nicht von der Dorfjugend, sondern von Fernfahrern, die von einer ordentlichen Raststätte noch immer ein Stückchen erkennbarer Heimat, einen Plausch unter Gleichgesinnten und eine ordentliche Currywurst erwarten. In Guxhagen sind die Provinz und die große weite Welt also selbst auf der Raststätte fein säuberlich voneinander getrennt: ein Stück Heimat für Trucker und das Disneyland für die Dorfjugend. Die einen suchen nach dem Vertrauten, die anderen wollen ihm möglichst entkommen.

Inzwischen bin ich satt und will nach Hause. Vor mir liegen noch 280 Autobahnkilometer. Die neun weiteren Burgerrestaurants samt ihren dahinter verborgenen Dörfern zähle ich nur noch für die Statistik. Ich habe genug gesehen und lasse sie rechts liegen.

XIII. Der Tod

«Denn dazu ist Christus auch gestorben und auferstanden und wieder lebendig geworden, dass er über Tote und Lebendige HERR sei.»

Die Bibel, Römer 14, 9

Roman:

Wie die Überaller Seele stirbt

Dreizehntes Kapitel, in dem Pfarrer Witte seine letzte Predigt hält.

Als ob sich die Bürger von Überall abgesprochen und gemeinsam beschlossen hätten, Buße zu tun, sind sie heute, am Sonntag nach der Fernsehübertragung, alle in der Kirche versammelt. Als erwarteten sie ein Wunder, vielleicht weil sie hoffen, dass Pfarrer Witte sie mit Gottes Beistand aus einem bösen Traum erwecken kann.

Der Pfarrer betritt die Kanzel und spürt, dass die Augen der Überaller erwartungsvoller als sonst auf ihn blicken, als versprächen sie sich von seinen Worten Trost – einen Trost, von dem er nicht sicher ist, ob er ihn selbst finden kann.

Bevor er seine Predigt beginnt, schaut er auf seine Gemeinde. Manuela sitzt gemeinsam mit ihren Kindern bei ihren Eltern. Ulrich sitzt auf der anderen Seite des Kirchenschiffes, allein. Stefan hält Susannes Hand, an ihrer Seite die Kinder, Paula und Max. Günter und Gertrud haben in der ersten Reihe Platz genommen, Frank einige Bänke hinter ihnen. Er hat seine Hände wie zum Gebet gefaltet. Alle

Reihen der Kirche sind gefüllt, nur in der Mitte des Kirchenschiffes erkennt Pfarrer Witte eine fast leere Bank. Auf ihr sitzen, ganz außen, Hans und Inge, beide haben einen Arm um Tims Schultern gelegt, der zwischen ihnen kauert.

«Es ist …» Pfarrer Witte räuspert sich. «Es ist noch nicht lange her, dass wir gemeinsam den Prangertag gefeiert haben. Damals habe ich über den Körper gesprochen und über den Geist. Über die Prüfungen, vor die wir gestellt werden – an denen wir wachsen oder scheitern. Und ich habe von Jesus gesprochen, den Gott, der Vater auf die Erde geschickt hat, als seinen fleischgewordenen Sohn. Jesus, der durch sein Leiden unsere Sünden auf sich nahm.

Damals habe ich nicht erkannt, dass die Sünde bereits unter uns lebte. Damals ahnte ich nicht, wie schwach der Geist unseres Dorfes war. Ja, mehr noch: Damals bat ich euch darum, die Sündiger zu verstehen, zu verstehen, dass wir alle nicht frei von Sünde sind. Und dass Gott selbst die Sünde als Teil des Menschen angelegt hat.»

An dieser Stelle macht Pfarrer Witte eine lange Pause. Er schaut in die fragenden Gesichter seiner Gemeinde und liest in ihren Blicken die Enttäuschung darüber, dass seine Worte ihre Erwartungen nicht erfüllen. «Soll das alles gewesen sein», scheinen sie sich zu fragen, «soll diese allgemeine Predigt über die Sünde die Wirklichkeit in Überall wiederherstellen?»

Pfarrer Witte hat sich nicht aufgeschrieben, was er sagen wird, er wollte seine Predigt frei halten. Er wollte über die Verlockungen reden und irgendwie zum Trost überleiten. Dahin, dass der Tod den Menschen von seinem Körper befreit und damit auch von seiner Verführbarkeit. Er wollte den Gläubigen von Überall erzählen, dass ihr Leben eine Prüfung sei – ein Vorspiel zu einer anderen, einer unendlichen, zu einer schönen und ewigen Welt. Zu einer Welt, die all jene empfängt, die ihre Sünden einsehen, die beichten und bereuen. Doch jetzt, da er in den Gesichtern seiner Gemeinde lesen kann, dass seine Worte keinen Trost spenden, dass ein Priester die Wirklichkeit nicht durch die Theologie der Moral lindern kann, dass er im Begriff ist, an seinem Amt zu scheitern, atmet er noch einmal tief durch und spürt, dass er etwas sagen muss, was er nicht geplant hat. Noch bevor Pfarrer Witte erneut beginnt, ahnt er, dass er die Konsequenzen seiner Worte nicht absehen kann. Doch gerade diese Unsicherheit gibt ihm eine bislang ungeahnte Kraft.

In den Bänken der Kirche ist es still geworden. Das Atmen des Pfarrers wird vom Mikrophon verstärkt und hallt durch das Kirchenschiff. Er spricht weiter. «Die meisten von euch kommen regelmäßig zu mir, um zu beichten», sagt er. «Ihr glaubt nicht, was ich alles gehört habe – kleine und größere Sünden. In der Regel sage ich euch, wie viele Rosenkränze ihr beten sollt, auf dass euch eure Sünden vergeben werden. Heute will ich es anders halten. Heute werde ich beichten, denn auch ich bin nur ein Mensch aus Fleisch und Blut – und ihr, die Gemeinde, versteht mehr vom Geist als ich, der Geistliche.

Als Dorothea zu mir kam, damals, noch keine 18 Jahre alt, kam sie nicht in den Beichtstuhl. Sie hatte auch keinen Grund dafür, sie war frei von Sünde. Sie kam als Opfer der Sünder. Sie kam in die Pfarrei und berichtete mir, was ihr widerfahren war. Ein Verbrechen, über das wir alle geschwiegen haben. Ein Verbrechen, über das auch ich ihr riet zu schweigen. Niemand von euch hat mir dieses Verbrechen je gebeichtet. Niemand! Wir alle taten so, als hätte es nicht stattgefunden. So wie wir über die Mühlen-Juden geschwiegen haben. So wie wir über die meisten unserer wirklichen Sünden schweigen. Glaubt mir, ich weiß, was wir beichten: nur das, für das wir keine Verdammnis erwarten. Doch der Sinn der Beichte ist ein anderer: Sie soll uns läutern. Es geht in der Beichte nicht um Vergebung, es geht in der Beichte nicht darum, von Gott Absolution zu erhalten, es geht in der Beichte darum, uns dem Handeln unserer Körper zu stellen – ehrlich zu uns selbst zu sein. Denn allein jenen, die ehrlich mit sich sind, wird einst das Himmelreich offen stehen.

Aber wir haben nicht gebeichtet, keiner von uns. Ihr nicht. Und auch ich nicht. Ich, der ich die Sünde unserer Körper verraten habe – sie der Seele dieses Mädchens auferlegt habe. Ich habe die Sünde verteidigt, Gott verantwortlich gemacht, Schuld an unserer Sünde zu sein. Heute stehe ich vor euch und frage: Was für ein Gott soll das sein? Was für ein Gott lässt seine Kreaturen leiden, um zu wachsen? Von was für einem Gott reden wir? Von einem Gott, der Menschen zu Sündern macht, um andere durch ihre Opfer wachsen zu lassen? Was für einen Gott erfinden wir, um zu rechtfertigen, was passiert ist?

Ja, ich habe gesündigt, und ich erwarte von euch keine Vergebung. Denn meine Beichte, sie ist noch immer nicht beendet. Ich sage euch, dass ich nicht weiß, welche meiner Sünden größer ist. Dass ich von ihr, der Unschuldigen, das Schweigen über die Sünde forderte oder dass mein Fleisch willenlos war und ich sie begehrte, die Reine, als sie zurückkehrte und mich zwingen wollte, bei ihr zu beichten.»

Wieder macht Pfarrer Witte eine Pause und hört, wie ein leises Raunen durch die Kirche geht. «Ja, ich habe gesündigt und mich ihr hingegeben. Obwohl ich wusste, dass sie als Sünde gekommen war, habe ich sie nicht abgewiesen. Ich bin ihr verfallen – weil ich ihr verfallen wollte. Ich habe sie geliebt, im Schatten der Linde, dort, wo auch ihr sie einst begehrt habt. Und ich sage euch, ich erwarte keine Absolution. Ich weiß, dass auch ich sterben werde. Vielleicht früher, als ich je gedacht habe. Ich trage die Buße in meinem

Körper. Aber noch lebe ich. Ob ich die unendliche Schönheit des Himmelreichs je erfahren werde? Ich weiß es nicht. Ich bin gestorben. Gestern, als ich die Wahrheit sah, im Fernsehen, das mir meinen Spiegel zeigte, das mir zeigte, wie schwach und wie vergänglich unsere Körper sind und wie ewig der Geist sein kann. Liebe Freunde, ich will leben. Jeden Tag. Jeden Tag in Ehrlichkeit, im Angesicht meiner Sünden. Das ist meine Beichte. Und ich bin froh, dass ihr meine Beichtväter seid. Wem ihr eure Sünden beichten werdet, ich weiß es nicht. Ich werde sie euch nicht abnehmen können, da ich an meiner zu schwer zu tragen habe. Aber ich danke euch, und ich meine es wahrhaftig ernst, ich danke euch, dass ich hier in Überall, hier bei euch, Gott begegnet bin – ausgerechnet an jenem Ort, an dem er so fern zu sein scheint.»

Nach diesen Worten schweigt Pfarrer Witte einen Moment lang. Dann legt er den Talar auf die Kanzel, steigt hinab, geht durch die Reihen seiner Kirche, an seiner Gemeinde vorbei, öffnet das Kirchentor und verlässt das Dorf auf der Hauptstraße.

Die Gemeinde bleibt schweigend auf den Kirchenbänken sitzen. Einige Überaller beten, andere schauen sich an oder fassen sich bei den Händen. Über ihnen strahlt der frisch polierte Wetterhahn über die Wipfel des Überaller Waldes bis zur Autobahn, auf der die Menschen Deutschland von Nord nach Süd und von West nach Ost durchqueren, ohne je zu ahnen, dass sie Überall passieren.

Zur Lage:

Das stille Sterben

Warum die Provinz am Ende und nicht einmal der Tod mehr heilig ist.

Jedes Jahr droht über 20 000 Bauern in Deutschland der Bankrott. Auf verschuldeten Höfen gerät das Leben schnell aus den Fugen: Die Familien haben keine Perspektive, und oft steht das Lebenswerk mehrerer Generationen auf dem Spiel. Die Insolvenz ist ein Ausnahmezustand, so wie bei jenem Bauern in Tostedt, der seinen Hof anscheinend erfolgreich bestellte, während die Nachbarn längst aufgegeben hatten. In Tostedt grassierte das Hofsterben schon in den neunziger Jahren, aber der Bauer besaß 100 Milchkühe und 200 Rinder und betrieb ein florierendes Geschäft mit Düngemitteln. Allerdings trog der Schein. Irgendwann stand auch er vor dem Aus, die Sparkasse hatte den Hof zur Zwangsversteigerung freigegeben, und das Gesundheitsamt lieferte die Mutter des Bauern ins Krankenhaus ein – angeblich weil ihr Sohn sie morgens, mittags und abends mit Hundenahrung gefüttert hatte. Als sie zwei Tage später starb, plante der Tostedter Bauer seinen eigenen, spektakulären Abgang. Er vergoss über ein Dutzend Eimer mit Diesel und Heizöl auf seinem Hof, setzte ihn in Brand und erhängte sich anschließend in der Scheune. Als die Polizei eintraf, platzten die Reifen der Einsatzwagen auf einem Nagelbrett, das er vor die Einfahrt gelegt hatte, die Feuerwehr konnte den Brand nicht löschen, weil der Hydrant gekappt worden war. Später stellte sich heraus, dass die Güllegrube mit 300 Liter Insektenvernichtungsmitteln verseucht war. Mit seinem eigenen Tod hatte der Bauer das Landsterben ein letztes Mal groß in Szene gesetzt und nichts als verbrannte Erde hinterlassen. Am Ende blieb der Sparkasse nichts mehr übrig, was sie hätte zu Geld machen können.

Diese Geschichte liegt schon einige Jahre zurück, aber der Suizid auf dem Land ist gerade unter Bauern noch immer verbreitet, wenn auch in der Regel nicht so spektakulär. Der stolze, eigenbrötlerische Landwirt, der an der globalisierten Agrarpolitik scheitert und sich das Leben mit einem Strick in der Scheune nimmt, ist kein Klischee aus einem «Tatort», sondern bundesdeutsche Realität. Unter der Rubrik «Bäuerinnentreff» tauschen Bauerfrauen ihre alltäglichen Sorgen im Internet aus. Als Mirjam hier über die Suizide unter Bauern geschrieben hatte, bekam sie eine erstaunliche Resonanz. Ihr Posting begann so: «Hallo, mir bleibt immer wieder die Luft weg, wenn ich von Suiziden in der Landwirtschaft höre oder lese. Ein Bericht aus Baden-Württemberg hat mich diese Woche sehr aufgewühlt: Ein junger Betriebsleiter hat nach Scheidung, Überlastung und Ärger mit der Familie einen Abschiedsbrief geschrieben, seine drei Kinder nicht angeschnallt auf den Rücksitz gepackt und ist mit Vollgas gegen die Hauswand gefahren, wo seine Exfrau wohnt. Ein anderer junger Mann hat sich selbst mit dem Bolzenschussgerät getötet.»

Die anderen Bäuerinnen begannen nun ebenfalls, von Suiziden aus ihren Dörfern zu erzählen. «Bei uns in der Nähe hat ein Vater seine zwei Kinder im Schlaf umgebracht und sich danach im Stall erhängt», schrieb Maresi. «Wir haben in unserem engsten Freundeskreis zwei Fälle gehabt. Zwei Landwirte, die sich im Stall erhängt haben und in beiden Fällen hinterließen sie Frau und drei Kinder», berichtete Kerstin. Mucki wusste sogar von fünf Fällen aus ihrem Dorf, und als Mirjam nach den Gründen für die wachsende Zahl der Selbsttötungen auf dem Land suchte, machte sie zunächst die Agrarreform verantwortlich: Viele Höfe würden sich nicht mehr rechnen, schrieb sie, ganze Familien stünden vor dem Aus, die wirtschaftliche Lage würde die Spannung innerhalb der Familie verstärken – man wisse nicht mehr, wofür man arbeite. Dann erzählte Heidi von ihrer eigenen Erfahrung mit dem «schwarzen Loch», in das sie vor einiger Zeit gefallen ist. Sie dachte daran, ihrem Leben ein Ende zu setzen, wurde aber durch ihren Arzt und ihren Mann davon abgehalten. In dieser Zeit fühlte sie sich in erster Linie von der Dorfgemeinschaft im Stich gelassen: «Es ist ein großes Problem unserer Zunft, dass die Leute über alle reden, die den Boden unter den Füßen verlieren. Da ist man dann der Depp vom Dienst = Dorfgespräch!» Heidi zweifelte auch daran, dass der Rückhalt in Bauernfamilien immer so groß sei wie bei ihr. «In anderen Familien können sich die Söhne und Töchter vom Elternhaus abnabeln und notfalls sogar abkapseln», schrieb sie, «nur in der Landwirtschaft geht das nicht. Man ist auf Gedeih und Verderb der Familie ausgeliefert. Sonntags wie alltags, tags wie nachts.»

Im «Bäuerinnentreff» wird deutlich, dass der Suizid auf dem Land sowohl in den Dörfern als auch in den Medien ein Tabu ist. Angehörigen von Selbsttötungsopfern fehlt der Austausch, denn die Selbsttötung gilt als Menetekel und wird totgeschwiegen. Dabei gehört sie zum Alltag auf dem Land.

In Deutschland sterben mehr Menschen durch Freitod als durch Verkehrsunfälle. 10 000 nehmen sich jedes Jahr das Leben. Auch wenn die gesamtdeutsche Selbsttötungsrate seit den siebziger Jahren beständig sinkt, ist sie auf dem Land nach wie vor erheblich höher als in den Städten. 2009 nahmen sich nirgendwo so viele Menschen wie in der kreisfreien Stadt Weiden in der Oberpfalz das Leben – auf 100 000 Einwohner kamen 20,9 Suizide. An zweiter Stelle stand der sächsische Landkreis Döbeln, gefolgt vom niederbayerischen Regen und Freiberg in Sachsen. Die Zahl der Selbsttötungsversuche ist bei Frauen zwar höher, aber 75 Prozent der tatsächlichen Suizidopfer sind Männer. In ländlichen Räumen wie Bayern führt der Tod durch Erhängen die Art der Selbsttötungen an.

Es gibt kaum Studien über die regionalen Beweggründe für Suizide, doch es liegt auf der Hand, dass der wachsende finanzielle Druck und der schwindende Familienzusammenhalt auf dem Land die Selbstmordrate beflügeln. Mit dem Strukturwandel wächst die Perspektivlosigkeit, das Leben in den Dörfern wird anonymer, die alten Dorfgemeinschaften lösen sich auf, die psychologische oder seelsorgerische Betreuung hat sich zurückgezogen, und die Familien zerfallen. Dabei sind gerade enge familiäre Bindungen für Psychologen einer der wichtigsten Faktoren, suizidgefährdete Menschen von ihrem Vorhaben abzuhalten.

Der Freitod ist nicht das einzige Tabu auf dem Land. Auch das natürliche Sterben, das einst Teil der traditionellen Dorfkultur war, findet heute weitgehend einsam und anonym statt. Früher gehörte es gerade in ländlichen Räumen zur Tradition, die Kranken zu Hause zu pflegen, sie nach ihrem Tod aufzubahren und vor der Beerdigung durch die Straßen zu tragen. Doch diese kollektive Form der Sterbebegleitung ist längst Nostalgie. Die Studie «Sterben, dort wo man zu Hause ist» der Deutschen Krebshilfe und des Hospiz- und Palliativverbandes zeigt, dass inzwischen auch auf dem Land anonym gestorben wird und dass eine Ausgewogenheit in Sachen seelsorgerischer Versorgung und Hospizangeboten innerhalb der ländlichen und großstädtischen Regionen nicht gegeben ist. Das Land und seine Bewohner werden auch beim Sterben im Stich gelassen.

95 Prozent aller Deutschen wollen gern zu Hause ster-

ben. Doch in Wirklichkeit sterben noch immer 70 Prozent aller Menschen in Krankenhäusern. Dabei stellte die Krebshilfe-Studie erstaunlicherweise fest: «... die Wahrscheinlichkeit, zu Hause zu sterben, ist auf dem Land wesentlich geringer als in der Stadt.» Früher gehörte es zur Kultur der Dörfer, dass die Kranken im Beisein ihrer Familie starben. Doch diese Form des menschenwürdigen Sterbens hat sich heute ausgerechnet in die Städte verschoben. Zum einen weil der Familienverbund auf dem Land schwindet, zum anderen weil die Hospize es in der Provinz genauso schwer haben wie andere soziale Einrichtungen. Die Krebshilfe-Studie bemängelt, dass Hausärzte auf dem Land ihre Patienten in Beratungsgesprächen nur selten über die Möglichkeit der Heimpflege informieren. Stattdessen werden Todkranke ins nächste Klinikum überwiesen, wo sie weitgehend anonym sterben.

Selbst in der Bestattungstradition gleicht sich das Land der Stadt inzwischen an. Traditionell wurden in Dörfern eher Erdbestattungen vorgenommen. Einäscherungen waren selten, weil katholische Gemeinden sich lange gegen Feuerbestattungen gewehrt haben. Heute geben sie dem letzten Wunsch der Toten oder dem Drängen der Angehörigen nach. Außerdem steigt die Zahl von anonymen Beerdigungen und Waldbestattungen in der Provinz. So wurden im niedersächsischen «FriedWald Hasbruch» bei Hude seit 2004 fast 2000 Menschen am Fuße eines Baumes beerdigt. Statt im Kreise der Dorfgemeinschaft beigesetzt zu werden, ziehen immer mehr Menschen eine letzte Ruhestätte in Einheit mit der Natur vor oder nehmen bei ihrem Bestattungswunsch Rücksicht auf die Hinterbliebenen. Sie erwarten von ihnen nicht mehr, dass sie die Gräber pflegen, denn oft sind die Kinder der alten Dorfbewohner längst in die Städte gezogen und können sich nicht um die Ruhestätte ihrer Eltern kümmern. Also verfügen die Sterbenden auf dem Land eine Beerdigung, die ihren Nachkommen so wenig Mühe wie möglich macht. Das Ende der Familien auf dem Land ist auch das Ende der traditionellen Bestattungskultur.

Der Tod, der einst zum Leben auf dem Land gehörte, wird heute als störend empfunden. Der Friedhof in Eupen bei Aachen hat versucht, auf diesen Wandel zu reagieren. Weil die Gräber nicht mehr gepflegt wurden und immer mehr pflegeleichte Grabplatten die Ruhestätten bedeckten, wurde eine neue Friedhofsordnung erlassen. Als «grüner Friedhof» muss nun ein Drittel der Friedhofsfläche in Eupen bepflanzt sein. Da aber auch Eupen unter Einwohnermangel leidet und die Zahl der platzsparenden Urnenbestattungen steigt (inzwischen sind es die Hälfte aller Beerdigungen), wurde verfügt, dass man sich neuerdings sogar in Eupen begraben lassen kann, wenn man nur lockeren Kontakt zur Stadt hatte. Früher war der Friedhof allein den Einheimischen vorbehalten.

Selbst die ewige Ruhe ist auf den Dorffriedhöfen nicht mehr gewährleistet. In Westerkappeln sorgen sich die Verbliebenen seit einiger Zeit um die Bepflanzung der Gräber, regelmäßig werden Büsche und Bäume gestohlen, außerdem verschwinden jedes Jahr rund 20 Plastikgießkannen vom Totenacker. «Die Zahl ist seit Jahren konstant», erzählt der Friedhofsgärtner, «dabei müssten wir inzwischen eigentlich das ganze Dorf mit Gießkannen versorgt haben.» Der Wert einer Gießkanne beträgt 3,50 Euro.

In Zeiten der Wirtschaftskrise ist die Grabschändung und der Diebstahl auf den deutschen Totenäckern professionell organisiert. Auf dem Heimstettener Gottesacker wurden kürzlich 40 bronzene Urnenplatten gestohlen, einen Monat später 71 weitere, und im Nachbarort verschwanden noch einmal 11 Platten. Anderenorts werden über Nacht Kreuze aus Eisen oder Messing geklaut und beim Schrotthändler in bares Geld verwandelt. Der Tod auf dem Land ist nicht mehr heilig, und das Landsterben macht nicht einmal vor den Toten halt.

So hat die heile Welt ihre Unschuld selbst im Sterben verloren. Der Tod, der einst in die Dorfkultur integriert war, und der Friedhof, der als Fortsetzung des Dorfes in die Ewigkeit verstanden wurde, haben ausgedient. Inzwischen ist selbst der Tod auf dem Land erschreckend modern geworden.

Vor Ort:
«De Bur is tot»

Auf einer Beerdigung an der Nordsee erscheint der Tod ganz selbstverständlich.

Es fing mit Zahnschmerzen an, zog weiter in den Rachen und den Hals. Erst der zweite Arzt stellte die richtige Diagnose: aggressiver Krebs. Danach ging alles ganz schnell, der Bauer konnte nicht mehr schlucken, wollte nicht mehr essen, und das Reden fiel ihm schwer. Die Ärzte empfahlen einen Behandlungsmarathon, der ihm vielleicht drei weitere Wochen geschenkt hätte. Aber der Bauer war müde, wartete ab, bis seine Söhne aus dem Spanienurlaub zurück waren, verabschiedete sich von ihnen und ging mit 89 Jahren von der Welt. Er war beliebt im Nordseedorf Westerbur, war einige Jahre lang Ortsvorsteher, Mitglied des Kirchenvorstandes und in den Vereinen aktiv. Die Leute hier nannten ihn nur «de Bur» – den Bauern.

Dass ich an der Beerdigung des Bauern teilnehme, ist ein

Zufall. Ich habe die Todesanzeigen der Region studiert und mich willkürlich für ihn entschieden. Eigentlich nur um zu sehen, wie heute auf dem Land gestorben wird.

Westerbur liegt einen halben Kilometer von der Nordsee entfernt und ist eine Ortschaft der Gemeinde Dornum. Vom Strand aus kann man die Inseln Baltrum und Langeoog sehen. Man kommt am besten über die L 5 dorthin, die sich durch den Sprengel Ostfriesland und das Harlingerland am Nordseedeich schlängelt. Wenn man als Tourist nach Westerbur fährt, könnte man denken, dass die Welt hier noch heil sei. Nebenerwerbshöfe bewirtschaften einen Großteil der Felder, daneben einige Gehöfte, die zu fast fürstlichen Anwesen ausgebaut sind. Manche Bauern werben an der Landstraße mit Ferienwohnungen und Urlaub auf dem Land. Selbst in den verregneten Herbstferien zeigen die meisten Schilder an, dass die Wohnungen belegt sind.

Ich passiere Harlesiel, Neuharlingersiel und Bensersiel, von wo aus die Fähren nach Langeoog, Spiekeroog und Wangerooge fahren. In diesen Orten hat sich ein merkwürdig spartanischer Tourismus breitgemacht: Schlichte Cafés und Teestuben locken die Gäste, Geschäfte bieten Ostfriesennerze, Fleecejacken und maritimen Nippes an. Wie schlecht es um sie bestellt ist, kann man nur erahnen. Sie buhlen mit großen Werbetafeln und Billigangeboten um Kunden. Alles scheint ein bisschen in die Jahre gekommen zu sein. Selbst die kleinen Fischereihäfen sind weitgehend ausgestorben.

In Dornumersiel wurde ein Minigolfplatz direkt ans Meer gebaut, eine Handvoll Krabbenkutter liegen an der Mole. Geschäftig geht es hier nur in einem Fischrestaurant zu. Ein gigantisches Etablissement, das sich gar nicht erst die Mühe macht, einladend zu wirken. Der Fußboden ist mit weißen Fliesen ausgelegt, grüne Holzstühle stehen an abgewetzten Tischen. Am Selbstbedienungstresen kann man Scholle, Matjes oder Krabben bestellen – mit oder ohne Bratkartoffeln. Die Nummern für das Essen werden über ein Mikrophon ausgerufen. Es ist Mittagszeit, und alle Tische sind besetzt, die meisten von Touristen.

Das Ausflugslokal lenkt von den eigentlichen Problemen der strukturschwachen Nordseeregion ab. Die Heringsflotten laufen schon lange nicht mehr aus, es wird höchstens noch nach Krabben gefischt. Und das Geschäft ist – trotz der gestiegenen Preise – mühsam. In guten Jahren erwirtschaftet ein Krabbenfischer 3000 Euro im Monat, aber schon ein Fangeinbruch von 10 Prozent kann ihn in den Bankrott stürzen. Derzeit protestieren die Nordseefischer gegen eine weitere Vertiefung der Ems, weil dies die Fangquote drücken würde. Und auch die Landwirtschaft kriselt, die in Ostfriesland seit jeher mindestens so wichtig ist wie die Fischerei. Viele Bauern haben ihre Höfe aufgegeben, andere versuchen die Verluste mit Investitionen in regenerative Energien auszugleichen. Solar- und Windanlagen gehören heute zum Landschaftsbild im Harlingerland.

Als ich einige hundert Meter weiter ins Landesinnere fahre, sehe ich, wie auch hier alles auszusterben scheint. In Westerbur gibt es zwar noch einen kleinen Minimarkt, aber die Friesenstube, gleich neben der Kirche, hat schon dichtgemacht. Früher wurden hier wahrscheinlich Vereinsfeste, Hochzeiten und Leichenschmause abgehalten. Heute steht das Abwrackkommando vor der Tür.

Nur die Kirche steht noch unverrückbar in der Dorfmitte. Ein herrlich unprätentiöser Backsteinbau aus dem Jahre 1753, der durch eine alte grüne Holztür im Glockenturm zu betreten ist. Das Kirchenschiff erinnert an die maritime Vergangenheit von Westerbur: Unter den Holzstreben an der Decke hängen zwei Modellkoggen, die von den Gläubigen in Handarbeit gefertigt wurden. Die Empore mit einer kleinen Orgel ist mit einer geschnitzten Kreuzigungsgruppe verziert.

Die Trauergemeinde ist so groß, dass für mich kein Platz mehr im Kirchenschiff ist. Mit einem Lächeln bittet mich die Pastorin auf die hölzerne Empore. Hier sind nur noch zwei Klappstühle frei, die der Gemeindediener mit Sonnenblumenkissen gepolstert hat. Als die Totenglocke über unseren Köpfen zu schlagen beginnt, wankt das Gebälk der gesamten Empore. Es ist eng hier oben, es riecht nach altem Holz und nach Fäulnis. Aber es ist warm, während draußen der Herbstwind über die Nordsee peitscht. Es ist mir unmöglich, von meinem Platz aus in das Kirchenschiff zu sehen. Während des gesamten Gottesdienstes schaue ich über die Köpfe der Trauergemeinde auf die beiden Koggen unter der Decke.

Die Totenfeier beginnt mit dem Orgelspiel. Die Trauergäste sind in Gedanken versunken, einige wischen sich mit einem Papiertaschentuch die Tränen aus dem Gesicht. Aber vornehmlich wird in Westerbur protestantisch sachlich getrauert.

Pastorin Kuhland ist eine eloquente Frau mittleren Alters – eine, die das große Pathos meidet und fast sachlich wirkt. In ihrer Predigt nimmt sie einen Psalm auf, den die Witwe über die Todesanzeige setzen ließ. Gott wendet das Leben der Menschen, die ihn lieben, zum Guten, heißt es da. Doch ganz so leicht fällt es der Pastorin nicht, diesen Satz als Leitmotiv des Bauernlebens aufrechtzuerhalten: Dass der Verstorbene nach seinen Kämpfen für Hitler in Frankreich und Russland verletzt worden war und von der Front an die Nordsee zurückgeschickt wurde, ist ihr neben seinem schnellen, leidlosen Tod Beweis genug. Natürlich, es hätte schlimmer kommen können.

Die Gemeinde lauscht ihren Worten, und wenn Pastorin Kuhland nun Lieder aus dem Gesangbuch anstimmt, wird vollmundig mitgesungen. Lokalkolorit lässt sich auf dieser Trauerfeier nur ausmachen, als die Gemeinde «Komm, lass mich gehen» singt – eine Art Shanty, in dem die Verheißungen des Paradieses gefeiert werden.

Die Trauergemeinde in Westerbur ist so groß, dass es eine Weile dauert, bis sich die Kirche nach dem Gottesdienst geleert hat. Während die Leute sich aus dem Kirchenschiff und von der Empore drängen, wetteifert die Organistin noch einige Minuten lang mit dem Schlagen der Totenglocke. Dann verstummt die Musik.

Vier Männer mit Zylinder haben den Sarg bereits in einen silbernen Mercedes getragen, um ihn zur Einäscherung zu fahren. Draußen, vor der Kirchentür, wird es eng. Einige Trauergäste stampfen über die Gräber des Friedhofes, um Platz für jene zu machen, die noch aus der Kirche drängen. Irgendwann stehe auch ich vor dem Gotteshaus und schaue über den kleinen Friedhof von Westerbur. Mein Blick fällt auf den Grabstein der Familie Jochens. Ich blicke über die Friedhofsmauer auf die andere Straßenseite und entdecke das gelbe Schild der Bäckerei Jochens – sie versorgt Westerbur bis heute mit frischen Brötchen.

Die Angehörigen haben sich unter dem Glasdach einer grünen Bushaltestelle vor der Friedhofsmauer versammelt. Sie schauen dem Leichenwagen nach, einige Trauergäste winken mit weißen Taschentüchern. In Schrittgeschwindigkeit rollt das Auto die Landstraße hinab, und die Gemeinde löst sich langsam auf. Einige nutzen den Kirchgang, um schnell die Gräber ihrer Angehörigen zu besuchen und Blumen zu zupfen. Wer dem Leichenwagen lange genug nachschaut, sieht, wie er in der Kurve, die aus Westerbur führt, langsam beschleunigt. *De Bur ist tot* – und der kalte Wind an der Nordsee weht weiter.

MIX
Papier aus verantwortungsvollen Quellen
FSC® C014496

Das für dieses Buch verwendete FSC®-zertifizierte Papier
Munkenprint Cream liefert Arctic Paper Munkedals, Schweden.